자영업 트렌드
2026

자영업 트렌드

2026

매경이코노미·창톡 장시고수 지음

매일경제신문사

20년 전 작은 가게에서 시작한 나에게 자영업은 단순한 장사가 아니라 시대의 흐름과 맞서는 삶이었다. 그동안 수많은 유행과 위기를 겪으며 배운 것은, 살아남는 자는 결국 변화를 읽어내는 사람이라는 사실이다.

《자영업 트렌드 2026》은 변화의 본질을 정확히 짚어내는 책이다. '점포 재생' '피난처 상권' '대확행' 같은 키워드는 자영업자라면 누구나 체감할 현실이자 앞으로의 생존 전략이다.

자영업은 오늘을 버티는 업이면서 동시에 내일을 준비하는 업이다. 이 책은 그 균형을 잡아줄 귀중한 길잡이가 될 것이다. 창업을 준비하는 이든, 현장에서 오래 버텨온 이든 반드시 곁에 두어야 할 책이라 확신한다.

- 김경하 도레도레 대표

《자영업 트렌드 2026》은 단순한 트렌드 분석을 넘어 자영업자들이 변화에 대응하고 시장에서 살아남을 수 있는 실질적인 전략을 제시한다.

나날이 과밀화되는 자영업 시장에서 성공하려면 시시각각 변화하는 시장 트렌드와 소비자 행동을 정확히 파악하는 것이 필수다.

이 책은 창업을 꿈꾸는 이들에게는 든든한 지침서가, 이미 매장을 운영하고 있는 이들에게는 불황 속 돌파구가 될 것이다.

- 김슬기 세광그린푸드 대표

'지속 가능한 성공'은 유행을 좇는 것이 아니다. 변하는 환경 속에서도 흔들리지 않는 철학과 나만의 차별화된 콘텐츠에서 비롯된다. 빠른 성장을 꿈꾸기보다 상황에 맞게 현명하게 대응하며 차근차근 단단히 쌓아가고 싶은 이들에게 이 책을 권한다. 《자영업 트렌드 2026》은 단기적 유행에 흔들리지 않고 자신만의 경영 원칙으로 단단히 무장하는 길에 좋은 나침반이 될 것이다.

- 윤영준 스페이스콘텐츠푸드 대표

2026년 외식업은 지금까지와는 전혀 다른 새로운 판이 펼쳐질 것이다. 《자영업 트렌드 2026》은 현업 최전선의 장사고수들이 실제로 선택할 전략과 방향을 담아낸 실전 지침서다.
그 판을 정확히 읽고 대응하는 자와 흐름을 읽지 못한 채 움직이는 자. 양자의 결과는 분명하게 갈라질 것임을 확신한다.

- 김규열 한국외식다점포협회 대표

① 2026년 한국 자영업 10대 키워드

점포재생·피난처 상권·대확행…
자영업 생태계 '판'이 바뀐다

노승욱
창톡 대표

2025년은 대한민국 자영업자에게 여러 모로 굵직한 이슈들이 일어난 한 해였다. 먼저 1~2월은 2024년 12월 3일 비상계엄 여파로 연말연시 대목이 실종되며 급격한 내수 침체를 겪었다. 자영업자 수는 2025년 1월 550만명으로 두 달 만에 20만명 이상 감소했다. 3월에도 폐업이 계속되며 취업자 수 대비 자영업자 비중이 사상 처음으로 20% 밑으로 떨어졌다.

백종원 더본코리아 대표의 '빽햄 사태'도 프랜차이즈 시장을 뒤흔든 메가톤급 이슈였다. 2024년 11월 코스피 상장 직후 6만4500원까지 치솟았던 주가는 2025년 9월 2만3000원대까지 추락해 프랜차이즈 상장 잔혹사를 이어갔다.

피자헛 점주들이 본사를 상대로 낸 차액가맹금 반환 소송에서 2심 승소도 화제였다. 프랜차이즈 업계 전반으로 차액가맹금 소송전이 확대됨은 물론, 가맹 본사의 투명한 수익 구조를 요구하는 목소리가 힘을 얻었다.

4월에는 배달의민족이 포장 주문에도 중개 수수료 6.8%를 과금하기 시작해 논란이 됐다. '배달앱 사회적 대화기구'를 통해 1만원 이하 주문에 대한 중개 수수료를 전액 면제하는 등 상생안이 발표됐지

2025년 주요 이슈

월	이슈
1월	비상계엄 여파에 대목 실종
2월	백종원 대표 '빽햄 사태'
3월	자영업자 비중 첫 20% 붕괴
4월	배민 포장수수료 첫 과금 은행연합회·창톡 소상공인 컨설팅 생태계 확장 업무협약(MOU)
6월	이재명 정부 출범 런던베이글뮤지엄 약 2000억원에 매각
7월	2026년 최저임금 1만320원 확정 1차 민생회복지원금 지급
8월	슈카월드 'ETF베이커리' 소금빵 논란
9월	중기부 소상공인 전담 차관 신설 발표 2차 민생회복지원금 지급

자료 : 창톡

만 배달앱에 대한 소상공인 여론은 여전히 따갑다. 은행권의 소상공인 비금융 지원 대책의 일환으로 소상공인 컨설팅 생태계 확장을 위한 업무협약(MOU)식이 개최되기도 했다. 창톡도 캐시노트, 핀다와 함께 협약사로 참여했다.

6월에는 이재명 정부가 출범했다. 소상공인 정책 금융 전문 기관 설립, 지역화폐·온누리상품권 발행 확대, 신용카드 소득공제 및 한도 확대, 상권 르네상스 2.0과 '골목형 상점가' 확대, 배달앱 수수료 상한제 도입, '내일채움공제' 제도 소상공인 확대, 폐업 지원금 현실화, 소상공인의 육아휴직 수당 및 상병 수당 확대 등 자영업자·소상공인을 위한 공약을 내걸었다. 런던베이글뮤지엄(LBM)이 약 2000억원에 매각됐다는 소식도 전해져 화제가 됐다.

7월에는 2026년 최저임금이 전년 대비 2.9%(290원) 오른 1만320원으로 정해졌다. 17년 만에 노사 합의로 결정됐지만, 노동계와 중소상공인 간극은 여전히 컸다. 또한 민생회복지원금(소비쿠폰)이 12조원 규모로 지급됐다. 일주일 만에 78%에 달하는 7조1200억원이 지급돼 코로나19 팬데믹 재난지원금 지급 속도보다 훨씬 빨랐다. 침체된 내수에 단비 역할을 했지만, 한쪽에선 일회성 효과에 그쳤다는 비판도 제기된다.

8월에는 슈카월드·글로우서울이 '990원 소금빵'을 앞세운 'ETF베이커리'를 성수동 핫플레이스에 선보이면서 "미쳐 날뛰는 빵값"을 바로잡겠다고 선언했지만, '어그로 가격'이란 여론의 뭇매를 맞고 일주일 만에 영업을 중단하는 촌극이 빚어졌다.

9월에는 업계 숙원이었던 '소상공인 전담 차관' 신설이 발표됐다. 중소벤처기업부가 관장하는 중소기업, 벤처, 소상공인 중 가장 많은 인구와 고용을 담당하는 소

2026년 10대 키워드

키워드	내용
가성비 신기루	불황 속 초저가 마케팅…지속 불가능하면 신기루일 뿐
점포 재생	브랜드 요절…적확한 업종 변경으로 부활
피난처 상권	몰·카페·편의점, 폭염 피난처로 주목
대확행	스페이스 코스트 투자해…'공간발'로 유혹하라
소스플레이	생고기에서 양념육으로 '고기 대세' 바뀐다
베이글 리턴	'뉴욕형' 가고 '한국형' 베이글의 귀환
공실항해자	'대공실시대'를 항해하는 자영업자
하향업글	가격 내릴수록 가치 높아지는 '브랜딩의 역설'
원맨테크	AI·푸드테크 발달로 '혼자서 N인분'
자영업 뉴제너레이션	성장형 점주가 만드는 새로운 자영업 생태계

자료 : 창톡

상공인의 전담 조직이 '실장급'에서 '차관급'으로 격상된 점은 고무적이다.

2026년 자영업 트렌드 10대 키워드

2026년에는 또 어떤 이슈들이 자영업 시장을 뒤흔들까.

창톡은 매경이코노미와 함께 2026년 자영업 시장을 선도할 주요 트렌드를 내다보고, 공통적으로 관통하는 10대 키워드를 꼽아봤다.

1. 가성비 신기루 (Value-for-Money Mirage)

-불황 속 초저가 마케팅…
지속 불가능하면 신기루일 뿐

많은 경제학자와 장사 고수들이 한국도 일본처럼 장기 불황에 접어들었다고 진단한다. 불황에는 가성비가 중요해지는 만큼 '초저가'를 내세운 프랜차이즈가 최근 수년간 인기를 얻고 있음은 주지의 사실이다. 2024년 '샤부샤부 무한리필', 2025년 '초저가 한우'에 이어 2026년에는 '노미호다이(주류 무제한)' '야키니쿠 타베호다이(고기구이 무제한)' '초저가 돼지갈비' 등이 인기를 끌 것이란 전망이 나왔다(30페이지 참고).

문제는 지속가능성이다. 신규 브랜드 입장에선 초기 마케팅을 위해 가성비를 극단적으로 강조하며 소위 '어그로'를 끄는 유혹에 빠지기 쉽다. 이들은 일시적 공급 과잉에 따른 비정상적인 가격 하락 구간을 이용하거나, 팝업스토어를 통한 초단기 마케팅으로 이슈몰이를 하여 지속 불가능한, 그야말로 반짝 빛나고 사그라지는 '신기루' 같은 가성비를 만들어낸다. 노르웨이산 연어 무한리필, 초저가 한우가 대표 사례다 (248페이지 참고). '990원 소금빵'을 앞세운 슈카월드 · 글로우 서울의 ETF베이커리도 이 대열에 뛰어들었지만 여론의 뭇매를 맞고 불과 일주일 만에 영업을 중단했다.

불황 한파가 계속될 2026년에도 가성비 마케팅은 여전히 각광을 받을 것이다. 중요한 점은, 그것이 자영업자 입장에서 과연 지속가능한 전략인지 꼼꼼히 살펴야 한다는 것. 전 재산을 바쳐 창업했다 신기루를 좇았음을 뒤늦게 깨닫는 낭패를 보지 않도록 말이다.

2. 점포 재생(Store Reset)
- 브랜드 요절…적확한 업종 변경으로 부활

브랜드와 상권 생애주기가 갈수록 짧아지고 있다. "브랜드 수명이 2년은 갈 줄 알았는데 1년도 못 간다"는 프랜차이즈 대표들 하소연이 부척 늘었다. 뜨는 브랜드는 금세 요절하고 상권도 빠르게 쇠퇴한다. SNS 쇼트폼을 통한 정보 홍수로 소비자 망각 속도가 빨라졌고, 센트럴 키친 · HMR 인프라 발달로 신생 브랜드 공급도 늘어났기 때문이다.

이런 환경에서 자영업자 전략은 두 가지다. 하나는 유행을 타지 않는 스테디셀러 아이템에 집중하는 것이고, 다른 하나는 트렌드를 좇아 업종을 변경하는, 이른바 '점포 재생'이다(38페이지 참고). 기존 점포와 집기를 최대한 재활용해 새로운 브랜드로 리브랜딩하는 방식으로 빠른 트렌드 변화 속에서 또 다른 의미의 '장수 가게'를 가능케 한다.

분석 틀로는 'BLF(Brand-Location-Fit)'와 'BMF(Brand-Market-Fit)'(262페이지 참고)가 있다. 브랜드력과 입지 경쟁력을 좌표로 놓고 매장의 현재 위치를 파악한 뒤, 필요할 때 과감히 업종을 갈아타며 끊임없이 '브강목강(브랜드도 강하고 입지도 강한)' 구간을 사수해야 한다. 자영업은 속도와 깊이의 싸움이다. 나만의 스테디셀러를 찾든, 끊임없이 점포 재생을 하든, 변화의 흐름을 능동적으로 읽는 자만이 살아남는다.

3. 피난처 상권(Refuge Market)
-몰·카페·편의점, 폭염 피난처로 주목

2025년 여름, 역대 최장 열대야가 기록되면서 '폭염의 뉴노멀'이 현실이 됐다. 길어진 여름과 극심한 더위는 단순한 계절적 변수가 아니라 상권 지형을 바꾸는 구조적 요인으로 작용하고 있다. 장사 고수들 설문에서도 절반 가까이가 "폭염으로 매출이 감소했다"고 답했다. 사람들이 아예 거리를 걷지 않고 실내로 '피신'해서다(180페이지 참고).

폭염 시대에 가장 타격을 받는 곳은 대로변 로드숍, 전통시장, 플리마켓, 포장마차 같은 '노출 상권'이다. 햇빛과 열기에 그대로 방치되는 만큼 유동인구 자체가 급감한다. 반대로 '몰(mall)' '드라이브스루' '예약 기반 목적형 매장' 등 시원한 실내 공간과 이동 편의성을 제공하는 상권이 새롭게 부상한다. 고객이 무작정 걷다 발견하는 매장이 아니라 온라인 검색과 리뷰, 예약을 통해 '찾아가는 피난처 매장'으로 이동하기 때문이다.

이 같은 변화는 외식업 전략을 송두리째 바꾼다. 이제는 "얼마나 눈에 잘 띄는가"보다 "얼마나 편하고 시원하게 도착할 수 있는가"가 매출을 좌우한다. 쇼핑몰 내 식당가, 복합상업시설, 드라이브스루형 매장은 폭염 시대 유망 상권으로 자리 잡고 있다. 2026년에도 이런 피난처 상권 부상은 더욱 두드러질 전망이다.

4. 대확행(大確幸)
-대형 매장 유리…'공간발'로 유혹하라

지난 수년간 식음료(F&B) 유행을 선도한 것은 탕후루, 요아정 같은 소형 매장이었다. 배달앱 중심 배달·포장 모델이 유행하면서 외식업 창업도 '소자본 가성비 창업'이 인기를 끌었다.

2026년에는 흐름이 반전된다. 배달앱 수수료 인상과 포장 수수료 징수로 배달·

포장 전문 소형 매장의 수익성이 무너졌기 때문이다. 또한 온라인 쇼핑에 익숙해진 소비자들이 오프라인에선 더 특별한 경험을 원하기 시작했다. 소비자 요구를 충족시키려면 40~50평 이상 대형 매장에서 쾌적하고 다양한 부대 공간을 제공해야 한다. 이 같은 공간을 운영하는 데 수반되는 비용, '스페이스 코스트(Space Cost)'가 중요해진다(188페이지 참고). 테이블 수를 다소 줄이더라도 주차장·대기 공간·프라이빗 룸·후식바 같은 '머무는 경험', 즉 '공간발'을 위한 투자가 요구된다.

교외 상권에서 대형 돈가스 매장을 운영하는 서오석 대표 경험은 이를 잘 보여준다. 넓은 주차장을 확보해 고객 불편을 줄이고, 부대 공간을 직원 휴게실·냉장고동·사무실 등으로 활용해 운영 효율을 높였다. 대형 매장은 그 자체로 지역의 랜드마크가 되고, 별도의 마케팅 비용 없이도 차량 이동 동선에서 자연스럽게 눈에 띄는 효과를 낸다(132페이지 참고). 공간이 주는 즐거움을 극대화하기 위한 장치로 주목되는 것은 미디어월(media wall)과 디지털 디스플레이다(172페이지 참고). 단순한 벽지 대신 '움짤벽'으로, 메뉴판 대신 디스플레이로 브랜드 스토리, 이벤트, 추천 상품, 후기 유도까지 실시간으로 전달해 고객의 SNS 바이럴을 자연스럽게 유도한다.

2026년은 매장이라는 공간 자체가 하나의 콘텐츠로 주목받을 것이다. 작은 매장에서 소소한 행복을 찾던 '소확행' 시대가 저물고, 넓은 공간과 콘텐츠가 주는 확실한 만족, '대확행' 시대가 열리고 있다.

5. 소스플레이(Sauce Play)
-생고기에서 양념육으로 '고기 대세' 바뀐다

국내 고깃집, 특히 삼겹살 중심의 육류 외식 시장은 이미 포화 상태다. 면적 대비 매출이 높아 창업 시장에서 여전히 인기 아이템이지만, 경쟁이 치열하고 메뉴가 단조로워 자영업자에게 부담이 된다(44페이지 참고).

이런 상황에서 주목할 수 있는 전략이 바로 '양념육'이다. 양념육은 원육의 품질 부담을 낮추면서도, 감칠맛과 중독성으로 소비자를 끌어들일 수 있다. 지방 한

양념 한우집은 저등급 갈빗살을 양념으로 승부해 만족도를 유지했고, 서울 강남의 한 고깃집은 한우양념갈비를 신메뉴로 도입하며 내·외국인 고객 모두에게 큰 인기를 얻었다. 원육 중심의 단조로운 시장에서 벗어나 양념육은 차별화된 경험과 브랜드 기억을 만들어내는 전략으로 작동한다(54페이지 참고).

돼지고기 시장에서도 양념 삼겹살과 간장·고추장 베이스 양념육은 새로운 전략 매출원이 될 수 있다. 소형 매장에서도 즉석 양념육을 활용하면 점심 영업을 견인하고, '고기밥' 같은 새로운 메뉴 카테고리를 개척할 수 있으며, 사이드 반찬 부담도 줄일 수 있다.

소스플레이는 단순히 양념을 바르는 행위가 아니라 메뉴 기획, 고객 경험, 브랜드 전략과 연결될 때 효과를 발휘한다. 최근 국내 주요 대형 양념육 가게들의 맛이 하향 평준화돼 있다는 점은 기회 요인이다.

6. 베이글 리턴(Bagle Return)
- '뉴욕형' 가고 '한국형' 귀환

카페·디저트 업종에선 '베이글의 귀환'이 주목받는다.

베이글은 2010년대 초중반에 잠깐 반짝 유행하며 많은 카페와 제과점에서 인기

메뉴로 등장했지만, 특유의 밍밍한 맛과 질긴 식감 때문에 금세 사그라들었다. 하지만 최근 몇 년 사이 베이글이 다시 주목받고 있다. 단, 과거 뉴욕 스타일을 그대로 따라가던 베이글과 달리, 지금은 한국인 입맛에 맞춘 폭신폭신하고 다양한 맛의 베이글이 인기를 끌고 있다. '런던베이글뮤지엄' '코끼리베이글' 등이 대표 성공 사례다. 쪽파, 단팥, 크림치즈, 생크림 등 취향 맞춤형 베이글이 등장하면서, 단순한 유행을 넘어 '문화적 경험 아이템'으로 자리 잡고 있다(74페이지 참고).

베이글 리턴은 카페에도 단비가 될 수 있다. 2026년 개인 카페는 생존을 위해 가격이 아닌 '가치'로 경쟁해야 하는 상황에 놓인다. 1000원대 아메리카노를 앞세운 무인 키오스크 브랜드가 전국 곳곳을 장악했지만, 과잉 출점과 자기잠식으로 매장 경쟁력이 떨어지고 폐업도 증가하고 있다. 이런 상황에서 베이글 등 인기 베이커리 아이템을 잘 활용하면 부가가치를 높이고 차별화를 시도할 수 있다(68페이지 참고).

수제 베이글과 커피, 감성적인 공간과 주

인의 손맛까지 결합한 개인 카페는 저가 경쟁에서 벗어나 고객에게 '왜 이곳이어야 하는가'라는 명확한 이유를 제공할 수 있을 것이다.

7. 공실항해자
(Vacancy Voyager)
-'대공실시대'를 향해하는 자영업자

2026년은 폐업과 공실이 늘어나며 중세 대항해시대와 같은, '대(大)공실시대'가 펼쳐진다. 경기침체, 금리 상승, 소비심리 위축 등으로 번화가와 골목상권 모두에서 빈 점포가 증가하고 있다. 일부 대형 프랜차이즈 매장조차 철수 사례가 늘어나면서, 과거라면 상상할 수 없던 조건으로 입점할 수 있는 기회가 열렸다.

건물주(상가주)는 애가 탄다. 현재 공실이거나 공실 위험이 있는 상가를 먼저 발견해 협상력을 발휘한다면, 월등히 좋은 조건으로 창업 또는 매장 이전에 성공할 수 있다.

공실항해자는 단순히 빈 점포를 선점하는 것을 넘어, 상권 흐름과 시기를 읽고 매장 위치, 계약 조건, 오픈 전략, 데이터 분석까지 종합적으로 활용해야 성공할 수 있다. 공실이 늘어나는 시기에 철저히 준비하는 공실항해자라면, 코로나19 팬데믹 때 잠깐 열렸던 '저점 창업'이란 기회의 문고리를 다시 잡을 수 있을 것이다.

8. 하향업글(Top-Down Upgrade)
-가격 내릴수록 높아지는 '브랜딩의 역설'

브랜드가 성장하다 보면 프리미엄 라인으로의 확장 욕구를 만나게 된다. 그러나 기존 제품 가격을 인상해 어설프게 프리미엄화하는 전략은 위험하다. 소비자는 가격이나 포장보다 제품의 '종(種)', 즉 본질적 속성과 사회적 인식을 먼저 판단한다. 햄버거에 고급 재료를 얹는다고 스테이크가 되는 것이 아니듯, 브랜드가 태생적 한계를 넘어 억지로 프리미엄을 추구하면 소비자에게 '프리미엄 코스프레'로 인식된다.

그보다는 처음부터 최고 수준의 경험과 품질을 갖춘 정점형 브랜드가 하위층으

로 확장하는 접근이 바람직하다. 처음부터 스테이크, 오마카세, 스페셜티 커피처럼 상위 종으로 출발해 소비자에게 프리미엄 경험을 제공하고, 이후 합리적 가격대 메뉴나 새로운 브랜드를 추가하는 식이다. 이 경우 소비자는 다운그레이드가 아닌 '접근성 확대'로 느끼게 된다. 제품, 서비스의 '하위 호환'이지만 소비자 인식과 경험, 만족도는 오히려 높아지는 '하향업글' 전략이다.

가격을 높일수록 소비자 만족도가 낮아지는 것은 잘못된 업그레이드다. 가성비가 중요한 2026년에는 내릴수록 높아지는 '브랜딩의 역설'이 더 먹힌다.

9. 원맨테크(One-Man Tech)
-AI·푸드테크 발달로 '혼자서 N인분'

2026년 자영업 시장은 높은 인건비와 구인난으로 인해 '팀플(Team Play)' 난도가 어느 때보다 높아질 것이다. 불행 중 다행인 것은, 각종 기술의 발달로 혼자서도 N인분의 생산성을 도출할 수 있는 여건이 마련됐다는 것. 사장 혼자서도 잘하는 '원맨테크' 시대의 도래다.

무인 매장이 대표 사례다. 인공지능(AI), 사물인터넷(IoT), 얼굴인식, 전자태그(RFID) 기반 스마트스토어 등 각종 푸드테크 솔루션을 활용해 상주 직원 없이 도 출입과 설비 제어가 가능해졌다(82페이지 참고). 제조·조리 로봇, 스마트 터치 디스플레이, 다이내믹 프라이싱 등 솔루션을 잘 활용하면 매장 운영이 훨씬 수월해진다. 덕분에 무인 매장 운영 업종도 카페, 편의점, 세탁소에만 국한되지 않고, 피트니스, 스포츠, 공방, 태닝숍 등 서비스 등으로 다양해지고 있다

마케터도 AI가 대신한다. AI 리뷰 분석, 스마트 오더, 개인화 마케팅, SNS 광고 자동화는 물론, VMD(매장 연출) 역시 전문 디자이너 없이도 사장 혼자 할 수 있게 됐다. 신메뉴 개발, 세트 구성, 프로모션 설계도 AI가 전방위적으로 지원한다(160·166페이지 참고).

원맨테크 전략의 핵심은 기술과 소비자 인식 변화가 결합돼 있다는 점이다. 비대면과 무인 서비스에 익숙한 젊은 세대가 소비 주력층으로 자리 잡으면서, 사장 1인이 운영 효율을 높일 수 있는 기회가 과거보다 훨씬 확장됐다. 대형 매장과 서비스 인력 확보가 어려운 소규모 자영업자에게 원맨테크는 2026년에 꼭 필요한 생존과 성장의 도구다.

10. 자영업 뉴제너레이션 (New Generation)

-성장형 점주가 만드는 새로운 자영업 생태계

전통적으로 한국과 미국의 자영업 시장은 중장년층 생계형 점주가 주류를 이루는 '맘&팝스토어' 구조였다. 그러나 미국에서는 1980~1990년대 화이트칼라 직장인 출신 점주가 다점포·다브랜드 운영을 통해 전략적 포트폴리오 경영을 도입하며 산업 구조가 양극화됐다. 이들은 경영·재무·마케팅 전문성을 갖추고, 다점포·다브랜드 확장, 인수·합병(M&A), 투자자 연계 등을 통해 규모를 키워 나갔다. MUO(Multi-Unit Operator) 또는 메가 프랜차이지(Mega Franchisee)라 불리는 이들은 단순 자영업을 넘어 기업 수준 투자와 경영을 실현하며, 고용 승계와 지역 상권 안정에도 기여했다.

2026년 한국 자영업은 미국식 변화의 초기 단계에 접어든다. '단군 이래 최대 스펙' MZ세대 점주가 프랜차이즈 창업의 상당 부분을 차지하며 세대교체가 진행 중이다. 이들은 첫 가게 성공 후 다점포 확장과 자신의 브랜드 론칭까지 염두에 둔 '성장형 창업'을 지향한다. 또한 창톡TV, 다점포왕TV 등 전문 매체와 한국외식다점포협회 등 교육·네트워크 기관이 국내 MUO 생태계 확장을 지원한다. 기존 생계형 자영업자와 달리 자본·노하우·네트워크를 활용해 규모와 수익을 키우는 성장형 창업자 '자영업 뉴제너레이션'이 이끄는 새로운 자영업 생태계가 펼쳐지는 것이다(268페이지 참고).

영세 자영업자에게는 최저임금 인상, 구인난, 손익분기점(BEP) 상승 등 구조적 어려움이 가중되고 있다. A급 입지·자본력 확보가 필수화되며, 서비스 경쟁력 확보에 필요한 인력 운용에서도 차이가 벌어지는 분위기다. 이에 따라 정부와 금융권은 서민 경제의 보루인 골목상권 자영업자 '보호'와 동시에, 추가 출점과 고용 창출을 통해 상권을 활성화할 수 있는 '성장형 자영업자'를 지원하는 '육성' 정책과 인프라 마련이 요구된다.

②다점포율로 본 프랜차이즈 트렌드

힘 부치는 '오토 매장'···다점포율 ↓
불황형 업종·1등 브랜드는 버텼다

나건웅
매경이코노미 기자

한국 자영업 시장이 '초장기 불황'에 직면했다. 2025년 7월 통계청이 발표한 국내 음식·숙박 업종 생산지수는 무려 25개월째 반등하지 못했다. 2000년 통계 작성이 시작된 이래 최장 기간이다. 고물가 여파로 지갑은 닫혔고 반대로 매장 운영비용은 급증했다. 인건비와 배달 플랫폼 수수료는 치솟고 자영업자 대출 연체는 늘어만 간다.

찬바람 부는 자영업 시장에서 예비 창업자는 고민이 깊어진다. 사업 환경 악화로 부담이 늘어난 만큼 자영업 업종이나 프랜차이즈 브랜드 선택에 더욱 신중에 신

중을 기할 필요가 있다.

이럴 때 참고해볼 만한 지표가 바로 '다점포'다. 프랜차이즈 점주 한 명이 2개 이상의 가맹점을 운영하는 경우, 해당 점포를 다점포라고 한다. 가게를 여러 개 운영하는 이른바 '투자형 점주'가 여럿 포진한 브랜드를 살펴보면 선택에 도움이 된다. 경험 있는 자영업 선배가 직접 장사를 해본 뒤 추가 출점을 선택했다는 점에서 검증된 브랜드라고 볼 수 있다. 최근 '핫'한 업종도 파악할 수 있다. 투자형 점주가 아무래도 트렌드에 민감하고 발빠르게 움직이기 때문이다.

2025년 프랜차이즈 브랜드별 다점포 조사 결과를 통해 최신 자영업 트렌드를 살펴본다.

점포 구조조정 나선 투자형 점주들
-다점포 전반 감소…편의점 '직격탄'

매경이코노미는 2014년부터 2025년까지 12년간 국내 프랜차이즈 '다점포율'을 조사했다. 다점포율이란 프랜차이즈 전체 가맹점 중 점주 한 명이 2개 이상 점포를 가진 '다(多)점포'의 비중을 뜻한다. 예를 들어 A점주가 2개 점, B점주가 3개 점을 운영하면 해당 브랜드 다점포 수는 5개다. 일반적으로 다점포율이 높을수록 해당 브랜드에 대한 점주 만족도가 높다고 볼 수 있다. 기존 점포 수익에 만족한 후 같은 브랜드 점포를 추가 출점했다고 해석 가능하기 때문이다.

2025년 다점포율 조사에서도 국내 자영업 위기가 직관적으로 나타났다. 2025년에는 100개 남짓 브랜드를 대상으로 다점포와 다점포율을 조사했는데 전년 대비 다점포율이 오른 브랜드가 10곳 정도에 불과했다. 그나마 전체 가맹점 수가 줄어든 덕분에 다점포율이 상대적으로 오른 것처럼 보이는 '착시' 사례를 포함해서다.

아예 다점포 데이터 자체를 전달하지 않

2024년 프랜차이즈 다점포율 톱5는

단위:%

순위	브랜드	다점포율
1위	파파존스	57.9
2위	매머드커피	40.1
3위	유가네닭갈비	33.5
4위	도미노피자	33.4
5위	메가커피	30.4

은 브랜드도 부지기수다. 매년 취재에 응해 수치를 보내오던 수많은 브랜드가 유독 "올해는 전달이 어렵다"고 했다. 여러 이유를 댔지만 자기 브랜드에 불리하게 작용할 수 있는 수치를 공개하지 않겠다는 의도가 다분하다. 가맹점 수나 면적당 매출 등 여타 지표와 달리 다점포 관련 수치는 공개 의무가 없다.

다점포율이 전반적으로 하락했다는 건 그간 매장을 여럿 운영해오던 '투자형 점주'가 시장을 떠나가거나 운영 점포 수를 줄이고 있다는 얘기가 된다.

국내 프랜차이즈 시장에서 가장 큰 비중을 차지하는 업종 중 하나인 '편의점'부터 그렇다. 편의점 다점포율 감소는 2015년 이후 꾸준히 계속되는 흐름이긴 하다. 다점포 수를 공개하는 편의점 3사(GS25·CU·세븐일레븐)의 2024년 다점포 수 총합은 8890개. 전년(9086개) 대비 1년 만에 200개 가까이 줄었다. 이해를 돕기 위해 계산을 단순화하자면 그간 편의점 2개를 운영해오다 2024년에 1개로 줄인 점주가 200명 정도 된다는 얘기다. 10년 조사 기간 동안 가장 큰 감소폭이다.

편의점 3사 저마다 다점포 수가 50~70개 줄었다. GS25 다점포율은 22.2%에서 20.8%로, CU는 17.7%에서 16.6%로 감소했다. 같은 기간 세븐일레븐은 17.1%에서 17.5%로 소폭 늘었는데, 여기엔 사정이 있다. 다점포 수가 전년 대비 67개 줄었지만 전체 가맹점이 701개 감소하며 다점포율은 오히려 올랐다. 세븐일레븐은 2024년 36년 만에 처음으로 전년 대비 매장 수가 감소했다. 이마트24 역시 폐업 매장(6348개 →6084개)이 늘었다. 이마트24는 다점포 수치를 공개하지 않았다.

편의점 성장 속도가 둔화되면서 다점포 점주가 대거 이탈한 모습이다. 최근 분위기가 심상치 않다. 산업통상자원부에 따르면 2025년 2월 편의점 매출은 전년 동기 대비 4.6% 줄었다. 2020년 2월 이후 약 5년 만에 처음으로 감소세로 돌아섰다. 한 편의점 업계 관계자는 "매출 변화와 업종 트렌드를 몸으로 직접 느끼는 투자형 점주가 한발 앞서 '손절'에 나선 모습이다. 투자형 점주 이탈은 이미 수년간 계속된 흐름"이라며 "일부 초고수를 제외하고는 큰 평수 매장을 하나만 운영하는 생계형 점주가 대부분"이라고 설명했다. 또 다른 편의점 관계자 역시 "아르바이트 인원을 많이 두지 않고 본인이 직접 편의점을 운영하려는 2030 점주 비중이 빠르게 늘어나고 있다"며 "여러 개 운영해야 수익을 남길 수 있는 작은 매장 대신, 큰 평수 편의점 1개를 출점하려는 수요가 커지는 이유도 여기에 있다"고 설명했다.

업종별 1등 브랜드도 예외는 아니다. 베이커리 1위 파리바게뜨 다점포 수는 2023년 529개에서 2024년 498개로, 햄버거 패스트푸드 1위 롯데리아 역시 2023년 332개에서 2025년 4월 기준 207개로 감소한 것으로 추정된다. 본죽을 운영하는 본아이에프도 다점포 수(브랜드 교차 운영 포함)가 89개에서 81개로 소폭 줄었다. 샌드위치 1등 브랜드 써브웨이는 2025년에 처음으로 다점포 수치를 공개하지 않았다. 치킨 프랜차이즈 빅3도 마찬가지다. bhc치킨, BBQ, 교촌치킨 등 3사 모두 조사 이래 처음으로 수치를 공개하지 않겠다고 답했다. 2024년 조사에서 다점포 수치를 공개한 브랜드 중 2025년에 정보 공개를 거부한 곳이 30개가 넘는다. 스터디카페·코인 세탁소 등 과거 창업 열풍이 불었던 업종을 비롯해 상당수 외식 브랜드가 답변을 피했다.

한 프랜차이즈 업계 관계자는 "대부분 프랜차이즈 브랜드에서 가맹점과 해당 점주 명의 데이터를 실시간 관리하고 있다. 다점포 정보를 뽑아내는 건 어려운 일이 아니다"며 "비공개로 전환한 브랜드는 불리한 수치 공개를 꺼리는 것이라고 해석할 수 있다"고 설명했다.

불황형 업종은 오히려 약진
-저가커피·패스트푸드 '선방'

어려운 사업 환경에도 불구하고 투자형 점주가 오히려 늘어난 업종과 브랜드도 있다.

'저가 커피'가 대표적이다. 메가커피를 필두로 매머드커피, 빽다방 같은 브랜드는 다점포 수를 크게 늘렸다.

메가커피 다점포 수는 2023년 820개에서 2024년 1072개까지 급증했다. 1500원대 아메리카노를 판매하는 매머드커피도 비슷하다. 157개에서 297개까지 증가했다. 이번 조사에서 다점포 수가 가장 많이 늘어난 브랜드 1·2위가 메가커피(252개)와 매머드커피(140개)다. 저가 커피의 원조로 불리는 빽다방(252개 → 292개)도 다점포를 늘렸다. 고물가와 장기 불황으로 소비자의 저가 커피 선호도가 높아진 분위기와 무관하지 않다. 이디야커피는 전년 대비 전체 가맹점 수는 줄었지만 다점포 수는 207개를 유지하며 투자형 점주 이탈이 없었다.

저가 커피 2개 매장을 비롯해 총 10개 다점포를 운영 중인 양덕우 스토어디 대표는 "채용 스트레스와 인건비 부담을 낮출 수 있는 소형 매장에 대한 관심은 장기 침체 국면에서 높아진다. 소자본으로 창업할 수 있는 작은 평수 매장은 폐업 리스크를 줄이는 장점도 있다"고 설명했다.

매머드커피 관계자는 "전자동 커피머신 도입으로 인력 의존도를 낮추고 소형 평수 매장 운영으로 초기 투자 비용을 크게 절감할 수 있게 됐다"며 "오피스 밀집 상권에 가성비 커피 매장을 창업하면 고정 고객층 확보와 반복 방문이 용이해 안정적인 매출 확보가 가능하다"고 설명했다.

저가 커피 외에도 불황에 강하다는 평가를 받는 업종이 투자형 점주 선택을 더 많이 받은 모습이다. '패스트푸드'가 대표적이다. 롯데리아 다점포 수는 감소했지만 맘스터치는 10개, 노브랜드버거는 8개, 버거킹은 6개 늘었다. 3개 브랜드 모두 전년 대비 가맹점 수가 늘어난 가운데 투자형 점주 창업도 함께 증가한 상황이라 더 긍정적이다. 프랭크버거는 다점포 수가 전년 대비 57개에서 45개로 줄긴 했지만 가맹점 창업이 160개 늘어나며 성장에 탄력을 받은 모습이다.

맘스터치 관계자는 "2023년부터 '맘스피자'라는 신규 브랜드를 내놓고 맘스터치 매장 내 숍인숍 모델을 도입한 것이 기존 점주 만족도를 높였다. 점심시간대 수요가 몰리는 버거와 저녁 시간 판매가 집중되는 피자 피크타임이 서로 다른데, 고정비 추가 없이 매장 유휴시간을 활용해 수익을 높인다는 점에서 주목받는다"고 설명했다.

피자 브랜드 선전도 이색적이다. 업계 1위 '도미노피자'는 가맹점을 늘리는 가운데 다점포 수도 2개 증가하며 선방했고, 59피자를 인수·합병하며 점포 수 기준 1위 브랜드에 오른 '반올림피자' 역시 전년 대비 다점포 수가 7개 늘었다.

가장 눈에 띄는 건 '파파존스'다. 다점포 수가 2023년 111개에서 2024년 147개까지 증가했다. 전국 파파존스 매장은 2025년 현재 254개. 그중 58%에 달하는 매장이 다점포 점주가 운영 중인 가게라는 계산이 나온다. 다점포율이 50%를 넘는 브랜드는 이번 조사 대상 중 파파존스가 유일하다. 2위는 매머드커피(40.1%), 3위는 유가네닭갈비(33.5%)다. 도미노피자(33.4%) 역시 4위에 위치하는 등 피자 업

종 내 점주 만족도가 상대적으로 높다는 점을 확인할 수 있다.

파파존스 관계자는 "2024년에 10평 규모, 1억원 정도 비용으로 창업 가능한 고효율 매장 '그랩 익스프레스'를 새로 도입하면서 외형이 커졌다. 주력 상품 위주로 메뉴를 간소화해 운영 효율을 높였다"고 설명했다.

이 밖에도 업종마다 견조한 성장세를 유지하는 브랜드가 적잖다. 치킨 중에선 굽네치킨 다점포 수 증가가 두드러진다. 2023년 58개에서 2024년 93개까지 60% 늘었다. 다점포 점주 역시 같은 기간 29명에서 43명으로 증가했다. 2024년 시작한 대규모 창업 지원 정책 덕이 크다. 굽네치킨은 점포 입지마다 최대 4000만원까지 창업비를 지원하는 공격적인 출점 정책을 2025년 현재까지 이어오고 있다. 가맹점과 다점포 수 동시에 늘어나며 '청신호'를 켠 브랜드도 있다. 배스킨라빈스(68개→89개), 뚜레쥬르(151개→177개), 샐러디(67개→71개) 등이다. 대표적인 불황형 업종인 도시락 내에서는 '한솥'이 가맹점과 다점포 수를 모두 20개 가까이 늘렸다. 생활맥주는 독특하게 직영 매장 비중을 키워가는 중이다. 2024년 직영점을 46개에서 52개까지 늘렸다. 매장 수익성이 좋다 보니 직영 확

국내 주요 프랜차이즈 브랜드 점포 수 현황

업종	브랜드	2023년		2024년		다점포율 (%)	전년 대비	
		가맹점	다점포 수	가맹점	다점포 수		가맹 증감	다점포 증감
편의점	GS25	17272	약 3800	17989	3749	20.8	▲717	▼약 51
	CU	17576	3105	18255	3027	16.6	▲679	▼78
	세븐일레븐	12783	2181	12082	2114	17.5	▼701	▼67
	이마트24	6348	비공개	6084	비공개	비공개	▼264	비공개
피자	도미노피자	370	123	374	125	33.4	▲4	2
	파파존스	239	111	254	147	57.9	▲15	▲36
	피자알볼로	310	57	비공개	비공개	비공개	비공개	비공개
	반올림피자	353	18	730	25	3.4	▲377	▲7
	고피자	111	16	83	4	4.8	▼28	▼12
패스트 푸드	롯데리아	약 1200	332	약 1200	207	약 17%	0	▼125
	맘스터치	1409	144	1446	154	10.7	▲37	▲10
	프랭크버거	590	57	750	45	6	▲160	▼12
	써브웨이	563	201	비공개	비공개	비공개	비공개	비공개
	노브랜드버거	189	18	250	26	10.4	▲61	▲8
	맥도날드	약 32	비공개	약 80	비공개	비공개	▲약 48	비공개
	버거킹	130	14	133	20	15	▲3	▲6
커피	메가커피	2700	820	3528	1072	30.4	▲828	▲252
	더본코리아	2793	646	3066	679	22.1	▲273	▲33
	빽다방	1464	252	1737	292	16.8	▲273	▲40
	이디야	3005	207	2805	207	7.4	▼200	0
	매머드커피	662	157	741	297	40.1	▲79	▲140
	백억커피	103	24	185	40	21.6	▲82	▲16
치킨	bhc치킨	2291	130	약 2200	비공개	비공개	▼90	비공개
	BBQ치킨	2041	296	비공개	비공개	비공개	비공개	비공개
	교촌치킨	1376	113	1361	비공개	비공개	▼15	비공개
	푸라닭	721	14	713	14	2	▼8	0

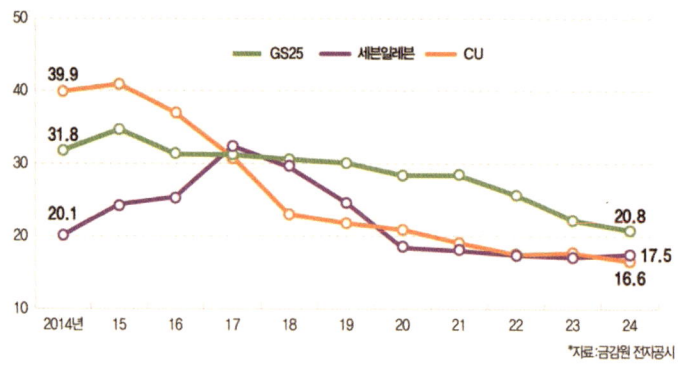

2015년 이후 내리막 걷는 편의점 다점포율 (단위:%)

*자료:금감원 전자공시

대로 본사 이익을 극대화하는 모습이다.

투자형 점주 떠난 이유
-늘어난 인건비·재료비 부담

다점포 수가 줄어든 데는 '인건비'가 큰 역할을 한다는 게 업종 불문 프랜차이즈 관계자 공통 의견이다. 다점포 점주 가게는 직원이나 아르바이트로만 100% 운영하는 '오토 매장'이 대부분이다. 몸은 하나인데 운영하는 매장은 여럿이니 당연하다. 하지만 몇 년 새 인건비가 급증하면서 오토 매장 수익이 크게 감소했다. 투자형 점주가 알짜 브랜드 매장만 남기고 계속 덩치를 줄여가는 이유다.

프랜차이즈 업계에서는 점주 인건비 고민을 '정보기술(IT)'로 풀어가는 움직임이 나타난다. 브랜드마다 조리·서빙 로봇이나 키오스크, 테이블오더를 적극 도입하며 인건비 절감에 나섰다. bhc는 튀김 요리용 제조 로봇 '튀봇'으로 주방 자동화에 나섰고 유가네닭갈비는 코팅 솥 회전으로 닭갈비와 볶음밥 조리를 돕는 '오토웍' 매장을 늘려가고 있다. 소형 매장 선호도가 높아지는 이유도 인건비 부담과 맞닿아 있다.

인건비 외에 여타 비용을 줄이려는 시도도 계속된다. 반올림피자는 59피자 인수·합병을 마무리하며 '규모의 경제' 효과를 노린다. 사명을 피자앤컴퍼니로 바꾸고 기존 59피자 물류 업체를 자사 물류 시스템에 통합해 물류비 절감을 꾀하고 있다. 가맹점 수가 늘어나면 매장에 필요한 원부자재도 함께 증가한다. 가맹본부는 납품 업체를 상대로 가격 협상력을 갖게 되면서 원가와 물류 비용을 통제할 수 있는 가능성이 높아진다. 신규 매출을 크게 늘릴 수 없는 현 피자 시장 상황에서 운영 비용 절감을 꾀하는 전략이다.

샐러디는 전북 진안에 전용 농장 '샐러디팜'을 운영하면서 수직계열화를 완성해 식자재 수급 부담을 줄였다. 샐러드 핵심 식재료인 채소 원물을 재배하는 샐러디 전용 농장으로, 이상 기후에도 대응할 수 있도록 설계된 약 1만평 규모 스마트팜이다.

배달 수수료 부담에 맞서 '자체 채널'을 키우려는 움직임도 같은 맥락이다. 예를 들어 도미노피자는 2025년 들어서만 자체 채널 할인 프로모션을 수차례 진행했다. 1월에는 라지 사이즈 주문 시 1만원을 할인해주는 이벤트를, 2월에는 SK텔레콤과 손잡고 자체 채널 포장 주문 시 일반 고객은 50%, SK텔레콤 멤버십 가입자는 60%를 할인·적립해주는 프로모션을 기획했다. 파파존스는 자사 채널 신규 가입 시 25%, 생일 회원에게는 30% 할인 쿠폰을 지급하고 매월 28일 라지 사이즈 이상 모든 피자를 30% 할인해주는 이벤트를 운영 중이다.

가게도 '똘똘한 한 채' 키워라
-비용 최소화·점포 구조조정이 '키'

내수 시장 침체라는 구조적 요인은 자영업자 개인 노력으로 이겨내기 쉽지 않다. 특히 운영 자율성이 상대적으로 부족한 프랜차이즈 점주라면 더 그렇다. 예비 프랜차이즈 점주라면 인건비나 원재료비를 최대한 아낄 수 있도록 도와주는 브랜드와 본사를 선택하는 것이 현명하다.

이미 매장을 운영 중인 자영업자 중 매출 부진에 허덕이는 사장님 역시 '비용 최소화'에 초점을 맞출 필요가 있다. 인건비를 절감할 수 있는 키오스크나 QR 코드 주문·결제, 원재료비 절감을 위한 식자재 플랫폼이나 채널 확보에 신경 써야 한다.

2개 이상 매장을 보유한 다점포 점주라면 수익성이 좋은 점포 위주로 매장 구조조정에 나서는 것도 방법이 될 수 있다. 실제 여러 자영업 고수 사이에서는 인근 점포 2~3개를 통폐합해 대형 점포 하나로 경쟁력을 높이는 승부수를 던진 이가 여럿 있다. 본인 업종에 한계를 느낀다면 최대한 기존 시설을 살리는 방식으로 재창업 비용을 최소화할 필요가 있다. 최소한의 비용 투입으로 점포를 재출발하는 '업종 변경'은 2026년 한 해 자영업 시장 화두가 될 가능성이 높다.

차례

PART 1
업종

PART 2
상권

업종

무제한 고깃집, 베이글, 두피관리
'초저가 돼지갈비' 다크호스

이철주

장사만세 대표

구독자 7만명의 유튜브 채널 '장사만세'와 '장사만세 아카데미'를 운영 중이다. 프랜차이즈 '태닝나우' 공동대표다. 7개의 직영점 매장 운영 및 전수창업 사업 등 창업에 관한 지식을 바탕으로 활발한 활동을 하고 있다.

평범하게 장사해서는 살아남지 못하는 세상이다. 지금 자영업은 특별한 가성비, 비주얼, 분위기, 서비스 등 뭐 하나라도 확실한 무기가 있는 매장만 살아남는다. 특히 경기가 워낙 안 좋다 보니 뛰어난 가성비를 갖춘 아이템이 지속적으로 각광받고 있다. 2025년에 가장 유행한 아이템은 9800원 초저가 한우이며, 2024년에 가장 유행한 아이템도 1900원 초저가 생맥주였다. 그 외에도 최근 유행하는 아이템을 보면 엄청난 가성비를 앞세운 초저가 혹은 무한리필 아이템이 상당히 많다.

이렇게 가격으로만 승부하는 아이템이 대세가 되는 것은 상당히 우려스럽다. 재료비와 인건비는 계속해서 오르는데, 가격 경쟁으로 쉽게 가격을 올리지 못하는 상황이 지속되고 있기 때문이다. 이러면 외식업 전반 수익률이 떨어질 수밖에 없다. 필자는 10년째 순댓국, 일식 등 다점포 운영을 하고 있는데, 지금의 매출 대비 이익률을 10년 전과 비교하면 5%포인트 이상 떨어졌다.

극단적인 가성비 전략은 오래가지 못한다. 트렌드에 민감하게 반응하되 취할 것은 취하고 버릴 것은 버리면서 똑똑하게 장사를 해야 한다. 그런 의미에서 2026년에 뜰 만한 창업 아이템 TOP5를 소개한다. TOP5는 창업을 권장하는 순위는 아니다. 트렌드를 파악하는 용도로 활용하자.

5위. 이제는 술도 무제한이다! '노미호다이'

2024년 우리나라는 초저가 주점 전성기였다. 일본에서 벤치마킹한 1900원 생맥주가 초대박을 친 것. 하지만 2025년부터 초저가 주점 기세가 눈에 띄게 약해지고 있다. 대표적 프랜차이즈인 '생마차' 네이버 검색량만 봐도 완연한 하락세인 것을 알 수 있다.

초저가 주점 인기가 금방 식은 이유는 '가성비 논란'에 있다. 초저가 주점은 원래 3차, 4차에 잠깐 들러 마지막으로 한 잔 더 하고 가기에 적합하다. 맥주가 저렴한 대신 안주 양이 적기 때문이다. 그러나 우리나라는 요즘 거의 1차에서 술자리를 끝내는 분위기다. 1차에 배고픈 상태로 초저가 주점에 간 고객 입장에서는 안주 양을 보고 비싸다고 느낄 수밖에 없다.

더 심각한 것은 유사 업종 난립이다. 이는 진입장벽이 낮은 가성비 아이템 특성상 예견된 일이었다. 장담컨대 2026년에

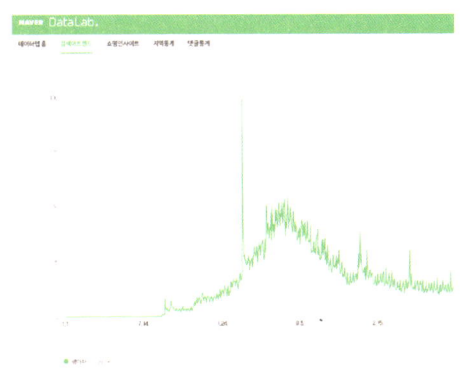

2025년부터 '생마차'의 검색량이 하락세다.

자료: 네이버 데이터랩

2시간 980엔, 3시간 1280엔으로 모든 주류를 즐길 수 있는 주점의 배너. 기본 2시간에 1만~2만원을 내고 다양한 술을 무제한으로 먹을 수 있다는 점이 큰 매력이다.

는 초저가 주점 매출이 더욱 떨어질 것이다. 게다가 초저가 주점 가맹점 상당수는 2026년에 가맹 계약 기간 2년이 종료된다. 매출 하락을 못 버티고 폐점하는 가

맹점이 속출할 것으로 예상된다.

하지만 폐점에 앞서 업종 변경을 고민해 볼 수 있다. 여기에서 가장 적합한 업종 변경 아이템은 '노미호다이'가 될 수 있다. 노미호다이는 한마디로 일본식 '무제한 술집'이다. 일본에서 초저가 주점에 이어 현재 유행하고 있는 콘셉트다.

이자카야는 다시 이자카야로 업종을 변경하는 것이 가장 좋다. 같은 아이템이면 상권에도 적합하고 비용도 적게 들기 때문이다. 게다가 초저가 주점은 워낙 자극적인 콘셉트로 눈길을 끈 아이템이어서 어중간한 아이템으로 업종을 변경하는 것은 상당한 부담이다. 그 대신 노미호다이처럼 강력한 콘셉트라면 승산이 있어 보인다.

고객에게도 노미호다이는 매력적인 콘셉트가 될 수 있다. 우리나라는 1차에서 식사와 음주를 한 번에 마치고 바로 귀가하는 문화가 자리 잡았는데, 노미호다이는 1차에서 모든 걸 끝내기 적합하다. 술을 무제한으로 먹을 수 있으니 여유롭게 천천히 즐기기 좋고 안주도 저렴해서 배부르게 먹기 좋다. 그동안 초저가 주점 가성비에 실망한 고객에게 각광받을 수 있는 아이템이다.

필자는 3~4개월에 한 번씩 일본에 가는데 예전엔 가끔 보이던 노미호다이 콘셉트 주점이 요즘엔 정말 눈에 띄게 늘어났다. 그때마다 '곧 우리나라에도 들어오겠는걸'이라는 생각을 하곤 한다. 아직 우리나라에서는 보기 드문 콘셉트지만 2026년에 노미호다이 콘셉트를 도입하는 술집이 늘어나지 않을까 예상해본다.

4위. 이제 때가 됐다 - 베이글 카페

베이글은 2010년대 초중반에 반짝 유행했다. 파리바게뜨나 뚜레쥬르 같은 제과점에서 앞다퉈 베이글을 내놓았고, 카페에서도 인기 메뉴였다. 하지만 베이글 특유의 밍밍한 맛과 질기고 딱딱한 식감이 우리나라 사람 취향을 저격하지 못해 그 인기는 금방 사그라들고 말았다.

그런데 언제부턴가 다시 베이글 열풍이 불었다. 2021년 시작된 런던베이글뮤지엄은 수년간 캐치테이블에서 전국 웨이팅 TOP5를 독차지하고 있다. 2017년에 문을 연 코끼리베이글도 막강한 비주얼을 앞세워 런던베이글뮤지엄과 함께 전국 2대 베이글로 군림하고 있다.

베이글 리턴을 주도한 '코끼리베이글'. 자료: 네이버 블로그

베이글 리턴을 주도한 '런던베이글뮤지엄' 전경.

과거 베이글 유행과 지금 유행은 다른 점이 있다. 예전엔 뉴욕 현지 스타일 베이글이 인기였다. 지금은 한국인 취향에 맞춘 베이글이 인기를 끌고 있다. 부드럽고 폭신폭신한 베이글이 많이 나오고 있으며 쪽파베이글, 단팥베이글, 크림치즈생크림베이글 등 우리 입맛에 딱 맞춘 베이글도 유행이다. 뉴욕 현지인이 지금 우리나라 베이글을 보면, 베이글이 아닌 '베이글 모양 한국빵'이라고 인식할 것이다. 그야말로 'K베이글' 탄생이다.

사실 2021년 런던베이글뮤지엄이 나왔을 때 유행이 금방 지나갈 거라고 의심하는 이가 많았다. 하지만 인기는 나날이 더해갔고, 2025년엔 2000억원에 매각하는 데도 성공했다. 직영점만 6개 있는 브랜드가 무려 2000억원에 매각이라니, 믿기 힘든 금액이다. 이제는 그 누구도 베이글이 단

순한 유행이라고 말하지 못할 것이다. 곳곳에 대형 베이글 카페가 생겨나고 있으며 '디저트39' '카페게이트' 등 기존 프랜차이즈에서도 베이글을 주력 신메뉴로 내세우고 있다.

물론 아직 베이글 전문 카페로 크게 두각을 나타내는 프랜차이즈는 없다. 우리 주변에 베이글 전문 카페가 흔히 보이는 것도 아니다. 하지만 2026년에는 베이글이 더욱 대중적인 아이템으로 자리 잡지 않을까 예상된다. 꽤 매력적인 창업 아이템이기 때문이다. 베이글은 아침과 브런치 식사로 좋을 뿐 아니라 식후 디저트로도 알맞다. 또한 일반적인 베이커리보다 조리 난도가 훨씬 쉽다. 튀겨야 하는 도넛보다 훨씬 쾌적하게 일할 수 있는 것도 강점이다. 게다가 베이글은 고객이 일부러 찾아와서 먹는 음식인 만큼 마케팅했을 때

고객 유입 효과가 뛰어나다.

주의할 점은 지금 눈높이가 한껏 높아진 우리나라 사람들에게 어지간한 베이글은 성에 차지 않는다는 것이다. 기성품을 취급하는 매장은 경쟁력이 떨어진다. 특별함을 갖춘 '수제 베이글'이라면 2026년에 더욱 사랑받는 아이템이 될 것으로 기대한다.

두피관리숍이 여성 창업 아이템으로 주목받는다.
자료: 모바이오 홈페이지

3위. 머리 한번 감는 데 8만원?
'두피관리숍'

필자의 아내는 주기적으로 두피관리숍을 이용한다. 그런데 어느 날 두피관리숍 영수증을 보고 필자는 경악을 금치 못했다. 두피 관리 1회 가격이 무려 8만원. "머리 한번 감는데 8만원이나 한다고? 집 앞 미용실에 가면 2만원에 커트하고 머리도 공짜로 감겨주는데!" 아내는 단순히 머리만 감는 게 아니라 마사지를 받는 것이라고 상냥하게 답변했지만, 필자는 두피관리숍을 부정적으로 인식하게 됐다. 몇 달 뒤 아내는 요즘 두통도 없고 잠도 잘 온다며 두피 관리에 꽤나 만족스러워했다. 그리고 보니 원래 두통이 잦았던 아내가 한동안 머리 아프다는 얘기를 하지 않았던 것 같다. 그로 인해 두피관리숍에 호기심이 생겼다.

두피관리숍은 단순히 머리만 감겨주는 곳이 아니다.

정밀진단기로 두피 상태를 파악해 고객에게 최적화된 관리 프로그램을 제공하며 마사지는 물론 탈모 관리까지 해주는 프리미엄 마사지숍에 가까운 아이템이다. 전망도 좋다. 두피관리숍은 젊은 탈모 인구가 증가하면서 함께 성장하고 있는 시장이다. 우리나라 탈모 환자 수는 1000만 명 내외로 추정되는데, 이 중 20·30대 환자가 40% 이상이다. 생각보다 큰 시장인 셈이다.

20·30대 탈모 환자가 늘어나는 것은 불규칙한 생활 습관과 배달·인스턴트 식품 섭취, 잦은 염색과 파마, 미세먼지 등 때문이다. 이런 근본적인 원인이 과연 제거될 수 있을까. 제거는커녕 더욱 악화될 가능성이 높아 보인다. 따라서 두피관리숍

은 앞으로 한층 성장할 만한 아이템이다. 무엇보다 두피관리숍 창업이 각광받을 만한 가장 큰 이유는 여성 창업에 적합하다는 점이다. 평범한 외식업으로 살아남기 힘든 시대에 여성이 할 만한 창업 아이템은 더욱 찾기 힘들다. 두피관리숍은 소리 소문 없이 꾸준히 성장해온 아이템이지만, 2026년에는 보다 핫한 창업 아이템이 되지 않을까 믿어본다.

2위. 일본식 무한리필 고깃집 '야키니쿠 타베호다이'

일본에서는 주류뿐 아니라 안주도 무제한으로 즐길 수 있는 콘셉트가 유행하고 있다. 이를 '타베호다이(食べ放題)'라고 한다. 무제한 안주로는 오코노미야키, 야키토리(꼬치구이), 스키야키(일본식 샤부) 등 다양한 아이템이 있다. 가장 유행하는 아이템은 야키니쿠(고기구이)를 활용한 타베호다이다.

야키니쿠 타베호다이는 다양한 술과 소고기를 무제한으로 즐길 수 있는 고깃집이다. 얼핏 보면 우리나라 무한리필 고깃집과 비슷한 것 같지만, 알고 보면 본질에서 큰 차이가 난다. 우리나라 무한리필 고깃집은 솔직히 맛이 없다. 저렴한 고기를 가성비 좋게 제공하는 콘셉트가 대부분이기 때문이다.

반면 야키니쿠 타베호다이는 고기 품질이 좋은 대신 가격이 비싸다. 소고기 무한리필이 1인당 3만~5만원 정도인데, 코스별로 즐길 수 있는 고기가 다르다. 예를 들어 A코스는 기본 고기, B코스는 중간급 고기, C코스는 프리미엄급 고기로 나뉘어 있는 식이다. 고기는 셀프 서비스가 아니며 추가 주문할 때마다 직원이 서빙해준다.

주류 무제한은 가격이 별도다. 소주, 맥주, 사케, 하이볼 등 다양한 주류를 제공하면서 가격은 2만원 정도 추가된다. 고기와 술을 무제한으로 하면 객단가가 최소 5만원 이상 나온다.

야키니쿠 타베호다이는 객단가가 높아 고매출을 올리기 용이한 아이템이다. 하지만 그만큼 창업 비용도 굉장히 많이 든다. 아이템 특성상 핫플레이스 상권에 대형 평수로 입점해야 하며 인테리어 수준도 중요하기 때문이다. 제대로 차리려면 창업 비용이 5억원 이상 들어가므로 매장 수가 많이 늘어나진 않을 것이다. 다만 매장 하나하나의 파급력은 상당할 것으로 예상된다. 창업 비용이 넉넉한 예비 창업자라면 2026년에 충분히 고려해볼 만한 아이템이다.

1위. 올 것이 왔다 '초저가 돼지갈비'

코로나19 팬데믹 이후 2년은 고깃집 전성시대였다. 고깃집은 다음 순서로 유행이 이어졌다.

'프리미엄 고깃집 → 무한리필 고깃집 → 뷔페형 고깃집 → 초저가 고깃집 → 초저가 한우'

과도한 경쟁으로 인해 이렇게 유행하는 고깃집이 아닌 일반 고깃집은 매출이 금세 떨어졌다. 2025년에는 9800원 초저가 한우만 매출이 잘 나온 것처럼.

이런 고깃집 유행 흐름이 2026년에는 초저가 돼지갈비로 이어질 것으로 본다. 필자는 예전부터 돼지갈비집 창업에 관심이 많았다. 돼지갈비가 대중적이고 마진이 좋은 아이템이기 때문이다. 돼지갈비는 양념이 기본이라 고기 품질이 다소 떨어져도 맛에서 큰 차이가 나지 않는다. 저렴한 원육을 사용해도 된다는 의미다. 이런 장점을 살려서 2025년 하반기부터 파격적인 초저가 돼지갈비집이 많이 생기고 있다.

놀랍게도 국내산 돼지갈비 100g당 가격이 3800원밖에 하지 않는다. 심지어 가맹점 오픈 이벤트로 돼지갈비를 1900원에 제공하기도 한다.

이렇게 저렴하게 팔면 안 남는 게 아닐까. 장사하는 입장에서 계산해보자. 보통 돼지갈비는 뼈 무게와 양념 무게를 고려해 1인분을 250g으로 잡는다. 100g당 3800원인 가격을 250g으로 환산하면 1인분에 9500원이다. 여기에 1인당 상차림비 1500원을 추가하면 실질적인 1인당

초저가를 내세운 돼지갈비 프랜차이즈 매장 전경.

자료:해당 브랜드 홈페이지

가격은 1만1000원이다. 돼지갈비의 낮은 원가를 고려하면 해볼 만한 가격이다. 게다가 돼지갈비는 고기뿐 아니라 술이나 된장찌개, 냉면 등 추가 주문이 많아 객단가가 2만원가량 나올 것이다. 나쁘지 않다. 원가율은 50% 정도로 예상된다. 이는 일반적인 고깃집에 비해 10%가량 높은 수치지만, 적은 인건비와 높은 매출로 극복이 가능한 수준이다.

2025년 말 현재 기준 창업을 한다면 돈이 되는 아이템이라고 생각한다. 요즘 장사 안되는 고깃집이 너무 많기 때문에 이렇게 강력한 콘셉트의 돼지갈비로 업종 변경을 희망하는 점포도 많다. 2026년은 분명 초저가 돼지갈비 전성기가 될 것이다.

문제는 지속성이다. 현재 초저가 돼지갈비 1위 프랜차이즈는 직영점을 오픈한 지 몇 달 되지 않았는데도 매달 가맹점 10개를 오픈할 정도로 확산 속도가 매우 빠르다. 같은 가맹점끼리 경쟁해야 하는 날이 금세 올 것이다. 경쟁 브랜드 진입 속도도 상당히 빠르다. 심지어 칠레산 돼지갈비를 100g당 3000원에 판매하는 '초초저가 돼지갈비'도 뜨고 있다.

이렇게 저렴한 가격으로만 승부하는 브랜드는 오래가기 힘들다. 이처럼 빠른 확산세를 고려할 때 초저가 돼지갈비는 2026년 가장 뜰 만한 아이템이지만, 동시에 2026년에 가장 조심해야 하는 아이템이기도 하다.

빠른 트렌드 변화에 '요절하는 브랜드' 스테디셀러 집중 & 혁신 외주화해야

노승욱

창톡 대표

"트렌드 변화 속도가 너무 빠르다. 브랜드 수명이 2년은 갈 줄 알았는데 1년도 못 가더라."

"새로 만든 브랜드로 내 매장을 내가 업변하고 있다."

"탕후루에서 요아정으로, 그다음은 뭐가 뜰지 찾고 있다."

최근 프랜차이즈 대표들과 만나면 자주 듣는 이야기다. 아무리 뜨고 지는 트렌드를 따라 '치고 빠지는' 프랜차이즈 업계라지만, 최근 그 속도가 너무 빨라졌다는 하소연이 많다.

이는 브랜드 수명 단축, 즉 '브랜드 요절'

로 이어진다. 이제 막 뜨기 시작한 브랜드라며 가맹점 모집에 박차를 가해야 하는데 벌써 풀이 죽으니, 프랜차이즈 본사 입장에선 착잡할 만도 하다.

요절하는 건 브랜드만이 아니다. 상권도 단명한다. 상권의 이동, 즉 젠트리피케이션 속도가 빨라지면서다. 일례로 한때 '핫플'로 명성이 높던 가로수길은 2024년에 이미 상가 공실률이 40%를 넘어섰다. 브랜드의 요절, 상권의 단명. 2026년 목하, 대한민국 자영업의 현실이다.

트렌드 변화가 가속화되는 이유
-정보의 홍수…그리고 외주 생산 활성화

트렌드 변화 속도가 갈수록 빨라지는 이유는 뭘까. 여기에는 수요적 요인과 공급적 요인이 있다.

수요적 요인은 SNS를 통한 정보의 홍수 영향이 크다. 특히 최근 유행하는 숏폼은 단위시간 안에 소비자가 접하는 정보의 양을 엄청나게 늘려놨다. 이는 수치로 확인 가능하다. 앱·리테일 분석 서비스 와이즈앱·리테일에 따르면 2024년 기준 한국 스마트폰 사용자 1인당 월평균 숏폼 콘텐츠 시청 시간은 46시간29분으로, 롱폼 콘텐츠 위주인 온라인동영상서비스(OTT) 앱(9시간14분) 시청 시간보다 5배 이상 길었다. 숏폼 콘텐츠를 평균 15초씩 보고 넘긴다고 가정하면 한 달에 1만여 개 콘텐츠를 보는 셈이다.

망각의 메커니즘을 연구한 '간섭 이론(Interference Theory)'에 따르면, 인간의 뇌는 새로운 정보가 계속 학습될 때 이전 정보를 잊기 쉽다. 이렇게 수많은 새로운 정보가 수십 초에 하나씩 들어오니, 제아무리 맹위를 떨치던 신흥 브랜드도 금세 전두엽의 한구석으로 밀려나 처박힐 수밖에.

공급적 요인은 양질의 신상품이 지고 나면 새로 출시될 수 있도록 한 외주 생산 인프라의 발달에서 시작한다. 식음료(F&B) 업계에선 2010년대 후반부터 '센트럴 키친(Central Kitchen)''B2B용 HMR(간편식)' 등의 개념과 용어가 대중화됐다. 맛집 레시피를 받아 HMR 제품을 만들어 팔던 공장들이 그동안 축적된 노하우를 바탕으로 이제는 일반 식당용 HMR 제품도 공급하고 있다. 급속 냉동 등 조리 기술과 노하우 발달로 이제 대량 생산을 해도 맛집 메뉴의 맛을 HMR로도 90% 가까이 구현할 수 있게 된 덕분이다. 맛집 수준의 S급 레시피는 아니어도 그럭저럭 먹을 만한 A급 레시피는 유튜브와 센트럴 키친에 흔하다 보니 이제 기획만 잘하면 새로운 F&B 브랜드를 만들어 확장하는 게 어렵지 않아졌다. 이른바 '기획형 식당' 브랜드가 양산되기 시작한 것이다.

이렇게 신규 브랜드가 새로 등장하고 소비자에게 인지되는 속도가 모두 빨라지니 브랜드의 생애 주기(Life Cycle)가 짧아지는 게 어찌 보면 당연한 일이 됐다.

---

* 후방에서 1차로 음식을 전처리 또는 조리해서 일선 식당에 공급하는 생산 공장.

생존 전략은 두 가지
-트렌드 좇거나 오히려 회피하거나

이런 흐름 속에서 최근 F&B 업계 생존 전략은 크게 두 가지로 나뉜다. 트렌드를 회피할 수 있는 스테디셀러 아이템으로 승부하거나, 트렌드를 계속 따라가며 지속적으로 리브랜딩을 하거나다.

전자의 대표 사례는 '한식의 재발견'이다. 필자는 매년 장사 고수 30여 명의 기고를 엮어 '자영업 트렌드' 책을 펴낸다. '자영업 트렌드 2025'에서 고수들이 초보 창업자에게 추천한 창업 아이템은 다음과 같다.

살펴보면 대부분 한식 메뉴다. 한식은 한국인의 소울푸드(soul food)인 만큼 유행을 타지 않고 재구매가 용이하기 때문이다. 다만 기존 그대로는 곤란하다. 고급화든 현대화든 업그레이드가 필요하다. 일례로 요즘 프랜차이즈 업계에선 '국밥의 재설계' 작업이 한창이다. 뉴욕에 진출한 '옥동식'처럼 '단일 메뉴에 집중', 놋그릇으로 '플레이팅 고급화', 잔술 판매로 '회전율 제고' 등의 전략이 유행이다. 2024년 한식 프랜차이즈 시장을 선도한 '옥된장'은 2025년 8월 '정백선 순대'를 광교에 새로 선보였다. 1만원대 중반 가격에 하루 100그릇만 파는 신개념 고급

2025년에 뜰 만한 창업 아이템

1위	한식 주점
2위	면 요리
3위	무인 창업
4위	1인 샤부
5위	가성비 소고깃집

자료 : 이철주 크리에이티브스푼 대표, '자영업 트렌드 2025'

2025년에 초보 자영업자에게 유리한 창업 아이템 (순위 없음)

- 면 요리
- 백반
- 국밥
- 두부
- 솥밥
- 생선구이

자료 : 민강현 식당성공회 대표, '자영업 트렌드 2025'

2025년에 절대 강자가 적은 창업 아이템 (순위 없음)

- 닭갈비
- 곱창
- 고기뷔페
- 카레
- 우동

자료 : 이도원 로지컬F&B 대표, '자영업 트렌드 2025'

순대국이다. 일련의 변화는 배달의민족이 2025년 1분기 외식 트렌드 키워드로 '뉴웨이브 국밥'을 제시한 배경이다.

유튜브 채널 '장사만세'를 운영하는 장사고수, 이철주 크리에이티브스푼 대표는 '자영업 트렌드 2025'에서 다음과 같이 썼다.

"2025년을 기점으로 슬슬 이자카야 인기가 꺾일 것으로 예상된다. 주점은 유행이 빠르게 변하기 때문이다. 게다가 일본 현지 느낌을 그대로 살리기 위해 인테리어가 자극적인 이자카야가 많이 생겼다. 이렇게 자극적인 인테리어는 호기심을 끌기에는 좋지만, 쉽게 질릴 우려가 크다. 애초에 롱런이 쉽지 않은 구조다. (중략) 2025년에는 고급 전통주와 막걸리를 내세운 한식 요리 주점 유행이 시작될 것으로 예상한다. 한국식 요리 주점은 아직 경쟁이 치열하지 않고, 한국식 요리로 보여줄 것이 무궁무진하기 때문이다."

트렌드 좇으며 좌표 확인
-'BLF 분석' 시도해볼 만

트렌드를 좇는 리브랜딩 전략은 '업종 변경'으로 요약할 수 있다. 이미 매몰 비용이 투입된 점포와 집기는 최대한 재활용하면서 최소 자본으로 새로운 브랜드로 갈아타는 '이누키(いぬき) 창업'이다. 트렌드가 끝나 쇠퇴한 브랜드를 다시 트렌디한 업종으로 변경해 되살린다는 의미에서 필자는 이를 '점포 재생'이라고 부른다.

사실 노포를 제외한 대부분 F&B 매장은 수시로 점포 재생이 이뤄진다. 양도양수를 통해 계속 새로운 점주가 들어서며 새로운 브랜드로 바뀌기 때문이다. 이 과정을 기존 점주가 반복해서 수행한다면 폐업하지 않고 브랜드만 갈아타는, 또 다른 의미의 '장수 가게'가 될 수 있다.

이를 위해선 상권과 브랜드의 생애 주기를 끊임없이 살피며 능동적으로 대처하는 것이 중요하다.

필자는 이 같은 점포 재생 과정을 설명하기 위해 다음과 같이 도식화해서 'BLF** 분석'을 시도해봤다. x축은 상권, 입지, 목 같은 위치(location) 경쟁력, y축은 트렌드 시의성이나 인기도를 나타내는 브랜드력(力)이다. x축과 y축의 값이 모두 높은 브랜드는 '브강목강(브랜드와 목이 모두 강함)', 그 반대는 '브약목약(브랜드와 목이 모두 약함)'이다. 런던베이글뮤지엄, 카페노티드처럼 백화점이나 특수

---

* 기존 점포의 인테리어와 설비를 최대한 살려 인테리어 투자를 최소화한 소자본 업종 변경 창업 방식을 일본에서 이르는 말.

** Brand-Location-Fit. 특정 시점에서 브랜드와 상권의 트렌드 적합성을 파악하는 지표.

표. BLF(Brand-Location Fit) 분석툴-점포 재생 공식

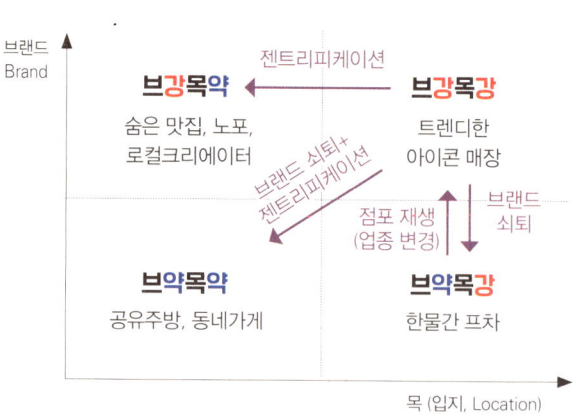

자료 : 창톡

상권, 핫플에 입점하는 인기 브랜드는 전자, 골목상권에서 배달 위주로 장사하는 공유주방이나 동네 가게는 후자의 예다. 둘 중 하나만 강하면 '브강목약(브랜드는 강한데 목이 안 좋음)', 또는 '브약목강(브랜드는 약한데 목이 좋음)'이라 할 수 있다. '옥동식'처럼 한적한 골목에서 줄을 세우는 숨은 맛집, 노포, 로컬크리에이터는 전자, 핵심 상권에 위치한 한물간 프랜차이즈나 경쟁력 없는 개인 브랜드 매장은 후자의 예다.

상권과 브랜드가 '좋다' '나쁘다'와 같이 이분법적으로 나뉘지 않으니 이 행렬은 모눈종이처럼 수없이 잘게 쪼갤 수 있다. 거의 모든 F&B 브랜드는 이 안의 어딘가에 위치하고 그 좌표값은 수시로 '움직인다'. 따라서 현재 내 브랜드의 위치값이 어디인지를 알고, 시장의 변화를 예측해 BLF를 찾거나 가급적 '브강목강'으로 이동하는 것이 생존에 유리하다.

가령 2010년대 초반에 명동에서 카페베네를 창업했다고 해보자. 카페베네가 선풍적 인기를 끌던 시절이니 '당시'에는

---

* 실제로 필자는 2010년대 초반 울산과 경남 등지에서 카페베네를 5개 차려 건물주가 된 다점포 점주를 인터뷰한 적이 있다.

전형적인 '브강목강' 전략이었고 분명 엄청난 성공을 거뒀을 것이다.* 그러나 수년이 흘러 카페베네는 1000호점을 돌파하며 '바퀴벌레처럼 많다'는 뜻에서 '바퀴베네'라 불리고 브랜드 희소성과 매력도가 떨어졌다. 이후에는 '브약목강'으로 좌표가 옮겨져 매출이 떨어지고 폐업 위기에 처했을 가능성이 높다. 카페베네 명동점 사장이라면 다시 브강목강으로 이동하는 방법을 찾아야 한다. 이때 필요한 게 다른 브랜드로 갈아타는 '업종 변경', 즉 '점포 재생' 전략이다.

과거에는 업종 변경 주기가 3~5년에 한 번씩 이뤄졌다면, 트렌드 변화가 빨라진 요즘은 1~2년으로 더욱 짧아졌다. 브랜드 기획 단계부터 방망이를 짧게 잡고 여차하면 다음 브랜드로 갈아탈 수 있도록 점포 재생까지 염두에 둔 유연한 접근이 필요하다.

일례로 한때 100호점 넘게 가맹점을 펼쳤던 원조부안집의 신근식 대표는 고깃집이 높은 인건비로 어려워지자 매장을 요즘 유행하는 한식주점으로 바꿔 점포 재생에 성공했다. 동태탕, 오징어보쌈 등을 가성비 있게 팔아 기존 점보다 매출이 2~3배 올랐다. 성과를 확인한 그는 양은이네를 업종 변경 전문 브랜드로 포지셔닝해 점포 재생이 필요한 '브약목강' 매

장들만 대상으로 가맹 모집을 하고 있다.

트렌드 좇아 '점포 재생'하거나
-나만의 '뉴웨이브 국밥' 찾거나

이런 상황에서 자영업자 대응 전략은 두 가지다. 스테디셀러 사업에 선택과 집중을 하거나, 트렌디한 사업은 신흥 프랜차이즈로 업종 변경해 '혁신의 외주화'를 하는 것이다. '뉴웨이브 국밥'이 전자의 예라면, 신흥 프랜차이즈로 업종 변경하는 '점포 재생'은 후자의 예다.

트렌드 변화 속도가 갈수록 빨라지는 2026년, 대응 속도가 자영업의 성패를 좌우할 것이다.

고깃집 차별을 위한 '송곳 전략' 고기 품종·김치·사이드에 집중을

송창열

기찻길옆 오막살이 & 우백갈비 대표

28년 전통 마늘 숙성 닭볶음탕 식당 '기찻길옆 오막살이' 및 소갈비 전문식당 '우백갈비' 오너 셰프다. 호남에서 닭볶음탕을 가장 많이 판매하는 곳으로 방송 3사에 모두 소개됐고, 연간 7만명이 방문하는 식당이다. '한국창업지도사협회' 창업지도사로서, 창업 관련 외부 강연 및 전수 창업, 외식경영 컨설턴트 등의 활동을 하고 있다.

편집자 주

'고깃집이 무너진다'.
'자영업 트렌드 2025'에서 진단한 국내 고깃집 창업 시장의 현실이다. 고깃집의 위기는 2026년에도 이어질 전망이다. 라이프스타일 변화로 인한 회식 수요 감소, 높은 인건비로 인한 그릴링 불가, 시장 포화 등 구조적 위기 요인이 그대로이기 때문이다.
송창열 우백갈비 대표와 김현수 외식경영 대표의 기고를 통해 2026년 고깃집 창업의 현실과 대안을 짚어본다.

고깃집 시장은 치열한 경쟁의 대표 사례로 항상 꼽힌다. 돼지고기, 소고기, 곱창, 막창 등 다양한 부위를 기반으로 한 신규 아이템이 연이어 등장하고 있으나 그만큼 시장 트렌드 변화 속도도 빨라졌다. 고수익을 내세운 프랜차이즈와 소자본 창업 붐이 맞물리며 '단기 유행→과잉 경쟁→집단 폐업' 악순환이 반복되고 있다. 고매출로 성공한 이야기가 넘쳐나는 고깃집이야말로 예비 창업자에게는 기회의 시장인 것처럼 느껴진다. 밑바닥 실력

냉동삼겹살 → 뉴트로프리미엄 → 일상식 회귀

냉동삼겹살 ⟶ 뉴트로프리미엄 ⟶ 일상식 회귀

까지 모두 꺼내야 성공할 수 있는 진검 승부의 장임을 창업하기 전까지는 모른다. 빠르게 주목받는 메뉴일수록 수명이 짧고, 진입이 쉬운 시장일수록 경쟁도 격화된다.

냉삼-대패-솥뚜껑 삼겹살
-돌고 도는 고깃집 트렌드

어느 유명 외식 기획자가 대패삼겹살 전문점을 오픈했다. 독특한 브랜드 스토리와 전통, 최고급 원육을 내세워 개업 첫 달부터 월매출 1억원이 넘는 기록을 세웠다. 이 성공 사례를 벤치마킹하려는 업계 관계자들의 방문이 이어졌다. 그러나 1년 후 그 매장은 간판을 내렸다. '고도화된 기획≠지속가능성'을 증명하는 뼈아픈 사례다.

전문가조차 성공을 보장할 수 없는 창업 전장에서 실력이 부족한 초보자들의 맹목적 콘셉트 의존은 자살행위다. 고깃집 창업 트렌드 흐름을 예측하려 하지 말고 큰 흐름을 이해해야 한다. 고깃집의 구조적인 소비 형태 흐름은 결국 큰 주기를 가지고 변화한다. 그리고 그 큰 주기(패턴)는 반복된다. 옛날의 것이 다시 새로워지고 트렌디해진다. 그리고는 곧 다시 평범해진다. 고기를 소비하는 형태도 이 큰 틀에서 변하고 반복한다.

일례로 '냉삼(냉동 삼겹살)'은 뉴트로한 힙한 음식에서 다시 일상식이 됐다.

초기 냉삼의 시작은 이렇다. 수입 삼겹살이 넘치던 시절 원육 가격이 매우 저렴했다. 그래서 파격적인 가격으로 삼겹살을 제공하는 매장이 우후죽순 생겨날 수 있었다. 수입 고기의 한계 때문에 질기거나 냄새 나는 것을 잡기 위해 얇게 대패처럼 작업한 삼겹살 형태로 제공됐다. 스토리와 곁들임, 반찬 원육 등을 차별화한 업그레이드 매장이 줄줄이 등장했다. 다만 대패삼겹살은 업그레이드 3.0까지 진화했으나, 4.0으로의 도약은 쉽지 않아 보인다.

조금 더 들여다보면 대패삼겹살의 시작은 매우 저렴한 수입 돼지고기를 활용한 '박리다매' 모델이었다. 하지만 생활수준이 향상되고, 소비자 입맛이 점점 고급화되면서 시장은 '프리미엄' 시대로 접어들었다. 두툼하게 썰어낸 삼겹살과 목살, 풍부한 육즙을 머금은 고기가 등장하기 시작한 것이다.

하지만 여기엔 큰 단점이 하나 있었다. 고기를 제대로 굽지 못하면 그 맛이 현저히 떨어진다는 점이다. 이를 보완하기 위해 등장한 전략이 바로 '직원 그릴링' 서비스였다. 고기를 전문적으로 구워주는 시스템은 맛의 일관성과 회전율을 동시에 높여주는 장점이 있다. 그러나 이 모델은 일정 수준 이상 규모와 인건비를 감당할 수 있는 여력이 필수다. 손익분기점을 넘기기 위해선 장사가 꽤 잘돼야만 했고, 그렇지 못하면 인건비 부담에 수익이 급격히 줄어든다. 결국 경기까지 악화하자 많은 고깃집이 문을 닫는 상황에 이르렀다.

이제 '직원이 구워주는 고깃집'은 장사 고수 영역이 됐다. 평범한 자영업자에겐 점점 더 어려운 도전 과제가 돼버렸다. 그런 흐름 속에서 운영이 상대적으로 간편한 솥뚜껑 삼겹살의 부활은 자연스러운 귀결이었다. 치솟는 인건비, 그리고 변해가는 소비자 니즈가 만들어낸 자연스러운 흐름이다.

고깃집 차별화 위한 '송곳 전략'
-고기를 가장 맛있게 먹기 위한 고민

여기서 한 가지 질문이 떠오른다. 모두가 솥뚜껑을 사용하고 곁들여 나오는 사이드 메뉴도 비슷하다면 과연 무엇으로 차별화할 수 있을까. 경쟁에서 살아남기 위해선 강력한 무기를 하나 갖춰야 한다. 그래서 필요한 것이 바로 '송곳 전략'이다. 부수적인 요소에 에너지를 분산시키지 말고 가장 강력한 한 지점에 모든 힘을 집중하는 것이다.

송곳 전략의 한 예로, 김치에 집중하는 방법이 있다. 김치는 지역에 따라 맛과 특성이 다르고, 숙성 기간과 방식에 따라 천차만별이다. 게다가 용도에 따라 담그는 방식도 달라진다. 만약 오로지 고기와의 조화를 위해 준비한, 2년 숙성된 깊은 맛 묵은지가 곁들여진다면 이야기는 완전히 달라진다. 또 고기와 어울리는 김치 7종을 제공하는 것은 어떤가.

앞에서 김치를 예로 들어 '집중의 중요성'을 설명했다. '뾰족한 실력'은 부수적인 것을 압도한다. 결국 고객이 진정으로 원하는 가장 원초적인 만족, 바로 '클래식'의 완성도를 충족하는 것이고 이것이

돼지 품종별 특성

품종 / 교잡종	육질 특성	맛과 풍미
요크셔 (Yorkshire)	지방 적고 살코기 비율 높음	담백하고 부드러우나 풍미는 약함
랜드레이스 (Landrace)	육질 부드러우며 살코기 많음	부드럽고 촉촉한 식감, 지방 맛 깔끔
듀록 (Duroc)	근내 지방(마블링) 풍부	고소하고 풍미 진하며 육즙 많음
버크셔 (Berkshire)	마블링 우수, 지방층 풍부	쫄깃하고 진한 맛, 풍미 우수
난축맛돈	지방층 발달, 육즙 풍부	깊고 진한 풍미, 육즙 풍부, 앞다리 구이 가능
YLD (Yorkshire × Landrace × Duroc)	살코기 많고 지방 적당	부드럽고 무난한 맛, 가정용 삼겹살 등에서 일반적
YBD (Yorkshire × Berkshire × Duroc)	마블링 뛰어남, 지방 풍부	버크셔+듀록의 진한 풍미, 고소하고 쫄깃한 맛

성공의 열쇠다.

고깃집은 결국 고기가 맛있어야 한다. 그리고 그 고기와 조화를 이루는 반찬이 뒤따라야 한다. 소비자가 가장 강하게 원하는 명제는 '정말 맛있는 고기를 먹고 싶다'는 것이다. 하지만 이 당연한 본질을 제대로 해내는 곳은 생각보다 많지 않다. 원육의 브랜드 선정, 품종 연구, 보관·숙성 등 고기에 대한 원천기술을 높이는 것이 '집중 전략'이다.

돼지고기 품종을 살펴보면 현재 시중에 유통되는 돼지고기 중 95% 이상은 요크셔(Yorkshire), 랜드레이스(Landrace), 듀록(Duroc)을 교잡한 YLD 품종이다. 이중 요크셔는 육즙이 풍부하고, 버크셔(Berkshire)는 쫀득한 식감을 자랑하며, 듀록은 감칠맛과 마블링이 뛰어난 특징을 지닌다. 최근에는 요크셔, 버크셔, 듀록을 삼종 교배한 하이엔드급 품종인 YBD도 등장해 품종 다양화의 흐름을 보여준다. 또한 제주도에서는 고유 품종인 '난축맛돈'이 점차 확산되며 새로운 선택지를 제공하고 있다.

고기 숙성에 대해서도 고깃집을 운영하는 대표 중 제대로 연구하고 공부하는 사람이 많지 않은 것이 현실이다.

"사후강직 상태의 고기는 신장성(extensibility)을 잃고 딱딱해지지만, 시간이

지나면서 이 강직이 풀리는 현상을 숙성(Aging)이라 한다*. 이 과정에서 고기 풍미를 결정하는 이노신일인산(Inosine Monophosphate)은 이노신(Inosine)으로 전환되고, 근육 내 펩티드(Peptide)는 아미노산(Amino acid)으로 분해되어 고기 맛을 향상시키며 보수력(수분 보유 능력)도 증가시킨다."

숙성은 효소 반응에 의해 맛 성분이 변화하는 것이다. 숙성 기간은 가축 종류, 근육 부위, 숙성 온도 등에 따라 달라지며 특히 숙성 온도와 기간이 가장 중요한 요소로 강조된다.

숙성 방식에 있어서도 변화가 감지된다. 습식 숙성이 가장 일반적으로 사용되고 있지만, 일부 고기 전문점에서는 교차 숙성이나 드라이에이징 같은 차별화된 방식도 도입하며 경쟁력을 높이고 있다. 돼지고기의 드라이에이징에 대한 연구가 계속 고도화되는 양상이다. 이처럼 고기 품종에 대한 연구와 숙성 방식에 대한 이론적 고찰은 단순한 유행을 넘어 고기의 본질적인 상품성을 높이는 핵심 요소로 작용하고 있다.

2026년 소비자들은 과도한 콘셉트와 억

---

* '숙성, 고기의 가치를 높이는 기술', 김태경 지음, 팜커뮤니케이션 펴냄, 2017

지스러운 스토리텔링에 피로감을 느끼고 있다. 어깨에 힘을 잔뜩 준 '콘셉트 매장' 보다는 힘을 적절히 뺀 채 중심을 잘 잡은 노련한 접근이 필요한 시점이다. '특별해야 한다'는 강박에서 벗어나 상품 그 자체의 본질적인 힘에 집중해야 함은 물론이다. 송곳은 한 점을 향해 흔들림 없이 파고든다. 당신의 식당이 추구해야 할 방향 역시 '10cm의 평범한 무난함'이 아니라 '0.1mm의 날카로운 완성도'여야 한다. 다만 여기서 말하는 '뾰족한 실력'은 단 하나의 영역만을 의미하지 않는다. 진정한 상품력은 단일 요소가 아닌, 본질에 대한 집중과 부수적인 요소 간의 조화를 통해 완성된다. 육각형의 각이 모두 뾰족하게 살아 있는 '육각별형 매장'을 만드는 것이 궁극적인 목표여야 한다. 천 리 길도 한 걸음부터. 원육 선택부터 숙성과 보관, 제공 방식, 그리고 굽는 기술에 이르기까지 전 과정을 다시 점검하고, 책을 읽고, 진짜 고수에게 겸손하게 배우는 자세가 필요하다.

"고객의 혀는 절대로 거짓말하지 않는다."

고깃집 수익 기획은 어떻게
-프라임 코스트의 패러다임 전환

우리는 오랫동안 사업자 중심 원가 구조 아래에서 외식업을 운영해왔다. 식당 경영의 핵심 지표인 프라임 코스트(Prime Cost)는 식음료 원재료비(COGS)와 직접 인건비의 합으로, 수익성 관리의 생명선이다. 업계에서는 이를 60~65% 이하로 유지하는 것이 일반적인 기준이다. 이 한계를 넘어서면 사실상 이익 창출이 어려워진다. 전통적인 모델은 원재료비 35%, 인건비 25%라는 안정적인 조합을 고수해왔다. 그러나 마이너스 성장의 시대에 접어든 지금 이 공식은 더는 통하지 않는다.

프라임 코스트

= 식음료 원재료비(COGS) + 직접 인건비

앞으로 고깃집이 생존하려면 정육이 월등히 뛰어난 고품질 또는 차별화된 담음새 등 확실한 무기가 있어야 한다. 사진은 정육과 담음새로 차별화한 고기 모습.　　　자료: 필자 제공

이제 원가 상승은 선택이 아닌 '생존 전략'이다. 소비자가 체감하는 가성비 경쟁력을 확보하기 위해선 원가 구조의 근본적인 재편이 필수적이다. 식재료의 품질이 브랜드의 성패를 좌우하는 시대가 본격화되고 있다. 따라서 이제는 '사업자 중심'이 아니라 '고객 중심'의 원가 구조로 패러다임을 전환해야 한다.

고객 지향형 프라임 코스트 구조

= 45대15 공식

총 프라임 코스트 60% = 식음료 원재료비 (45%) + 직접 인건비(15%)

원재료비를 과감히 높이고 인건비를 최소화하는 전략은 고객에게 높은 만족도를 제공함과 동시에 브랜드 차별성과 경쟁력을 강화하는 데 효과적이다. 소고기는 원육 품질을 높이는 방향으로 포지셔닝하고, 돼지고기는 합리적인 가격에 푸짐하고 강력한 사이드를 함께 제시하는 것이 유리하다. 이런 전략은 모두 원재료비에 여유가 있어야 가능하며 인건비 조정이 반드시 수반돼야 한다.

수익의 구조적 설계 없이 단지 퍼주기식

가격 정책이나 잘못된 콘셉트로 운영하면 아무리 매출이 높아도 정작 손에 남는 이익은 없고 계좌는 텅 비게 된다. 단 원재료비 비중이 55~60%에 육박하는 초저가형 박리다매 브랜드와는 구분돼야 한다. 이런 브랜드는 대형 매장에서 고매출이 지속돼야만 수익을 낼 수 있는 구조로, 매출이 조금만 떨어져도 수익성이 급격히 악화된다. 매출이 10%만 감소해도 수익이 50% 이상 급감하는 고위험 구조이기 때문이다. 이런 브랜드는 원가 측면에서는 우위를 가질 수 있지만, 절대 품질 우위에는 도달하지 못한다는 근본적인 한계를 안고 있다. 10년 이상 가는 식당은 단골들의 든든한 지지를 받고 있다. 고객 이익을 더 크게 높이는 것이 단순하지만 대단한 비법이다.

고깃집 메뉴 기획 4가지 관리법
-체계적 메뉴 포트폴리오 짜라

경기가 제로를 넘어 마이너스로 진입한 지금 외식업계 생존 키워드는 분명하다. 바로 '스테디셀러의 힘'이다. 매장에서 판매되는 핵심 메뉴는 오랜 시간 검증된 일상식 또는 특별식이어야 하며 대중성을 기반으로 지속적인 품질 연구와 업그레이드를 통해 확고한 경쟁 우위를 확보해야 한다. 한순간이라도 방심하면 진화하는 경쟁사 상품력에 쉽게 밀릴 수 있다. 기존 틀에 갇힌 사고는 사업 운영에 위기를 초래할 수 있다.

A고깃집 사례는 중요한 교훈을 준다. 매출 회복을 위해 끊임없이 신메뉴 개발에만 몰두한 결과 오히려 주객이 전도됐다. 대표 메뉴 경쟁력을 점검하기보다 신규 고객 유치에만 집중하면서 정작 매장의 강점은 희미해졌다. 진정한 해답은 '신메뉴 개발'이 아니라 기본으로 돌아가 핵심 메뉴의 전투력을 다시 검증하는 것이다. 상품력 강화 전략은 다각적이어야 한다. 원가 우위 확보, 레시피 고도화, 메뉴 구성력 강화, 메뉴 기획 혁신 등이 복합적으로 작용해야 진정한 경쟁력이 생긴다. 특히 '원가 우위 확보'는 모든 전략의 선결 조건이다. 이를 바탕으로 체계적인 메뉴 포트폴리오 관리가 핵심적으로 필요하다.

메뉴는 전략적 역할에 따라 4가지로 구분 관리할 수 있다.
1. 대표 메뉴(Flagship): 매장 정체성을 결정하는 핵심 아이템
2. 수익 메뉴(Profit Driver): 높은 마진을 창출하는 주 수익원
3. 유인 메뉴(Traffic Builder · Loss Leader): 고객 유입 유발하는 희생 상품

4. 성장 메뉴(Growth Potential): 미래 주력 메뉴로 육성 가능한 아이템

이제 매장을 성공적으로 운영하려면 '데이터 식별력'이 핵심 역량이 됐다. POS 시스템을 활용해 각 메뉴 원가율, 월간 판매 실적, 기여도 등을 실시간으로 분석하고 이를 기반으로 메뉴 구성, 가격 전략, 마케팅을 유기적으로 설계해 수익률을 극대화하는 '판매율 관리'가 필수적이다. '유인 메뉴' 운영은 강력한 할인으로 고객 유입을 늘릴 수 있지만, 그에 따라 원가율이 상승하는 딜레마가 발생할 수 있다. 이를 보완하기 위해서는 '선착순 한정 판매'나 '세트 메뉴 구성'과 같은 수익성 중심 전술이 필요하다. 동시에 메뉴 포트폴리오 최적화도 중요하다.

모든 메뉴가 고르게 판매되는 구조는 오히려 비효율적일 수 있다. 이상적인 구성은 대표 메뉴와 수익성이 높은 메뉴가 전체 매출에서 80%를 차지하고 나머지 20%를 기타 메뉴가 담당하는 형태다. 판매 실적이 낮은 메뉴는 과감히 정리하거나, 메뉴판 구성과 마케팅 전략을 통해 대표 메뉴 판매를 유도하는 보조 수단으로 활용하는 것이 바람직하다.

고깃집 수익성에 큰 영향을 주는 '수익 메뉴'에 관한 연구도 필요하다. 비선호 부위나 저지방 부위를 조합해 판매하는

프리미엄 사이드 샘플 메뉴

- **차돌된장** : 차돌박이를 듬뿍 넣은 고소한 된장찌개
- **갓김치 비빔면** : 싱싱한 갓김치와 매콤달콤한 양념의 조화
- **한우해장국밥** : 진한 한우 육수에 밥을 말아 든든함을 더한 메뉴
- **숙성김치 치즈전** : 숙성김치와 풍부한 치즈가 어우러진 전
- **보리새우 미나리전** : 고소한 새우와 향긋한 미나리의 조합
- **트러플 된장찌개** : 고급 트러플 오일로 풍미를 극대화한 된장찌개
- **냉갈비비빔국수** : 양념갈비를 얹어 식감과 맛을 살린 냉국수
- **숯불 옥수수버터돌솥밥** : 숯향 가득한 옥수수버터밥을 돌솥에 담아낸 별미
- **갓 지은 명란솥밥** : 버섯과 저염명란젓을 조화롭게 올린 후식 솥밥
- **육개장 순두부전골** : 얼큰한 육개장 국물에 부드러운 순두부를 더한 전골
- **지린성 불짜장** : 청양고추가 듬뿍 들어간 매콤한 후식 불짜장
- **칠게 된장전골** : 칠게가 들어간 국물이 시원한 된장전골
- **옛날식 고추장찌개** : 고기, 감자, 애호박을 넣고 개운하고 칼칼하게 끓인 찌개
- **한우 미니샤부전골** : 국물이 시원한 채소와 담백한 한우 조합
- **전복파전** : 보양식 전복이 올라간 고깃집의 색다른 사이드

것이 가장 일반적인 방식이다. 고기 마진이 낮은 만큼 밥류, 국물요리, 주류, 안주 메뉴를 통해 수익을 창출하는 것이 중요한데 다음 예시와 같은 프리미엄급 사이드 메뉴 개발이 좋은 방안이 될 수 있다. 이처럼 메인 메뉴 못지않은 프리미엄 사이드를 선보이면 고객이 느끼는 만족도는 물론 객단가까지 높일 수 있다.

수익성을 극대화하기 위한 전략적 메뉴로 '육회'와 '시그니처 냉면'을 제안한다. 이 두 가지 메뉴는 고객 만족도는 높이면서도 원가 효율이 뛰어나 고깃집에서 활용하기에 매우 적합하다.

육회는 고수익 메뉴의 정석이다. 고객이 느끼는 만족도에 비해 원가는 낮아 효율성이 높다. 특히 부위를 차별화해 안심 육회, 특수부위 육회 등으로 프리미엄화를 시도하면 더 높은 가격을 책정할 수 있다. 또한 중량을 유연하게 조절할 수 있어 판매 전략에 맞게 구성할 수 있으며 비빔밥이나 물회, 냉면 토핑 등 다양한 메뉴로 확장 활용도 가능하다.

시그니처 냉면은 영업 전략 측면에서 차별화된 무기가 될 수 있다. 외부 공장에서 납품받는 일반적인 냉면이 아닌, 매장 고유 스타일로 개발 혹은 업그레이드한 냉면은 고객에게 특별한 경험을 제공하며 브랜드 이미지를 강화할 수 있다. 냉면은 고기와의 궁합도 좋아 식사 만족도를 높이고 객단가 상승에도 기여한다. 결국 육회와 시그니처 냉면은 고깃집 수익성과 경쟁력을 동시에 끌어올릴 수 있다.

수입 소고기 전문점은 부위마다 원재료 원가가 크게 차이 난다. 준거가격(기준 가격)을 기준으로 메뉴 가격을 책정하면, 메뉴별로 원가율이 달라질 수밖에 없다. 특히 수입 소고기는 소비자 가격 저항선이 낮아 상대적으로 원가율이 높게 나타나는 경향이 있다. 이를 보완하기 위한 전략 중 하나는 수익성 높은 돼지고기 특수부위를 활용해 보조 메뉴로 구성하는 것이다. 삼겹살이나 목살처럼 메인 부위를 넣으면 매장 전문성과 콘셉트가 흐려질 수 있지만, 특수부위나 양념육을 조합하면 소비자 저항은 낮추면서도 수익률을 높일 수 있다. 브랜드 이미지를 유지하면서도 전체 원가 구조를 안정화할 수 있는 현실적인 방법이다.

이베리코 돼지를 전문으로 하는 식당의 사례가 좋은 예시가 될 것 같다. 이 식당은 주력인 이베리코 품종인 목살과 특수부위에는 힘을 싣고 다른 부위는 힘을 빼는 전략을 취했다. 삼겹살은 적절한 수입산을 사용해 원가를 효율적으로 관리했다. 이는 이베리코 자체가 수입 품종이기 때문에 소비자들이 삼겹살에 대해 높은 기준을 갖고 있지 않았기 때문이다. 또한 다양한 부위를 세트 구성으로 판매함으로써 단가를 높이고 수익성을 강화했다. '스테디셀러의 상품력 극대화'와 '데이터 기반 메뉴 전략'은 지속적인 메뉴 혁신과 연구개발(R&D)이 필요하다. 체계적인 메뉴 포트폴리오를 통해 수익을 낼 수 있는 구조적 틀을 만드는 것이다.

유연한 기동력이 필요하다
-수익구조, 고객 반응 '실시간 대응'해야

요즘 이른바 '오픈발'에 대한 기대감이 사라지고 있다. 아무리 치밀하게 사전 기획을 해도 현장의 냉엄한 현실 앞에서 검증을 통과하지 못하면 무용지물에 불과하다. 결국 핵심은 고객의 실제 반응을 바탕으로 전략을 유연하게 수정하고 빠르게 실행하는 기동력이다.

LA 갈비 메뉴를 선보인 적이 있다. 뼈를 포함한 중량 산정의 복잡성으로 인해 초기 판매 전략 수립에 어려움을 겪었다. 두껍게 제공하면 비주얼이 살아 반응이 좋았지만 중량도 늘어나 1인분 가격이 고객이 부담을 느낄 정도로 높아졌다. 가격에 맞추니 고기 상품성이 낮아졌다. 고객 구매 데이터와 피드백을 기반으로 두께 조정, 가격 책정 등 다섯 차례에 걸친 세밀한 조정을 반복한 끝에 최적의 판매

지점을 찾아낼 수 있었다.

또 다른 시도였던 세트 메뉴도 흥미로운 교훈을 남겼다. 생고기부터 매운 양념까지 단계별 구성이 신선한 시도로 주목받았으나 실제 판매 결과는 기대에 미치지 못했다. 대부분 고객이 마지막 매운 양념 고기 이후 바로 후식으로 넘어가는 소비 패턴을 보였기 때문이다. 이에 따라 구성 안을 생고기와 순한 간장 양념으로 전환하자 고기 추가 주문율이 눈에 띄게 상승했다. 이는 실시간 고객 반응 분석을 바탕으로 한 맞춤형 '처방전'의 중요성을 보여준다.

2026년 고깃집 시장의 생존 경쟁은 더욱 치열해질 전망이다. 앞서 제시한 송곳전략, 고객지향형 구조 전환, 수익형 메뉴 포트폴리오 구성, 유연한 기동력 등의 핵심 전략을 적극 활용해 지속가능한 성공을 이뤄가기 바란다.

결국 변화하는 시장에서 살아남는 것은 운이 아닌 준비된 자의 몫이다. 치킨게임이 아닌 가치 경쟁으로 승부하는 사업자만이 진정한 승자가 될 것이며, 그 길 위에서 오늘 제시한 전략들이 든든한 나침반 역할을 해줄 것이라 확신한다.

'원육 경쟁' 단조로운 고깃집
'양념육'으로 틈새시장 노려라

김현수
외식경영 대표

외식 전문지 '월간 외식경영' 대표. 현재 외식업계에 드문 메뉴 기획자이자 외식 콘셉트 기획자다. 식당 경영 개선과 방향성에 대해 상담하며 상품력과 질 중심의 식당 개발을 강조하고 팩트에 근거를 둔 스토리텔링과 콘텐츠를 중시하고 있다.

국내에서 고깃집, 즉 육류 외식 시장 영역은 강고하다. 소비자는 특히 육류구이를 외식으로 구매하는 비중이 높다. 창업 시장에서 고깃집이 인기가 높은 것은 면적 대비 매출이 좋은 아이템 중 하나기 때문이다. 그렇지만 현재 외식시장에서 고깃집은 분명히 포화 상태다. 특히 삼겹살집은 점포 수가 과도하게 많다.

국내 삼겹살집 포화는 2003년 광우병 파동 이후 나타난 특이한 현상이다. 그 전까지는 소양념갈빗살, 불고기 등 양념 소고기구이가 대표적인 고깃집 창업 아이템이었다.

그런데 광우병 파동 이후 정부가 원산지 표시제를 도입하며 고기 품질을 고객이 눈으로 직접 확인할 수 있는 생고기 중심으로 외식 패러다임이 바뀌었다. 이때부터 소고기는 등심, 돼지고기는 삼겹살로 중심축이 자리 잡게 됐다. 특히 소고기보다 저렴한 삼겹살은 외식 시장에서 막강한 위력을 발휘했다.

좋은 원육을 고집하는 고깃집의 한계

그러나 생고기 중심 경쟁은 치명적인 약

점을 내포하고 있다. '상당히 좋은 원육'을 지속적으로 유지해야 하는 만큼 비용 부담과 함께 품질 관리가 새로운 도전 과제로 떠올랐다. 고깃집 간 경쟁이 과열될수록 원육 품질에 대한 고객 눈높이도 높아져 자영업자에겐 더욱 부담 요인으로 작용한다.

사례 하나. 필자는 수개월 전 한우 최고 등급 부위를 비교적 저렴하게 판매하는 고깃집을 방문한 적이 있다. 이 식당을 선택한 건 절대적으로 원육 질과 가성비가 좋았기 때문이다. 고객에게 제공하는 서비스도 훌륭했다.

얼마 전 이 식당에서 한우 새우살을 먹었다. 그날은 이전에 비해 원육 질이 많이 떨어졌다. 물론 고객에게 좋은 원육을 변함없이 제공하는 것은 어려운 일이긴 하다. 그렇지만 소비자는 한두 번의 불만족스러운 경험에도 발길을 돌린다. 좋은 원육을 특히 강조하는 콘셉트 자체가 고객 경험을 오히려 떨어뜨리는 요소로 작용한 셈이다.

반면 양념육은 원육보다 고기 질이 아닌 '양념'에 초점이 맞춰져 있어 이런 문제를 피할 수 있다. 일례로 필자가 방문한 지방의 한 양념 한우암소구이집은 저등급 갈빗살을 양념해 적당한 가격에 팔아 원육 질은 떨어졌지만 만족도는 비교적

양호했다. '한우양념갈비'라는 요즘은 흔치 않은 메뉴를 판매하는 점도 있었지만, 다소 떨어지는 원육 질을 양념과 연탄 화력이 보완해준 덕분이다.

'중독성 있는 감칠맛', 외국인도 어필

무엇보다 양질의 양념육은 '중독성' 있는 당기는 감칠맛을 보여줄 수 있다. 이는 원육으로 승부하는 다소 단조로운 고깃집 시장에서 차별화할 수 있는 엄청난 경쟁력이다. 양념육은 일본을 비롯한 해외에서도 대중적인 음식이어서 외국인 관광객 손님에게 어필하기에도 유리하다.

서울 강남구 신사동 소재 모 고깃집 대표를 상담한 적이 있다. 입지에 투자를 많이 한 고깃집이지만 차별화 포인트가 부족해 매출 한계가 분명해 보였다. 꽃갈빗살(수입)과 한우양념갈빗살 메뉴를 접목하도록 조언했다. 원래 돼지고기가 메인 메뉴였던 이 고깃집은 이후 두 신메뉴가 매출 1 · 2위로 올라섰다. 특히 2만원대 한우양념갈비는 내국인은 물론, 외국인 관광객에게도 상당한 인기를 끌고 있다. 미국 생활을 오래 한 40대 외식인과 창업자에게도 모두 호평받았다.

또 다른 사례. 지방 모 한우생갈빗살 전문점은 현재도 상품력이나 운영 철학 등에서 손색없는 명문 식당이다. 그런데 세

고기 품질로 승부하는 생고기와 달리, 양념육은 '양념'이 핵심이어서 원육 관리 부담이 적고 차별화를 시도할 수 있다.

월이 흐르면서 매출이 서서히 빠지고 있었다. 단골의 재방문은 유지되고 있지만 외지 고객 비중이 작다는 게 문제였다. 반면 부산에서 유명한 모 한우갈빗집은 외지인 비중이 높아 매출이 엄청났다. 외지인 고객 차이는 상권 영향이 물론 크지만, 메뉴가 얼마나 차별화됐는가도 중요하다. 부산 한우갈빗집은 생갈비와 함께 양념갈비 매출이 적절한 비중을 차지해 외국인 관광객과 외지인 비중이 매우 높았다. 특히 미국 뉴욕에 진출해 '뉴욕타임스 10대 레스토랑'에도 선정됐을 정도로 외국 관광객에게 호평을 받았다. 만일 내국인 취향만을 노려 한우생갈비만 파는 흔한 매장이었다면 해외 진출은 난망이었을 터다.

경주 유명 한우갈빗살 전문점도 매출에서 양념육 비중이 60~70% 이상 된다. 경주는 어느 곳보다 외지 관광객 비중이 높은 곳이다. 짝갈비를 활용한 갈빗살은 전국 어느 한우식당에서도 접할 수 있는 흔한 아이템이다. 반면 경주 갈빗살 전문점은 품질이 괜찮은 즉석양념 갈빗살로 차별화했다. 경주식 양념을 그대로 벤치마킹해 서울 송파구에서 성업 중인 한우짝갈빗살 전문점도 있다. 이런 흐름을 감안하면 국내 육류 외식시장에서 양념육은 외국 관광객은 물론 내국인을 대상으로도 일정 부분 선호가 확인됐다고 말할 수 있다.

양념소갈빗살 상품력 하향화 기회

그럼에도 아쉬운 부분은 국내 주요 대형 양념소갈빗살집은 대체로 상품력(맛)이 기대에 못 미친다는 것이다. 필자가 다년간 전국 유명 고깃집을 벤치마킹 투어 하며 내린 결론이다. 가족 외식의 대표 메뉴가 양념소갈비에서 한우 등심과 생삼겹살로 바뀌며 전반적인 하향평준화가 이뤄졌기 때문으로 보인다. 업계에서 양념육에 대한 기준점 자체를 상실하고 있다는 느낌까지 든다. 안타까운 현실이지만, 준비된 창업자에겐 오히려 두각을 나타낼 수 있는 좋은 기회다.

그래서 필자는 얼마 전 외식기업 임원들과의 미팅에서 "양념소갈비 풍미의 복원과 업그레이드가 시급하다. 특히 '맛의 기준점'을 재현해 과거에 경험했던 양념소갈비의 상품력을 복원하고 그 이상의 상품도 구현해야 한다"고 강조하는 등 양념육 가치를 적극 전파하고 있다. 양념소갈비가 원가 부담은 있지만 지금도 일정 부분 소비가 이뤄지고 있고 글로벌 메뉴로서 해외 진출에도 손색없기 때문이다. 필자가 운영하는 동탄 갈빗집에서도 양념육이 호평을 받고 있다.

일본 히로시마의 1등 야키니쿠 기업 '후루사토'를 운영하는 대표가 방문해 만족감을 표했다. 일본 외식 시장은 한국에 비해 타레(즉석양념) 기반 양념육 비중이 절대적이다. 그런 일본인 기준으로도 맛의 기준점에서 우위에 있다는 것을 확인했다. 필자의 갈빗집 즉석양념은 다년간의 R&D로 완성된 제품이다. 일본식 야키니쿠의 풍미와 한국의 갈비 맛을 절충한 것이 특징이다.

물론 양념 하나가 모든 것을 해결할 수는 없다. 그러나 생고기 중심의 식상하고 단조로운 국내 고깃집 시장에서 양질의 상품력을 보유한 즉석양념은 새로운 틈새시장이 될 수 있다.

삼겹살도, 고기밥도 양념육이 유망

돼지고기 분야에서도 양념돼지갈비가 대안이 될 수 있다.

양념삼겹살도 마찬가지로 주목할 만하다. 물론 국내에서 삼겹살은 절대적으로 생고기 중심으로 형성돼 있다. 단 강원도 홍천 모 고추장삼겹살집이 성황을 이루는 등 성공 사례는 얼마든지 있다. 필자가 자문을 제공한 이천 '육탐미'도 간장 베이스 양념 삼겹살이 매출과 수익에서 주요한 역할을 하고 있다. 그 유명한 산청숯불가든 시그너처 메뉴 '고추장양념구이'도 고추장 베이스 양념삼겹살이다.

필자 회사에서는 간장 양념육과 다소 매운 양념육 메뉴를 개발해서 여러 번 테스트했다. 특히 매운 양념 베이스 메뉴는 상당한 상품력을 보유하고 있다. 무엇보다 양념삼겹살은 저렴한 수입육을 사용해도 한돈 못지않은 상품력을 유지할 수 있어 원가율을 낮출 수 있고 점심 메뉴로 제공하기에도 좋다는 게 강점이다. 중독성 있는 당기는 감칠맛 때문에 일반 생삼겹살보다 더 많이 섭취하기에도 유리하다.

현재 외식업계는 영업시간이 점점 단축되고 있다. 고깃집의 점심 매출 향상이 매우 중요해진 이유다. 이런 상황에서 간장 베이스든 매운 베이스든 양념육 숯불구이는 밥과 궁합이 잘 맞아 '고기밥'이라는 새로운 메뉴 카테고리를 개척하기에도 적합하다.

또한 양념삼겹살은 메인 메뉴의 강렬한 양념 맛 때문에 사이드 반찬을 최소화할 수 있다. 갖은 반찬을 내놔야 하는 돼지갈비 전문점보다 유리한 부분이다. 돼지갈비와 달리 육부(정육) 작업에서도 벗어날 수 있어 인건비도 절감할 수 있다. 이처럼 양념삼겹살은 새로운 전략 매출원은 물론, 식당의 근간이 되고 있는 점심 영업을 견인할 수 있는 좋은 아이템이

고기밥 : 양념육 숯불구이는 밥과 궁합이 잘 맞아 '고기밥'이라는 새로운 메뉴 카테고리를 개척하기에도 적합하다.

자료:필자 제공

다. 특히 잰 양념이 아닌 즉석양념은 잰 양념처럼 보관이나 재고에 대한 부담이 없고 효율성이 뛰어나다. 2026년에는 소고기와 돼지고기, 심지어 닭고기에도 즉석양념 개발과 접목에 대한 연구가 계속돼야 할 것이다.

과포화 넘어 '블러드오션' 된 편의점
역할 확장에 직원 전문성 강화 필수

진규훈

편의점 15개 다점포 점주

'한국미니스톱'에서 4년간 점포 개발 업무를 담당하다가 퇴사 후 현재 편의점을 15개 운영 중인 다점포 점주다. 매출이 부진한 점포들을 활용한 '상권 통폐합' 또는 '특화점' 위주로 차별화된 출점 전략을 펴고 있다.

"편의점은 '레드오션'을 넘어 '블러드오션'에 들어섰다."

프랜차이즈 편의점 업계 종사자들 중론이다. 요즘 편의점 업계 빅3라 불리는 CU, GS25, 세븐일레븐은 모두 개점 수보다는 '점포당 생산성'을 더 중요시하고 있다.

혹자는 '후자가 당연히 더 중요한 것 아닌가' 생각할 수 있다. 하지만 업계 내에선 편의점 본사들의 이런 행보가 낯설기만 하다. 최근까지도 편의점 본사 전략은 '점포 수 확장'에 집중돼 있었기 때문이다. '압도적인 점포 수로 유통망을 선점하면 수익은 후에 따라올 것'이라는 계산에서였다.

편의점 시장이 그야말로 피를 흩뿌릴 정도로 치열한 경쟁의 블러드오션이 돼버린 이유가 바로 여기에 있다. 과거엔 입사한 지 1년밖에 안 된 신입사원이 상권 개발 담당으로 발령되는 것이 전혀 이상하지 않았다. 예비 창업자 혹은 예비 경영주들은 이런 신입사원 상권 분석을 듣고 창업하는 일이 비일비재했으니 편의점 업계에 부정적인 이미지가 생긴 건 당연한 결과였다.

편의점 업계에 14년간 몸담아온 필자가 2026년 편의점 시장을 둘러싼 긍정적 호재와 부정적 환경을 함께 분석해본다.

긍정적인 요소

1. 변화하는 편의점 업계의 출점 전략

2022년 세븐일레븐이 미니스톱을 인수하고 통합한 시점부터 편의점 업계에는 묘한 변화가 일었다. 안 그래도 2020년부터 점포당 생산성이 떨어지던 와중에 세븐일레븐의 무리한 미니스톱 인수는 빅3 브랜드의 무분별한 상권 개발이 축소되는 신호탄이 됐다. 세븐일레븐은 너무 비싼 금액에 미니스톱을 인수한 부작용으로 재무 상황이 악화되며 점포 구조조정을 실시해 개점보다 폐점이 많아졌다.

세븐일레븐이 반면교사가 된 걸까. CU, GS25도 점포 확장보다 점포당 생산성에 집중하며 예전보다 개점에 매우 소극적인 모습을 보인다. 사실 그동안 편의점 사업은 본사가 무모하리만치 큰 투자를 감행해온 측면이 있다. 난생처음 사업을 해보는 초보 예비 창업주에게도 점포당 수천만 원의 인테리어비를 지원하며 공격적으로 출점을 해왔다.

하지만 이런 흐름에 제동이 걸린 2026년에는 출점 조건이 상당히 까다로워져서 오히려 '편의점 창업 진입장벽'이 높아졌다. 이 진입장벽을 넘어 창업한다면 무분별한 출점이 이뤄지던 예전보다 좋은 상권을 점유할 가능성이 높다.

최근 업계에서 자주 통용되는 '상권 통폐합'이 대표적 예다. 복수의 부진점을 폐점하고 대형 우량점으로 통합해 재출점하는 상권 구조조정 방식이다. 기존 부진점 경영주는 적자 운영에서 탈출할 수 있고, 새로운 경영주도 보다 안정적인 수익을 기대할 수 있어 최근 편의점 본사들이 집중하는 '일거양득' 출점 전략이다. 물론 그렇다고 부진점 양산이 아예 멈췄다는 이야기는 아니다. '예전보다는 확연히 나아졌다' 정도로 이해하면 될 것이다.

2. 편의점 역할 확장 - 매출 다각화

최근 편의점은 단순 소매 채널에서 지역 기반 복합 서비스 플랫폼으로 역할이 확대되고 있다. 건강기능식품, 화장품은 물론 무신사와의 연계를 통한 의류 판매 등 14년 경력의 필자조차 생소한 상품들이 편의점에서 판매되고 있다. 또한 기획성 주류 상품(수입 위스키 또는 수입 와인), 제조사와의 컬래버레이션 상품 등 앞으로도 수많은 제휴와 수입 상품을 유통하게 될 여지가 크다.

이런 변화를 예상해 필자는 몇 년 전부터 "점포 희망지 임대면적이 중요하다"고 강조해왔다. 도심지 주택가 상권 점포의 경우 퀵커머스(배달 플랫폼) 허브로 이용될 것까지도 고려해 점포 임대면적으로 60평 이상이 필요하다는 게 필자의 지론이다. 이미 편의점은 배달 플랫폼과의 연계로 많은 경험을 쌓고 있다. 현재 트렌드는 분명 '임대면적의 대형화'다.

대형 편의점이 유리한 것은 단순히 '상품을 많이 적재할 수 있어 매출이 올라간다'는 점 때문만은 아니다. 편의점 면적이 넓어야 하는 것은 앞으로 편의점의 역할 확장으로 다가오는 운영 다양화 트렌드에 발맞춰 본사와 같이 움직여야 하기 때문이다. 이 같은 편의점 역할 확장과 매출원 다각화를 본사가 제공해주기 때문에 개인 슈퍼나 동네 마트와 비교해 경쟁력이 높을 수밖에 없다.

3. 신기술 활용한 운영의 다양화·고도화

치솟는 인건비와 물가 상승으로 어떤 업종이든 개인 창업은 점점 어려워져만 가고 있다. 이런 상황에 편의점 본사들은 여러 가지 기술 도입으로 창업 후 안정적인 수익 구조를 실현하기 위한 단계를 하나씩 밟아가고 있다.

GS25는 인공지능(AI) 딥러닝 기반으로 상품을 들고나오면 자동으로 결제되는 매장을 2026년부터 500개점을 목표로 본

격 테스트할 예정이다. CU는 K컬처를 상품화하는 방향으로 우리나라에 방문하는 여행객에게 실시간 AI 통역이 가능한 포스를 설치해 운영하려는 시도를 하고 있다. 이처럼 요즘 편의점은 운영 기술의 다양화와 고도화를 통해 인건비를 줄이고, 줄어드는 인구를 대신할 새로운 고객을 찾고 있다.

4. '죽어야 나온다'던 황금 매장도 매물로

현재 편의점이 과포화 상태라고는 하나 기존 황금 입지라고 불렸던 매장이 아직 남아 있기는 하다. 소위 "(점주가) 죽어야 나온다"고 말하던 자리다. 이런 자리는 현 세입자나 건물주가 어마어마한 권리금을 불러 사실상 거래가 불가능했다.

그러나 편의점 업계가 서서히 소매 유통을 장악하며 오랜 시간이 지난 결과, 주변에 생겨난 편의점들로 인해 기존 황금 입지 편의점도 노쇠화가 시작됐다. 여기서 말하는 노쇠화는 그 점포를 운영하는 주체인 세입자나 건물주, 혹은 그 점포의 물리적인 인테리어, 건물 상태, 매출 등을 아우르는 표현이다.

사례 하나. 12년 전 필자가 굉장히 긍정적으로 판단한 상권에 마트가 하나 있었다. 들어가서 마트 사장님께 몇 마디 하자마자 '재수 없다'며 온갖 욕설이 날아

CU인스파이어리조트2호점

들었다. 너무 강렬한 기억이라 이후 들어가보지도 못하고 포기했다. 최근에 주인이 바뀌었나 하는 마음으로 마트에 들어가봤는데, 같은 분이었다. 그런데 12년이 지난 후 만난 마트 사장님은 생각보다 많이 야위었고 예전처럼 화를 내지도 않았다. 조금의 대화가 오간 뒤 마트를 넘기겠다는 이야기를 들었고, 이후 주변에 있던 편의점 하나와 상권 통폐합을 진행해 곧 개점을 앞두고 있다.

이렇게 마지막까지 버티던 가장 좋은 입지의 매장들이 조금씩 매물로 나오고 있다. 물론 흔한 경우는 아니다. 그러나 마지막까지 버틸 수 있던 입지여서 상권 조사가 필요 없을 만큼 좋은 매물들이 나오고 있다는 점은 고무적이다.

5. '특화점' 틈새 전략 주목,
'콘셉트'로 승부하라

매출 다각화를 통해 점포 매출을 향상하려는 본사 노력은 몇몇 점포의 특화점에서도 두드러지게 나타난다. CU 인스파이어리조트2호점, GS25 DX LAB점, CU 에이케이&홍대점 등이 대표적이다.

CU인스파이어리조트2호점은 특화점 전략의 표본이라 할 만하다. 라면 특화점을 넘어 카페, 건강기능식품, 간편식, 아이스크림을 특화했다. 이들 상품군의 제품

가짓수가 모두 일반적인 편의점보다 훨씬 많다.

GS25 DX LAB 가산스마트점은 점포에서 물건을 들고나오면 저절로 결제되는 완전 무인화 매장이다. 신기술을 활용한 편의점 고도화의 정점이라고 볼 수 있다. DX LAB점은 무인 점포 테스트 매장이자 라면·건강기능식품·카페 특화점이다. 현재까지 진행됐던 특화점을 모두 한 점포에 몰아넣어 매출 극대화를 노리며 각종 전략을 테스트하고 있다.

CU 에이케이&홍대점은 K팝과 협업한 매장으로, 젊은 MZ세대와 외국인 관광객을 타깃으로 한 특화점이다.

MZ세대가 선호하는 아이돌이나 가수의 굿즈, 앨범 등을 점포에서 구매할 수 있는 것이 특징이다.

이 같은 특화점 역시 매장 면적이 넓어야 적용할 수 있다는 점에서 2026년 편의점은 '임대면적의 대형화'가 필수라 할 수 있다.

부정적인 요인

1. 높아진 창업 비용

편의점은 항상 창업 비용이 적게 드는 아이템으로 인식돼왔다. 실제 편의점 본사들이 점포 수 확장에 몰두하던 시기에는 신규 경영주에게 적극적으로 투자해 소

AKA&홍대점 · 자료:필자 제공

GS25 DX LAB 가산스마트점 · 자료:필자 제공

자본 창업이 가능했다. 그러나 최근 편의점 본사들이 점포당 생산성에 치중하면서 본사 투자는 몰라보게 줄었고 '편의점=소자본 창업 아이템'이라는 공식도 옛말이 돼버렸다.

상권 통폐합은 창업 비용이 신규 상권 개발보다 적게 들어갈 수도 있다. 그러나 이 또한 본사 투자가 크게 줄었기 때문에

연도별 편의점 점포 순증

연도	CU	GS25	세븐일레븐
2020	1046	770	485
2021	932	811	572
2022	932	949	3092
2023	975	942	-1.128
2024	696	722	-985

자료 : 각 사

과거보다는 창업 비용이 매우 높아졌다. 예전보다 점포 수를 중시하지 않는 기조로 변했다고는 하지만, 같은 브랜드로 상권 통폐합을 하면 점포 수는 줄어들 수밖에 없기 때문에 결국 본사 입장에선 그렇게 많은 투자를 할 유인이 없다.

이렇게 창업 비용이 많아지면 진입장벽도 높아지지만, 한편으로는 투자 수익률이 낮아지는 결과를 초래한다. 이 때문에 예전처럼 편의점 창업을 용돈벌이 정도로 생각하고 투자하려는 예비 경영주가 있다면 큰 오산이다. 기존에 다점포로 큰 수익을 얻은 점주들조차 이제는 한 점포를 개발하는 데 수십 번 고민할 정도로 창업 비용이 높아졌기 때문이다.

2. 편의점 역할 확장으로 인한 직원 전문성 저하와 '서비스 격차'

현재 업계에서 대두되는 큰 문제 중 하나는 편의점의 역할이 확장되면서 피고용인(직원·아르바이트)의 전문성이 저하되는 것이다. 생활 플랫폼, 금융서비스 제공처, 퀵커머스 허브까지 편의점의 기능과 역할이 확대됨에 따라 피고용인 역할도 같이 넓어져야 한다. 이에 부응하지 못하는 매장은 서비스 품질 격차가 커진다. 아직 무인 점포나 AI 점포가 상용화되지 않은 상황에서 편의점 역할이 너무나 급속도로 확대되는 데 따른 현상이다. 과거에는 편의점 알바가 이른바 '꿀 알바'로 통했다. '포스에서 바코드만 찍으면 된다'는 인식이 많았다. 요즘은 다르다. 결제 방법만 20가지 가까이로 늘었다. 걸어서 100m만 가도 또 다른 편의점이 있는 우리나라에서 이런 매장 간 퀄리티 격차는 고객 경험 악화로 이어져 점포 간 매출 차이를 일으키는 매우 중요한 요소로 작용할 수 있다.

하지만 적잖은 경영주가 이런 상황에 발 빠르게 대처하지 못하고 있다. 대부분의 예비 경영주는 '편의점=슈퍼' 정도로만 인식한다. 점주의 안일한 대처로 신기술 현장화는 파일럿 매장에서만 성공하고 일반 매장 적용에는 실패하는 문제가 반복되고 있다. 경영주, 곧 고용인의 떨어지는 전문성이 피고용인에게까지 전이되는 것이다.

'블러드'보다 '오션'에 방점 찍으면 기회는 여전히 있다

위와 같이 편의점 창업에 대해 긍정적인 부분과 부정적인 부분을 서술해봤다. 사실 긍정적인 부분과 부정적인 부분은 그 궤가 같다. 요약하면 다음과 같다.

1. 편의점 본사들이 상권 통폐합을 시작했으나 그만큼 점포 창업 비용이 높아져 창업이 힘들어졌다.
2. 편의점 본사들은 매출 다각화를 위해 여러 시도를 하고 있지만 정작 현장 인력 전문성 문제가 대두되고 있다.

현재 편의점 업계는 유례없는 불황으로 격변의 시기를 맞고 있다. 편의점 창업 희망자라면 긍정적인 부분을 최대한 활용하고 부정적인 부분에 대비하면서 창업을 준비해야 한다. 신규점 출점보다는 상권 통폐합을, 작은 평수보다는 넓은 평수를, 단순 알바로 운영하기보다는 정예 직원을 뽑아 같이 성장하도록 함으로써 전문성 결여에 대비해야 한다.

현재 편의점은 블러드오션이다. 그러나 '블러드(치열한 경쟁)'보다 '오션(거대한 시장)'에 주목한다면 얘기가 달라질 수 있다. 상권 분석 전문성을 바탕으로 긍정적인 시장 환경 변화 요인을 잘 활용한다면 아직 가능성은 열려 있다.

저가 커피 홍수 속에서 개인 카페가 살아남는 법

전기홍

이문동 베이글 대표

카페 창업과 운영 분야에서 20년 가까이 활동하며 600곳 이상의 카페 컨설팅을 진행해온 전문가다. 프랜차이즈 '크레이저 커피'를 65개 가맹점까지 확장시키며 실무 경험을 쌓았고, '전기홍의 카페 창업 X파일'을 비롯해 총 4권의 카페 창업 전문 서를 집필했다. 또한 구독자 3만명 이상의 유튜브 채널 '카페 창업 이런 건 몰랐지'를 운영하며 창업자와 자영업자들에게 실 질적인 노하우를 전하고 있다. 최근에는 '이문동 베이글 by 크레이저'를 성공적으로 론칭해 카페와 베이글 문화를 접목한 새로운 모델을 선보였다. 현재는 (주)다날 F&B(달콤커피) 대표이사로서 외식 프랜차이즈의 미래 전략을 이끌고 있다.

대한민국 커피 시장은 이제 포화 상태를 넘어 과잉 경쟁의 시대로 접어들었다. 매일같이 카페가 생기고 또 사라진다. 이 치열한 시장에서 가장 두드러진 변화는 '저가 커피 브랜드'의 급속한 확산이다. 1000원대 아메리카노를 앞세운 브랜드들이 무인 키오스크, 테이크아웃 중심 운영, 대량 물류 시스템을 통해 전국 구석구석을 장악하고 있다.

문제는 코로나19 팬데믹 이후 이처럼 저렴한 가격의 커피가 빠르게 보급되면서 소비자들이 다양한 커피를 접할 수 있는 선택지가 점점 줄어들고 있다는 점이다. 불과 몇 년 전만 해도 스페셜티커피(Specialty Coffee) 같은 고품질 커피라든가, 소비자가 편하게 즐길 수 있는 합리적인 가격대의 커머셜 커피(Commercial Coffee) 등 다양한 맛과 향의 커피를 제

저가 커피 카페에서 베이글 카페로 리모델링한 필자 매장 전경.

안하는 카페가 많았다.

그러나 수년 전부터 저가 브랜드 위주 카페가 시장을 획일화하면서 저품질 커피 위주 소비 구조가 고착화됐다. 다양한 카페가 사라지고 저가 브랜드 위주 카페 시장이 지속되면 그 피해는 결국 소비자에게 돌아간다. 다양한 커피 경험이 가능한 개성 있는 개인 카페가 계속 존재해야 하는 이유는 취향과 문화가 살아 있는 커피 생태계를 유지하기 위해서기도 하다.

이렇게 수많은 개인 카페가 무너지고 소비자 선택권이 사라져가는 저가 커피 시대에서 개인 카페가 설 자리는 아예 사라졌을까. 꼭 그렇지는 않다. '가격이 아닌 가치'로 선택받는 카페는 여전히 존재한다. 이들이 시도하고 있는 다양한 생존 전략이 자영업의 미래를 보여주는 시사점일 수 있다.

이 글에서는 저가 커피 시대에서 개인 카페가 살아남기 위한 4가지 방향성에 대해 얘기해보고자 한다.

이문동 베이글

1. 저가 브랜드가 실패한
   '자리(입지)'를 기회로 삼아라

현재 대한민국 카페 시장을 장악한 저가 커피 브랜드도 결코 영원하지 않다. 초기에는 '저렴한 가격'과 '간편한 운영'으로 폭발적인 성장을 이뤘지만, 지금은 그들끼리도 과잉 출점과 내부 경쟁에 시달리고 있다. 동일 브랜드끼리 반경 100m 이내에서 경쟁하는 자기잠식 현상은 수익성을 급격히 떨어뜨리고 있으며 폐업 매장도 빠르게 늘고 있다.

이 빈자리를 노려야 한다. 이들이 떠난 자리는 대부분 입지 자체는 나쁘지 않다. 애초에 브랜드 본사에서 엄선해 출점한 곳이기 때문에 유동 인구와 접근성, 배달 효율 등이 좋은 경우가 많다. 이 자리에 콘텐츠와 특색을 갖춘 개인 카페가 들어선다면 새로운 기회를 잡을 수 있는 가능성이 열린다.

예를 들어 망한 프랜차이즈 매장을 인수해 수제 베이글, 크루아상, 독특한 디저트 등 특화된 콘텐츠로 승부를 거는 개인 카페들이 있다. 같은 공간이라도 어떤 콘텐츠를 담느냐에 따라 전혀 다른 매장으로 재탄생할 수 있다.

브랜드의 실패가 곧 상권의 실패는 아니라는 점을 기억해야 한다. 프랜차이즈가 무너진 자리를 기회로 삼는 역발상이 개인 카페 생존 전략의 하나가 될 수 있다.

2. 사장이 직접 일하는
   가족형 운영 구조

개인 카페 창업에서 가장 큰 리스크 중 하나는 인건비다. 최저임금 상승과 주 52

시간 근무제 시행 등으로 인해 직원 채용은 점점 부담이 되고 있다. 최근 4.5일제 이슈까지 나오면서 그 부담은 더 심각해지고 있다. 이에 따라 사장이 직접 운영에 참여하고 가족 구성원이 함께 일하는 형태의 '가족형 운영 모델'을 창업 초기부터 깊이 고려해야 한다. 직원을 뽑아 쉽게 운영하고자 하는 오토 운영 시스템은 아예 생각지도 말아야 한다.

가족 단위 운영은 소규모 매장에서 높은 유연성과 효율성을 발휘하며 외부 인건비 부담 없이 안정적인 매출 구조를 구축하는 데 도움이 된다.

주인이 직접 고객을 응대하는 카페는 직원 중심 매장보다 단골 확보에 유리하다. 특히 동네 기반 카페일수록 이런 '얼굴이 보이는 운영'은 큰 무기가 된다. 또한 직원의 무단결근이나 병가 등 갑자기 닥친 문제 상황에서도 주인이 직접 일하는 매장은 그 대처가 훨씬 용이한 편이다.

3. 가격이 아닌 가치로 승부하라

개인 카페가 저가 브랜드와 똑같은 가격대로 경쟁을 시도하는 것은 무모한 일이다. 자멸에 가깝다. 브랜드 본사는 대량 공급과 시스템화로 단가를 낮출 수 있지만, 개인 카페는 소량 매입과 수작업 운영으로 기본 구조부터 불리하다.

따라서 개인 카페는 가격이 아닌 '경험'과 '콘텐츠'로 승부수를 띄워야 한다. 예쁜 라테아트, 감성적인 인테리어, 정성스러운 수제 베이커리나 디저트, 친근한 응대 하나하나가 고객에게는 가격 이상의 가치를 전달한다.

예를 들어 서울 망원동의 한 개인 카페는 원두 품질과 디저트 완성도에 집중해 SNS에서 입소문이 났고, 브랜드 커피보다 비싸지만 '다시 오고 싶은 카페'로 자리 잡았다. 싸게 파는 경쟁에서 벗어나 '왜 여기여야만 하는가'에 대한 이유를 제공하는 것이 핵심이다.

저가 커피를 기준으로 카페를 선택하는 소비자들은 대체로 가격에 민감한 경향이 강하다. 더 싼 브랜드가 등장하면 언제든지 다른 곳으로 이동할 수 있다. 즉 저가 커피 브랜드 고객군은 충성도가 낮을 수밖에 없다는 점도 중요하다. 가격이 전부인 선택에는 브랜드 스토리, 품질, 경험 같은 요소가 작동하지 않기 때문에 장기적인 고객 유치가 어렵고 끊임없는 가격 인하 경쟁에 스스로를 몰아넣는 결과가 된다.

결국 가격이 아닌 브랜드의 이유와 경험, 콘텐츠로 고객의 마음을 사로잡는 것이 장기 생존을 위한 유일한 해법이다.

이문동 베이글   자료:필자 제공

4. 베이커리 콘텐츠로 취향을 저격하라

이제는 단순히 커피라는 음료만으로는 저가 브랜드와 경쟁하기 어렵다. 식사 대용이 될 수 있는 베이커리나 식후 디저트 등 아이템을 장착한 카페가 더 경쟁력이 있다.

최근 트렌드 중 하나는 수제 베이커리와 커피를 결합한 소형 베이커리 카페다. 특히 베이글, 크루아상, 스콘 등 다양한 제과제빵 아이템은 젊은 세대를 중심으로 강한 수요를 보이며 인스타그램 등

SNS에서 입소문을 타는 콘텐츠로 자리 잡았다.

수제 베이글을 직접 굽고 다양한 크림치즈를 조합해 판매하는 카페는 브런치 수요와 디저트 수요를 동시에 잡을 수 있다. 자연스럽게 객단가도 상승한다. 또한 베이커리 중심 카페는 테이크아웃 판매 등 회전율을 높여 운영 효율도 끌어올릴 수 있다.

무엇보다 중요한 점은 단순히 커피만 파는 카페로는 이제 저가 커피 브랜드와의

경쟁이 매우 어려워졌다는 사실이다. 저가 브랜드는 이미 실수익을 떠나 소비자를 끌어들일 수 있는 최적의 판매 구조를 갖췄기 때문에 개인 카페가 동일 선상에서 커피로만 승부하면 가격 경쟁에서 절대적으로 밀릴 수밖에 없다.

반면 수제 베이커리나 감각적인 디저트와 결합된 개인 카페는 '커피+α'의 가치를 제공하며 가격이 아닌 경험으로 승부할 수 있다. 커피는 음료 이상의 문화적 경험으로 소비되며 여기에 베이커리라는 콘텐츠가 더해질 때 고객은 단순 소비자가 아닌 '즐기러 오는 손님'이 된다.

또한 베이커리를 함께 파는 카페는 커피 단가만으로 수익을 내야 하는 구조에서 벗어나 메뉴 간 시너지 효과를 통해 실질적인 수익성과 차별화를 동시에 달성할 수 있다. 베이커리는 아침과 점심을 대체하는 식사 수요, 오후 티타임, 테이크아웃 판매까지 아우를 수 있는 확장성이 있기 때문에 개인 카페에서는 더없이 중요한 생존 도구가 된다.

베이커리 메뉴는 맛과 비주얼, 희소성을 동시에 만족시키는 콘텐츠다. 특히 기성 제품을 납품받아 판매하는 프랜차이즈 카페에서는 구현하기 어려운 차별화 포인트다. 결국 개인 카페는 베이커리와 같은 손맛과 개성이 담긴 메뉴를 통해 '대체 불가능한 경험'을 팔 수 있다는 것이 핵심 무기다.

가격이 아닌 '이유'를 파는 카페가 돼야 살아남는다

싸게 파는 커피는 어디에나 있다. 그러나 '왜 이곳이어야 하는가'를 설명할 수 있는 카페는 드물다. 결국 개인 카페가 살아남기 위해서는 가격이 아니라 스토리와 경험, 콘텐츠와 사람의 힘으로 브랜드를 만들어야 한다.

스페셜티 커피의 깊은 맛, 정성스레 구운 베이커리, 사장님의 친근한 인사, 감성적인 공간의 공기. 이런 것들이 쌓여 하나의 '이유 있는 공간'을 만든다.

저가 커피 브랜드가 휩쓴 이 시대에도 작지만 뚜렷한 이유를 가진 개인 카페는 살아남는다. 그리고 그들이 바로 대한민국 커피 문화의 다양성과 깊이를 지키는 마지막 보루가 될 것이다.

스토리바이트·마음픽·옴니보어 디저트 구매 결정 공식 바뀌었다

이은성
신바드·대하 대표

디저트업계 대표 기업 간 거래(B2B) 유통 전문가. 전국 카페의 10%에 디저트를 공급하며 K디저트의 새로운 유통 생태계를 구축했다. (주)신바드와 (주)대하 해썹(HACCP) 빵류 공장을 경영하며 마켓컬리, 쿠팡, 백화점 등 주요 유통 채널 입점은 물론 30개국 수출 경험을 살려 K디저트의 세계화를 이끌고 있다. 중소벤처기업부장관상(2023)과 서울지방고용노동청장상(2022)을 수상했다.

11년간 디저트 유통 플랫폼과 식품 공장을 직접 운영해온 필자는 최근 디저트 시장 변화를 체감하며 한 가지 확신을 갖게 됐다. 바로 디저트가 더 이상 단순한 먹거리가 아닌, 브랜드 감성과 스토리를 담은 문화 콘텐츠로 진화했다는 것이다.

한국 디저트 시장 규모는 2013년 3000억원에서 2024년 8조9760억원으로 약 30배 성장했다. 2025년에는 10조3000억원 규모로 확대될 것으로 예측된다. 하지만 이런 양적 성장보다 더 주목해야 할 것이 있다. 소비 패러다임의 근본적 변화다.

한 조사에 따르면 MZ세대의 87%가 매일 디저트를 생각하고, 50%는 식사를 디저트로 대체한다고 한다. 이제 디저트는 단순한 후식이 아닌, 라이프스타일의 일부가 됐다. 2026년 국내 디저트 시장은 맛과 품질을 넘어 '감정 콘텐츠(Emotion Contents)'로서 소비자와 교감하는 시대로 접어들었다.

이효정 런던베이글뮤지엄 CBO가 시그니처 캐릭터인 말 그림을 직
접 그리고 있다.

자료:이효정 CBO 인스타그램

감성이 만든 2000억원 브랜드

'런베뮤' 스토리바이트의 힘

과거엔 디저트를 고르는 기준이 맛과 가
격이 전부였다면, 이제는 나에게 '힐링
미학(Healing Mihak, 시각적 · 미각적 경
험이 주는 치유적 감정)'을 주는지가 구
매 결정의 핵심이자 본질이 됐다.

최근 필자가 주목하는 트렌드는 디저트
브랜드들이 만들어내는 '스토리 바이트
(Story Bite)' 현상이다. 한입 베어 물 때
마다 하나의 이야기가 펼쳐지는 이 경험
은 소비자에게 단순한 당분 섭취가 아닌
감정적 여정을 제공한다.

2021년 9월 오픈한 런던베이글뮤지엄(런

베뮤)은 불과 4년 만인 2025년 7월 사모 펀드 JKL파트너스에 약 2000억원에 매각됐다. 이는 디저트 시장의 패러다임 전환을 극명하게 보여준다. 런베뮤 2024년 매출과 영업이익은 각각 796억원, 243억원으로, 영업이익률이 30%가 넘는다. 겨우 직영점 6개만으로 거둔 놀라운 실적이다.

런베뮤의 성공 비결은 무엇일까. 답은 명확하다. 이들은 단순히 베이글을 판 것이 아니라 '런던의 감성'을 팔았다. 대기줄 자체가 마케팅이 되고 방문 경험이 SNS 콘텐츠가 되는 대체 불가능한 브랜드 경험을 창조했다.

런베뮤 사례는 단순 제품 경쟁이 아니라 '경험-팬덤-콘텐츠' 선순환 구조를 만들어내는 것이 현대 디저트 시장에서의 생존 전략임을 보여준다. 브랜드 대표의 철학과 진정성이 공간, 제품, 서비스의 '감성 자산'으로 녹아들 때 자연스럽게 강한 팬덤이 형성되고 그 팬덤이 브랜드의 성장동력이 됨을 시사한다. 차별화의 핵심은 '나의 취향·가치관'을 브랜드에 투영하고, 고객과의 '쌍방향 소통'을 중시하며, 브랜드의 모든 순간을 '이야기'와 '체험'으로 디자인하는 것이다.

게시물 7000개가 넘는 인스타그램 계정을 직접 운영하는 이효진 런베뮤 브랜드

총괄디렉터(CBO)는 "세상의 모든 질감을 느껴보듯 베이글을 직접 먹어보고 연구했다"며 제품과 인테리어, 브랜드 아이덴티티에 대한 공감을 강조했다. 하버드 비즈니스리뷰(HBR) 연구에 따르면 감정적으로 연결된 고객은 단순히 '만족한' 고객보다 52% 더 높은 가치를 창출한다. 런베뮤는 이를 잘 구현했다.

밈(Meme)에서 브랜드로의 진화
-'전 남친 토스트'가 보여준 가능성

2025년 상반기 온라인 커뮤니티에서 시작된 '전 남친 토스트' 사례를 보자. 이 토스트는 뉴욕 브루클린에서 9.5달러(약 1만3000원)에 판매되며 92%의 긍정적 평가를 받는 기현상을 펼쳐 보였다. 블루베리 잼과 크림치즈를 올린 단순한 레시피가 글로벌 브랜드가 된 비결은 꽤 재밌다.

한 누리꾼이 "헤어진 전 남친이 해줬던 토스트가 너무나 궁금했던 나머지 전 남친에게 문자 메시지로 레시피를 물어봤다"는 이야기로 시작된다. 토스트 레시피만 집요히 물어본 메시지 인증샷을 X(옛 트위터)에 올렸고 게시글은 이틀 만에 190만뷰를 넘기며 화제가 됐다. 단순한 이야기 하나가 콘텐츠로 발전하고 강력한 바이럴 소재가 되어 '밈'에서 '브랜드'

약과의 유행에서 진화한 약과쿠키.　　　　　자료: 필자 제공

로 진화한 것. 스토리텔링의 힘을 보여주는 완벽한 사례다.

이는 2025년에 본격화된 '인싸 플레이버(Inssa Flavor · 먹으면 '나도 인싸'가 될 것 같은 최신 유행하는 맛)'에서 '마음 픽(Maeum Pick · 개인 취향에 따른 최애 상품)'으로의 전환을 보여준다. 약과, 탕후루, 크로플 같은 단순 유행 추종을 넘어 소비자들은 자신의 취향에 귀 기울이는 '감정적 직관'으로 디저트를 선택하기 시작했다.

세대 경계의 붕괴
-옴니보어 현상

'트렌드 코리아 2025'에서 예측한 '옴니보어(Omnivore)' 현상은 2025년 디저트 시장에서 현실이 됐다. 나이나 성별 같은 인구통계학적 구분을 넘어 개인의 취향과 정체성에 따라 소비하는 이 현상은 특히 40~60대에서 두드러졌다.

WAVY 세대(Wealth, Active participation, Value focus, lasting Youth)로 불리는 50 · 60대는 2025년 프리미엄 디저트 시장의 핵심 고객층으로 완전히 자리 잡았다. 이들은 자신만의 '추구미(추구하는 미적 스타일)'를 가지고 선택적으로 트렌드를 수용하는 '체리피커' 소비자로 진화했다. 2026년에는 이런 세대 융합이 더욱 가속화되어 연령대별 마케팅보다는 라이프스타일과 가치관 중심 타기팅이 주류가 될 전망이다.

약과 열풍도 세대 경계 붕괴를 잘 보

여준다. 2025년 신라 시대부터 이어진 전통 과자 약과가 MZ세대의 '뉴트로(New+Retro)' 감성과 만나 폭발적인 인기를 얻었다. 파리바게뜨는 약과 타르트 출시 2주 만에 10만개를 판매했고, 한남동 골든피스는 연중 내내 예약제로만 운영됐다. '약케팅(약과+티케팅)'이라는 신조어도 2025년의 유행어가 됐다. 방탄소년단(BTS)의 RM과 지민, 태양, 르세라핌의 카즈하 등 K팝 스타들이 약과를 즐기는 모습은 전통의 현대적 재해석이 얼마나 강력한 브랜드 파워를 가질 수 있는지 입증했다. 2026년에는 더 많은 전통 디저트가 현대적으로 재탄생할 것으로 보인다.

2026년 K디저트 3대 키워드 '국뽕' '비건' 'ESG'

2025년 K디저트는 '약과'와 '두바이 초콜릿' '크루키(Crookie)'라는 키워드로 요약될 수 있다. 전통의 재발견(약과), 틱톡발 대유행(두바이 초콜릿), 그리고 유럽발 SNS 디저트 바이럴(크루키)까지, 디저트는 더 이상 단순한 '먹는 것'이 아니라 '문화적 콘텐츠'로 소비되기 시작했다.
이 흐름은 2026년 더욱 분화되고 확장된 세 가지 키워드로 진화할 것이다.

① 국뽕 디저트의 귀환
: '케이팝 데몬 헌터스'와 감성 연동

2025년 넷플릭스를 통해 공개된 '케이팝 데몬 헌터스'는 K컬처와 K디저트가 맞물리는 상징적 순간을 만들어냈다. 전 세계 41개국에서 1위를 기록한 이 작품은 붕어빵 아이스크림, 달고나, 떡 간식 등을 작품 속에 자연스럽게 녹여내며 K디저트를 세계인의 눈앞에 '서사'로 배달했다.
2026년의 핵심 디저트 중 하나는 바로 이런 흐름을 타고 나온 '국뽕형 감성 디저트'다. 한복 패턴을 입힌 마카롱, 사군자 문양의 양갱, 태극문양 포장의 인절미 쿠키처럼 전통과 국뽕의 오글거림이 '힙함'으로 재해석되는 시대다.
디저트는 이제 감정 마케팅의 매개체이며 국뽕은 트렌드가 아닌 하나의 콘셉트 장르가 될 것이다.

② 비건&글루텐프리
: 더 이상 선택이 아닌 기본값

2025년까지 비건, 글루텐프리 디저트는 '특수 식단'이나 '건강한 대체식'으로 간주됐다. 약과의 저당 리뉴얼, 두바이 초콜릿의 고급 천연 재료 사용, 크루키의 고열량 대비 작게 즐기는 방식 등은 모두 '맛은 그대로, 죄책감은 줄인' 전략의 일부였다.

하지만 2026년에는 이 흐름이 '대체 옵션'에서 '프리셋(기본값) 옵션'으로 격상된다. "밀가루를 쓴 디저트는 안 먹어"가 아니라 "왜 아직 글루텐프리가 아닌 디저트를 내놓는 거야?"라는 질문이 시작되는 것이다.

이런 흐름에서 2026년에는 한국산 쌀가루·강황·병아리콩 가루 등을 사용한 식이요법 디저트, 식물성 버터와 비정제 감미료를 기본으로 사용하는 '일반화된 건강 디저트'가 주류로 자리 잡을 것이다. '클린 라벨'을 위시한 '건강 성분의 투명 공개'는 브랜드 신뢰의 핵심 요소가 된다.

③ ESG와 디저트 : 소비가 곧 실천이다

2025년에는 대체포장, 종이 트레이, 무지개 케이크 속 '산소흡수제'와 같은 한정된 기술적 대응이 많았다. 2026년의 K디저트는 재료 선택부터 유통 구조까지 ESG를 반영한 구조로 진화할 것으로 예상된다. 예를 들어 '업사이클링 원료(과일 껍질, 커피 찌꺼기, 남은 곡물)로 만든 쿠키' '제로웨이스트 카페형 베이커리존' '비건 인증+탄소중립 가공 표기 패키지' 등은 모두 실제로 시장에서 '구매로서의 실천'을 유도하는 사례가 될 것이다. 디저트 한 조각을 먹는 일이 곧 지구를 위한 투표 행위로 여겨질 만큼 소비자의 인식이 달라지고 있다.

2026년 디저트 브랜딩 성공을 위한 7대 키워드

11년의 디저트 유통 경험과 30개국 글로벌 경험을 통해 필자가 제시하는 2026년 성공 키워드는 다음과 같다.

1. **감정 콘텐츠(Emotion Contents)** : 소비자와 감정적 교감을 만드는 콘텐츠
2. **힐링 미학(Healing Mihak)** : 시각과 미각이 주는 치유적 경험
3. **스토리 바이트(Story Bite)** : 한입에 담긴 브랜드 스토리
4. **인싸 플레이버(Inssa Flavor)** : 소속감을 주는 독특한 맛
5. **마음 픽(Maeum Pick)** : 이성보다 감성으로 선택하는 소비
6. **추억 투게더(Chuuk Together)** : 함께 먹고, 찍고 나누는 향수의 순간
7. **국뽕 디저트(K-kukppong Dessert)** : K콘텐츠를 통한 한류의 감성 연동

이를 달성하기 위한 구체적인 실행 전략은 다음과 같다.

첫째, 감성적 영역을 선점하라. 브랜드가 진정성 있게 소유할 수 있는 특정 감정을

신세계백화점 스위트파크

찾아 일관되게 커뮤니케이션하라. 노스탤지어, 모험, 럭셔리, 커뮤니티 중 어떤 감정을 선택하든 진정성이 핵심이다.

둘째, 인스타그래머블한 경험을 디자인하라. 제품뿐 아니라 공간, 패키징, 서비스 등 모든 면에서 소셜미디어 공유를 염두에 둔 디자인이 필요하다.

셋째, 스토리를 판매하라. 창업자 이야기, 재료 원산지, 제조 과정의 장인정신 등 브랜드만의 고유한 내러티브를 개발하고 일관되게 전달하라.

넷째, 프리미엄 포지셔닝을 정당화하라. 품질을 기반으로 희소성, 장인정신, 독특한 경험을 통해 프리미엄 가격을 인정받을 수 있어야 한다.

디저트는 '감성 경제'의 최전선
- "당신은 어떤 감성을 팔고 있는가"

끝으로 디저트 창업을 꿈꾸는 예비 사장님들에게 전하고픈 조언이 있다.

신세계백화점 스위트파크   자료:필자 제공

첫째, 작게 시작하되 꿈은 크게 꾸자. 런
베뮤도 단 6개 매장으로 2000억원 가치
를 인정받았다.
둘째, 기술을 활용하되 감성을 잃지 말라.
인공지능(AI)과 디지털 마케팅은 도구일
뿐 핵심은 고객과의 진정한 교감이다.
셋째, 지역성을 품되 세계를 보라. 약과
처럼 가장 한국적인 것이 가장 세계적일
수 있다.
넷째, 브랜드가 곧 생존이다. 맛과 가격

이 전부였던 시대는 끝났다. 이제는 브랜
드가 주는 감성, 스토리 그리고 경험이
소비자 선택을 좌우한다.

디저트는 이제 단순한 당분 섭취가 아니
다. 일상의 작은 사치이자 감정의 위로이
며 관계의 매개체다. 2026년 대한민국 디
저트 시장은 이런 '감성 경제'의 최전선
에 서 있을 것이다.
필자는 B2B에서 B2C로, 유통에서 브랜
드로, 제품에서 경험으로 진화하는 모든
여정에 함께하고 있다. 이 글을 읽는 모
든 디저트업계 종사자와 예비 창업자들
이 이 달콤한 변화의 주인공이 되기를 진
심으로 응원한다. 마무리는 질문으로 하
고 싶다.
"여러분의 브랜드는 지금 어떤 감성을 팔
고 있는가."

"인건비 높다고? 직원 안 쓰면 되지"
2026년 주목할 만한 '별별 무인 점포'

나건웅
매경이코노미 기자

대한민국 창업 시장에 '무인 열풍'이 불어닥쳤다. 높은 인건비와 구인난에 시달려온 자영업자가 직원 채용을 최소화할 수 있는 무인 점포 창업에 눈을 돌리는 모습이다. 비교적 적은 초기 창업 비용과 수월한 운영, 여기에 비대면을 선호하는 젊은 세대의 달라진 경향 역시 무인 열풍을 풀무질하는 요인이다. 단순히 점포 수만 늘어나고 있는 게 아니다. 정보기술(IT) 발달로 과거엔 상상도 못 했던 업종까지 무인 매장 트렌드가 확산되고 있다. 피트니스 전문점, 탁구장, 테니스장 같은 무인 스포츠부터 음식점, 태닝숍, 공방 등 서비스 업종까지 번져간다.

급격한 성장 이면에 여러 그림자도 뒤따라온다. 위생과 안전, 보안 문제를 비롯해 예상보다 낮은 수익성으로 곤욕을 치르는 자영업자도 여럿이다. 무인 점포를 만만히 봤다 낭패를 보지 않기 위해선 창업과 운영에 신중한 접근이 필요하다는 것이 전문가 중론이다.

별게 다 무인 점포인 세상
-곰탕·탁구장·과일·전자담배…

요즘은 전국 어떤 상권을 둘러봐도 무인 매장을 어렵지 않게 찾을 수 있다. 업종

2억원 미만 창업 가능 무인 점포 비교 분석

업종	초기 창업비용	표준면적	경쟁력·리스크	대표 브랜드
천원빵집	약 5000만원	8평	·대중적인 아이템, 소형 매장 창업 ·너무 낮은 진입장벽	빵아빵아, 올인베이커리 등
무인 아이스크림	약 6000만원	12평	·천원빵집 숍인숍으로 겨울 매출 보완 ·이미 레드오션, 신규 상권 진입 어려워	○○ㅅㅋㄹ, 픽미픽미 등
캡슐뽑기방	약 1억원	10평	·2030 피규어 굿즈 열풍 ·대형 평수 유리, 비싼 권리 보증금	반다이남코 등
무인 프린트	약 1억원	8평	·주 2~3회 용지 보충 등 관리 수월 ·대학가, 오피스 상권이 유리	프린트카페 등
무인 태닝숍	약 1억1000만원	10평	·신생 아이템, 입지 무관 목적 구매 ·태닝 대중화 초기 단계	태닝나우 등
무인 탁구장	약 1억2000만원	30평	·신생 아이템, 경쟁 덜해 ·비인기 종목 수요 한정, 소음 문제	짱탁구장, 탁구발전소24 등
무인 카페	약 1억3000만원	15평	·대중적인 아이템 ·레드오션, 저가 커피 경쟁 과열	카페만월경, 커피에반하다 등
무인 전자담배	약 1억4000만원	8평	·자판기 재고 관리…수월한 운영 ·유흥 상권 입점, 규제 회색지대 리스크	전담GATE, 전담스팟 등
셀프 스토리지	약 1억5000만원	50평	·1인 가구, 여행객 증가로 수요 급증 ·부동산 변동성, 지방 수요 부족	다락, 아이엠박스 등
폰케이스 자판기	약 1억5000만원	10평	·원하는 사진 인쇄…맞춤 즉석 제작 ·낮은 재방문율, 유동인구 필요	픽스팟 등

창업비용은 권리금·보증금 포함 기준, 상권·입지마다 차이 있음.

자료: 크리에이티브스푼, 각 사·업계 추정

도 다양해졌다. 이제는 익숙해진 무인 카페나 무인 아이스크림 할인점, 셀프 사진관뿐만이 아니다. 문구점, 반려동물 용품점, 옷 가게 같은 리테일(소비재) 전문점부터 피트니스 전문점, 탁구장, 태닝숍 등 여러 서비스 업종에서도 무인 점포를 찾는 이용자가 빠르게 늘어나고 있다. '자판기'로 판매하는 아이템도 늘어났다. 샐러드·밀키트 같은 음식을 비롯해 전자담배·폰 케이스 등 각종 기기, 육류·과일·계란 등 신선식품 자판기도 점차 대중화되는 추세다.

체감상 그런 것만은 아니다. 신한카드 빅데이터연구소에 따르면 2023년 무인 매장 신규 가맹점 수는 4년 전인 2019년 대비 894% 늘었다. 같은 기간 이용 증가율이 가장 높은 업종은 무인 라면가게(525%)였고 무인 문방구(148%)가 뒤를 이었다. 무인 세탁소(49%), 무인 카페(25%), 무인 아이스크림 할인점(16%)

같은 업종도 증가율이 상당했다. 호기심으로, 또는 싼 맛에 한두 번 방문했던 과거와 비교하면 이제 무인 점포가 일상 깊숙이 자리 잡은 모습이다.

시대별 무인 점포 변천사
-자판기부터 AI 스토어까지

무인 매장 트렌드는 어제오늘 일은 아니다. 시간을 한참 거슬러 올라가 1970년대와 1980년대 급격히 늘어난 '자판기'가 1세대 무인 매장이다. 당시엔 인건비 절감보다는 '편의성'에 방점이 맞춰졌다.

2000년대 중반부터는 셀프 서비스를 중심으로 한 '2세대 무인 매장'이 등장했다. 패스트푸드점 키오스크, 영화관이나 고속버스터미널에 등장한 셀프 발권 시스템 등이 대표적이다. 2세대까지만 해도 완전 무인이라기보다 점포 내 인력 운용을 기계가 보조하는 구조였다.

2010년대 중반부터 진정한 의미의 무인 점포가 나타났다. 인건비 절감을 목적으로 점포 전체를 무인화하는 '3세대 무인 매장' 트렌드다. 무인 카페와 무인 아이스크림 할인점, 코인 빨래방과 코인 노래방, 무인 스터디카페가 이때쯤 나타났다. 편의점이 무인 테스트를 시작한 것도 이맘때다.

특히 2020년 팬데믹 이후 무인 매장 증가세가 가팔라졌다. 상권 내 공실이 급증하며 빈자리를 빨리빨리 채워넣을 수 있는 장치·설비 기반 무인 매장이 빠르게 늘어났다. 사회적 거리두기에 따른 비대면 수요도 무인화를 부채질했다.

최근엔 '4세대 무인 시대'에 접어들었다는 평가가 나온다. 인공지능(AI)과 사물인터넷(IoT), 얼굴인식, RFID 같은 첨단 기술에 기반한 무인 스마트스토어다. 진보한 원격 제어와 관제 기술 덕에 이제 상주 직원 없이도 이용자 '출입'과 '설비'를 통제할 수 있게 됐다. 피트니스 전문점, 골프장, 탁구장, 태닝숍 같은 서비스 업종에도 무인화가 도입된 배경이다. 카페와 음식점은 제조·조리 로봇이 도입되며 완전 무인화에 한 발짝 더 가까워졌다. 냉장·냉동 기술과 스마트 터치 디스플레이 발전으로 자판기로 판매할 수 있는 아이템 역시 다양해졌다. 제품이 잘 안 팔리면 자판기 화면에 노출되는 가격을 실시간으로 조정하는 '다이내믹 프라이싱' 전략도 도입됐다.

기존 유인 매장이 '무인'으로 전환하는 사례도 늘어나고 있다. 키오스크와 셀프 계산대 같은 기계가 양산되고 가격이 떨어지면서 주문과 계산을 손님에게 대신 맡기는 가게가 많아졌다. 서울 마포구에서 옷 가게를 운영하는 한 자영업자는

이제 빵 가게도, 과일 가게도 무인 점포로 운영된다.

"직원을 구하기 어려워 최근 셀프 계산이 가능한 키오스크를 들여놨다. 마음껏 구경하다가 맘에 드는 옷을 손님이 알아서 계산하고 나가면 된다"며 "카드를 꽂아야만 출입이 가능한 시스템과 CCTV 덕분인지 가장 우려됐던 도난이나 먹튀 같은 사고는 한 번도 없었다"고 들려줬다.

무인 점포, 어디까지 가봤니
-리테일에서 서비스 업종까지

무인 점포 트렌드가 가장 대중화된 업종은 역시 소비재를 파는 '리테일'이다. 점주가 제품을 진열해놓기만 하면 고객이 셀프로 계산한 후 가져가는 간단한 시스템 덕분이다. 인건비를 절감하는 것은 물론 24시간 운영으로 매출을 높일 수 있다는 장점도 있다. 무인 편의점과 무인 아이스크림 할인점 등이 대표적이다.

최근에는 리테일 매장도 점점 더 세분화되는 추세다. 무인 빵집, 무인 과일 편의점, 무인 정육점, 무인 문구점, 무인 꽃집, 무인 반려동물 용품점 등이다. 무인 프랜차이즈 가맹 사업 활성화로 점포 확장세가 가파르다. 예를 들어 무인 반려동물 용품점은 '아무도없개'(약 180개), '견생냥품'(약 175개) 등 전국 매장이 100개를 넘는 브랜드가 여럿이다. 무인 문구점 역시 '빵꾸똥꾸 문구야' '문구야놀자' 같은 브랜드 매장이 각각 200개를 웃돈다. 이밖에 앱 기반 결제로 24시간 과일을 판매하는 국내 최초 무인 과일 편의점 '오롯', 카드 인증을 통해 입장한 후 무인 결제기를 거쳐 퇴장하는 무인 옷 가게 '츄츄다' '돌핀웨일' 등도 수도권에서만 수십 개

자판기 종류도 다양해지는 중이다. 왼쪽은 24시간 전자담배를 판매하는 자판기, 오른쪽은 이용자가 원하는 사진을 인쇄해 즉석에서 폰케이스를 만들어주는 자판기.

자료: 나건웅 기자, 픽스팟 제공

매장이 자리 잡고 있다.

직원 눈치 볼 일 없이 맘 편히 원하는 만큼 오래 쇼핑할 수 있다는 점이 고객 입장에서 무인 점포를 선호하는 이유다. 서울 홍대에 위치한 한 모자 가게는 노골적으로 무인 점포를 강조했다. '저희 매장은 점원이 없습니다. 눈치 따윈 1도 보지 말고 마음껏 써보세요'라는 문구가 매장 내에 큼지막하게 붙어 있다. 가게에서 만난 대학생 김여진 씨(가명)는 "일반 매장에서는 점원 눈치를 보며 일일이 '써봐도 되냐'고 물어보곤 했는데, 이곳에서는 원

하는 만큼 시간을 보내며 다양한 제품을 시도해볼 수 있어 만족스럽다"면서 "무인이라 그런지 가격도 다른 오프라인 매장보다 저렴한 것 같다"고 말했다.

서비스 업종도 무인 창업 열풍이 뜨겁다. 마찬가지로 눈치 볼 필요 없이 오롯이 서비스를 이용할 수 있다는 점에서 고객 만족도가 높은 것으로 분석된다. 스스로 전신에 크림을 바른 후 태닝 기계에 들어가기만 하면 되는 '무인 태닝숍', 기계에서 날아오는 공을 때리며 연습할 수 있는 '무인 테니스장'과 '무인 탁구장', 매장 내

설명을 참고해 피트니스 장비를 이용하는 '무인 헬스장' 등이다. 서울에서 무인 테니스장을 운영하는 한 자영업자는 "과거 체육시설 운영은 스포츠 지도자 등 비싼 인건비가 가장 큰 부담이었다"며 "최근에는 코칭 없이 지인과 여가를 즐기거나 홀로 연습하고자 하는 수요가 늘어나 무인 스포츠 시장이 커졌다"고 설명했다.

음식점에서도 무인화 실험이 계속된다. 키오스크로 주문·결제한 후 냉장고에 있는 밀키트나 반조리 제품을 꺼내서 직접 조리하는 방식이다. 예를 들어 서울 노량진에 있는 한 '무인 곰탕' 가게에서 식사하는 방법은 이렇다. 얇게 썬 고기가 들어 있는 그릇을 냉장고에서 꺼낸 후 그 안에 직접 밥을 퍼 담고 육수를 따른다. 파나 깍두기는 원하는 만큼 가져올 수 있다. 식사를 마친 후에는 그릇과 수저를 나눠 퇴식구에 반납하면 된다. 곰탕 한 그릇 가격은 5900원으로 서울 시내 평균 대비 절반 수준이다. 무인 곰탕 집에서 만난 한 손님은 "다소 번거로운 점은 있지만 고시생 입장에서 저렴하게 한 끼를 챙겨 먹을 수 있어 자주 찾는다"며 "눈치 볼 일 없이 원하는 만큼 밥과 반찬을 먹을 수 있다는 점도 좋다"고 말했다.

홍대에는 체험 클래스를 무인으로 운영한다는 '무인 공방'도 생겼다. '일일 담금주 클래스'를 체험할 수 있는 공방을 직접 방문해보니 테이블 위에는 말린 과일과 꽃, 각종 약재가 가지런히 놓여 있다. 선생님은 '태블릿PC'다. 영상 안내에 따라 차근차근 담금주를 만들면 된다. 물론 완전히 직원이 없는 건 아니다. 직원 2~3명이 상주하며 손님들이 어려워하거나 헷갈리는 부분이 있으면 곁에서 가볍게 도움을 준다.

대학가와 오피스 상권에는 '무인 프린트 매장'이 빠르게 늘어나는 분위기다. 국내 첫 무인 프린트 매장 브랜드 '프린트 카페'는 전국 점포 수가 300개가 넘는다. 고객은 24시간 언제든 매장에 방문해 복사·출력·스캔·팩스를 자유롭게 이용할 수 있다. 점주는 PC와 복합기 등을 원격으로 제어하는 방식이다. 용지 보충과 청소를 제외하면 점주가 할 일이 딱히 없다. 프린트카페를 운영하는 유피소프트 이현우 대표는 "프린트 업종 내 매출 80%는 1000원 미만 소액 출력이다. 유인 점포는 인건비가 출력 비용보다 커지는 모순에 직면할 수밖에 없는 구조"라며 "유인 점포보다 매출은 적을 수 있지만 순수익률이 월등하고 문구류 소매 등 부가 매출까지 노릴 수 있어 안정적으로 수익을 얻을 수 있다"고 설명했다.

'공간 대여'를 기반에 둔 무인 점포도 성

국내 첫 무인 프린트 매장 브랜드 '프린트카페'에서는 IT로 PC와 복합기 등을 원격으로 제어한다.

자료: 프린트카페 제공

장세다. 쾌적한 공부 공간을 제공하는 '무인 스터디카페', 일정 기간 물건을 맡길 수 있는 '셀프 스토리지'가 대표적이다. 한동안 침체했던 무인 스터디카페는 '스터디룸'으로 진화하며 새 전기를 맞았다. 기존 1인실을 줄인 대신 2~4인이 함께 쓸 수 있는 스터디룸과 카페처럼 커다란 개방형 테이블에 여럿이 앉을 수 있는 공간 등으로 쪼개 객단가를 높였다. 기존 스터디카페 가장 큰 난제였던 소음에 대한 불만도 자연스럽게 줄어드는 구조다. 서울 강남구 작심스터디카페 대표는 "예약, 결제, 출입, 좌석 배치, 사물함 관리 등 자체 개발한 무인 운영 시스템 덕분에 유인 대비 인건비를 70~80% 절감할 수 있었다. 24시간 운영이 가능해 회전율과

수익성을 동시에 높일 수 있다"며 "최근 성인 교육과 자기계발 수요가 늘어나고 있다는 점도 호재"라고 말했다.

각종 짐이나 물건을 맡길 수 있는 셀프 스토리지 시장도 빠르게 덩치를 키우고 있다. 1인 가구 증가와 부동산 상승으로 거주 공간이 좁아지면서 부피가 큰 물건이나 귀중품을 창고에 맡기려는 수요가 늘어났다. '다락' '아이엠박스' 같은 브랜드는 가맹 사업을 전개하며 국내 점포 수를 100개 이상까지 늘렸다. 서울에 직영 셀프 스토리지를 17개 운영하는 큐스토리지 박수홍 대표는 "17개 점포 운영을 나 혼자 도맡고 있을 정도로 진보한 무인화 기술을 보유했다. 최근에는 일 단위까지 보관 기간을 세분화하는 기능을 도입

해 그간 막혀 있던 매출 상방도 뚫었다"며 "해외여행객, 지방에서 올라오는 프리랜서 사업자 등 단기 수요가 늘어나고 있어 전망도 나쁘지 않다"고 말했다.

2억원 미만 창업 가능 무인 점포는?
-천원빵집, 5000만원으로 오픈 가능

예비 자영업자 입장에서 무인 점포 창업은 매력적일 수밖에 없다. 인건비 부담과 직원 관리 수고를 덜어낼 수 있고 초기 창업 비용도 상대적으로 저렴한 편이다. 노동 강도도 약해 부업으로 무인 점포를 선택하는 이가 많다. 다만 무작정 창업은 곤란하다. 아이템마다 수익성 계산과 입지 선정 등 고려해야 할 점이 많다.

비용별로 살펴보면 1억원 미만으로 창업할 수 있는 아이템이 여럿이다. '천원빵집'이 대표적이다. 공장에서 양산한 빵을 납품받아 진열해놓기만 하면 되는 완전 무인 점포다. 8평 미만 소형 창업이 가능해 권리·보증금이 저렴하다. 도합 5000만원 수준에서 소자본 창업이 가능하다. 워낙 대중적인 아이템이라는 점, 또 운영이 수월하다는 장점은 있지만 진입장벽이 너무 낮다는 점은 리스크다. 점포 수가 빠르게 늘어날 가능성이 높고 이에 따라 매출은 자연스레 갉아 먹힐 수 있다. 무인 아이스크림 할인점도 6000만~7000만원으로 개업할 수 있는 아이템이다. 별다른 인테리어가 필요 없는 데다 최근에는 천원빵집 숍인숍을 병행하는 방식으로 객단가를 높여가고 있다. 다만 현재도 포화 상태라는 점, 이미 형성된 상권에는 진입하기 어렵다는 점이 한계로 꼽힌다.

캡슐뽑기방, 이른바 '가챠숍'도 상권마다 다르지만 1억원 정도면 도전해볼 만하다. 10평 기준 초기 창업 비용이 5000만원, 권리·보증금이 5000만원 정도 필요하다. 20·30대 '어른이' 사이에서 피규어 뽑기 인기가 확산되는 등 최근 가장 핫한 창업 아이템이기도 하다. 뽑기 기계만 갖다 놓으면 사실상 관리할 것도 없다.

하지만 다른 무인 점포보다 상권과 입지 선정이 까다로운 편이다. 유동인구가 많은 핫플레이스 상권이 아니면 수익을 내기가 쉽지 않다. 좋은 상권에 진입하려면 자연히 창업 비용도 커진다. 이철주 크리에이티브스푼 대표는 "가챠숍은 크면 클수록 손님이 몰리는 특징이 있다. 10평 매장도 창업은 가능하지만 30평 이상 대형 매장에 인형뽑기 기계까지 놓고 장사하는 편이 더 유리하다"며 "당장 인기에 혹해 아무 입지에나 1억원 소자본 창업을 하는 것은 권장하지 않는다. 비용을 좀 들이더라도 좋은 상권에 큰 매장을 내는 편이 낫다"고 설명했다.

탁구장, 태닝숍 같은 서비스 업종도 무인으로 전환됐다. 사진 위에는 무인탁구장 '짱탁구장', 아래는 무인태닝숍 '태닝나우'.

자료: 매경DB

1억원에서 2억원 정도 자본을 보유했다면 무인 탁구장, 무인 태닝숍, 무인 전자담배숍 등에 도전할 수 있다.

'무인 탁구장'은 생긴 지 얼마 안 된 아이템이라는 점에서 블루오션으로 각광받는다. 탁구대와 라켓 등 비품을 놓고 점주는 하루 한 번 가서 정리 정도를 해주면 된다. 다만 상대적으로 비인기 종목이라 수요가 한정돼 있다는 점, 또 소음 발생으로 인근 주민 항의를 받을 수 있다는 점을 감안해야 한다.

'무인 태닝숍'도 비슷하다. 신생 업종인 덕에 경쟁이 덜하고, 먼저 검색한 후 방문하는 '목적 구매형' 고객이 대부분이라 입지도 크게 중요하지 않다. 태닝로션 판매 등 부가 매출도 쏠쏠하다. 다만 탁구와 마찬가지로 아직 태닝이 대중화 단계는 아니어서 수요가 제한적이다.

'무인 전자담배숍'은 전자담배 기계와 액상 등을 자판기로 판매하는 형태다. 초기 창업 비용은 8000만~1억원 수준이지만 번화한 유흥 상권에 입점해야 하는 만큼 권리·보증금이 더 필요할 수 있다. 일주일에 한두 번 재고관리 정도만 해주면 되지만 리스크도 분명하다. 자판기 이용 시 신분증을 요구한다고 해도 미성년자 접근성이 높고 국내 합성 니코틴 제품에 대한 규제 강화도 예정돼 있다. 불법

은 아니지만 '회색지대'에 놓여 있는 것이 사실이다. '나는 무인 매장으로 퇴사합니다'라는 책을 펴낸 용선영 러스 대표는 "최근 무인 창업 상담이 가장 많이 늘어난 업종이 무인 전자담배점일 정도로 예비 자영업자 관심이 높다"면서도 "법적 리스크가 없지 않고 이미 매장 수가 급격히 늘어나 레드오션 조짐도 보인다"고 말했다.

'폰케이스 자판기'와 '포토부스'도 2억원 미만이면 창업할 수 있다. 폰케이스 자판기는 이용자가 본인 사진을 즉석에서 촬영하거나 원하는 사진을 고른 후 이를 인쇄한 맞춤형 폰케이스를 실시간 만들 수 있는 기계다. 포토부스는 셀프 사진관의 진화 버전이다. AI 기술 활용으로 콘셉트가 다양해졌고 이미지 합성도 가능해졌다. 두 업종 모두 최근 AI 프로필 사진 인기가 늘어나며 덩달아 관심이 커졌다. 다만 폰케이스 자판기는 재방문율이 낮다는 점, 포토부스는 취객을 비롯한 불특정 다수가 많이 방문해 관리가 어렵다는 점이 단점으로 꼽힌다.

무인 점포, 뉴노멀이 될까
-보안·위생 문제는 리스크

무인 점포 운영 시 장단점은 분명하다. 하지만 무인 점포가 늘어나는 현상 자체

는 거스를 수 없는 '메가트렌드'라는 게 전문가 중론이다. 인건비 상승과 AI 자동화 기술 발달, 비대면 수요 증가 등 여러 거대한 사회적 현상의 교집합에 무인 점포가 위치해 있다.

강병오 FC창업코리아 대표는 "AI 자동화가 빅테크 기업 인력 구조조정을 넘어 전 세계 자영업으로까지 확산되고 있는 양상"이라며 "10년이든 20년이든 결국 자영업 시장도 자동화될 것"이라고 말했다. 이수진 서울대 소비트렌드분석센터 연구위원은 "1982년생을 기준으로 그 위 세대는 유인 서비스를, 아래 세대는 무인 서비스를 선호하는 경향이 있다"며 "시간이 흐르면서 무인 서비스 선호 세대가 주 소비층으로 자리 잡아 무인 점포는 더욱 확산될 것"이라고 전망했다.

무인 점포가 대세라고 해서 무작정 창업은 금물이다. 부업 정도로 쉽게 보고 뛰어들면 낭패를 보기 십상이다. 자영업 자체가 진입과 퇴출이 자유로운 완전경쟁 시장이다. 그런데 무인 점포는 그 장벽마저 낮아 경쟁이 더 치열하다. 별다른 노하우나 차별화가 필요 없어 우후죽순 늘어날 가능성이 높다. 똑같은 기계와 똑같은 제품을 진열해놓는 수준이다 보니 점주 역량이 발휘될 여지가 작다. 결국에는 브랜드 경쟁으로 귀결될 수밖에 없는 구조다.

이철주 대표는 "매력적인 아이템인 건 맞지만 큰돈을 벌기 어렵고 성공률도 높지 않은 게 사실이다. 최근 무인 트렌드를 등에 업고 프랜차이즈 본사에서 과대 홍보가 심하다"며 "일부 가맹점 매출에 현혹되지 말고 전반적으로 폐점이 적은 브랜드, 점포당 평균 매출이 양호한 브랜드 위주로 찾아보는 편이 안전하다"고 설명했다. 용선영 대표 역시 "아이템을 먼저 정하기보다 상권을 분석하고 해당 상권에 맞는 아이템을 들여오는 방식이 올바르다"며 "무인이 '방치'를 의미하는 건 아니다. 사장이 매출 데이터를 꾸준히 모니터링하고 어떤 품목이 잘 팔리는지 관리하지 않으면 필패"라고 조언했다.

직원 역할을 기계가 대체하는 대신 '장비 리스크'도 존재한다. 키오스크 오류로 결제가 안 되거나 거스름돈이 나오지 않는 일, 서버 문제로 원격 제어에 문제가 생기는 일도 많다. 예를 들어 최근 한 셀프 스토리지 가맹점에서는 장비 문제로 문이 열리지 않아 보관 물품을 3일 넘게 빼지 못하는 사고가 발생했다. 무인 스터디 카페 이용자가 화장실에 갇혀 119를 부르는 웃지 못할 일이 생기기도 한다. 박수홍 대표는 "원격 관제·제어 시스템이 확실한 기업을 선택하는 것이 좋다. 서버

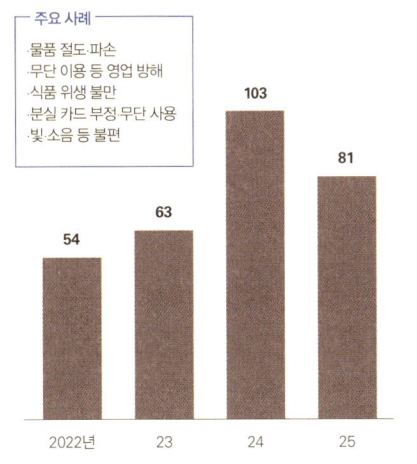

급증하는 무인 매장 관련 민원

단위:건

주요 사례
· 물품 절도·파손
· 무단 이용 등 영업 방해
· 식품 위생 불만
· 분실 카드 부정 무단 사용
· 빛·소음 등 불편

54 — 2022년
63 — 23
103 — 24
81 — 25

월평균 기준.

자료: 국민권익위원회

이슈 등으로 원격 통제가 안 될 때를 대비해 오프라인에서도 간단히 문제 해결이 가능한 솔루션을 확보해놔야 한다"며 "장비 이슈를 해결하기 위해 본사 다수 직원이 동원돼야 한다거나 점주가 계속 신경을 써야 하는 점포라면, 실상은 무인이라 보기 어렵고 지속가능성도 낮다"고 말했다.

무인 점포가 급증하면서 보안·위생 등 안전 문제도 덩달아 사회적 이슈로 불거지고 있다. 무인 마트에서 장바구니째 들고 사라진 손님, 고객이 깜빡 잊고 키오스크에 꽂아 두고 간 신용카드를 여러 무인 점포를 돌며 챙겨 간 절도범 사례, 구매도 없이 무인 옷 가게에 진열된 모든 의류를 헤집어 놓는 사고가 발생하는 등 형태도 다양하다. 사소하게는 경쟁 무인 피트니스 전문점에 방문해 수도꼭지를 틀어놓고 도망가는 황당한 일도 나온다. 소비기한이 훌쩍 지난 먹거리를 버젓이 판매하거나 화약총·흡입형 에너지 스틱 등 아이에게 위험할 수 있는 제품을 무인으로 파는 가게도 문제시된다.

한 무인 점포 업계 관계자는 "대한민국이 상대적으로 절도 같은 범죄율이 낮아 무인 점포 운영에 적합한 국가인 건 맞다"면서도 "최근 무인 점포가 급격히 늘어나는 과도기 상황에서 안전·위생 문제가 덩달아 크게 증가하고 있다. 법·제도 정비는 물론 점주와 소비자 모두의 인식 개선이 필요하다"고 말했다.

PART 2

상권

최애 상권 여전히 '명동'이지만
K패션 메카 '성수'가 증가폭 1위

나건웅
매경이코노미 기자

최창원
매경이코노미 기자

2025년 한국을 찾는 외국인 관광객이 역대 최대치를 경신할 것이라는 기대감이 높다. 코로나 팬데믹 이전인 1750만명을 훌쩍 넘어 2000만명 돌파도 가시권에 들어섰다는 장밋빛 전망이 나온다.

자영업자는 준비를 단단히 할 필요가 있다. 물이 들어올 때 노를 저어야 한다. 외국인이 어떤 지역을 많이 찾고 또 어떤 상권에서 지갑을 많이 여는지 미리 알아둬야 외국인 관광객 기반 '신(新)내수' 반사이익을 200% 누릴 수 있다.

매경이코노미는 2025년 6월 누적 기준 방한 외국인 상권지도를 그려봤다. 빅데이터 전문 기업 나이스지니데이타와 LG유플러스, 하나카드, 글로벌텍스프리 데이터를 토대로 요즘 외국인이 주로 찾는 한국 상권과 소비 트렌드를 분석해봤다.

명동에서 을·충·당으로 상권 확장
-외국인도 '로컬 힙플' 방문 늘어

2025년 외국인 최다 방문지는 역시 서울 '명동'이다. LG유플러스에 따르면 2025년 상반기 명동을 찾은 외국인은 약 455만명(LG유플러스 로밍 사용자)이다. 2위 인천 중구 운서동(약 407만명)에 인천공항이 자리한다는 점을 감안하면 명동 방

명동 상권은 여전한 외국인 파워를 자랑한다. 7월 24일 오후 2시, 폭염에도 명동 거리는 외국인으로 북적인다.　　자료:윤관식 기자

문객 수가 얼마나 많은지 가늠할 수 있다. 명동 인접 지역 방문자도 많다. 3위 종로구 종로1·2·3·4가동(383만명)을 비롯해 중구 소공동이 전체 5위(324만명), 회현동이 6위(307만명)다. 지하철역 충무로역과 동대문역사문화공원역을 아우르는 광희동이 7위(306만명), 남산한옥마을이 위치한 필동이 8위(268만명), 을지로동이 9위(263만명)를 차지했다. 광장시장이 있는 종로5·6가동 역시 전년보다 4계단 오른 14위(140만명)에 위치했다. 인천공항 인근과 홍대 상권을 제외하면 최다 방문 지역 상위 10곳 중 7곳이 종로구와 중구에 위치한다. 20위권 내에 강남 지역 상권은 13위 역삼1동과 17위 신사동, 단 두 곳뿐이다.

전년과 비교하면 '명동 낙수효과'가 두드러진다. 명동은 2024년에 이어 2년 연속 최다 방문 지역 1위를 유지하긴 했지만 절대 방문객 수로만 따지면 오히려 감소했다. 2024년 540만명에서 2025년에는 455만명으로 약 85만명 줄었다.

대신 인근에 위치한 광희동 · 필동 · 을지
로동 방문객은 평균 40만명 가까이 늘었
다. 명동은 그간 방문 경험이 워낙 많은
만큼 명동 인근에 안 가봤던 신흥 상권을
찾는 외국인이 늘어나고 있다는 분석이
다. 명동은 한국 관광 '입문자용'으로 여
전히 파괴력이 있지만, 대신 여러 번 와
본 유경험자들은 자주 가본 명동 대신 국
내에서도 MZ세대 사이에서 힙플로 불리
는 을지로, 충무로, 신당을 더 많이 찾는
다는 얘기다.

중구와 종로구를 제외하면 홍대가 위치
한 서교동(4위, 339만명)이 눈에 띈다.
홍대는 젊은 외국인 관광객이 주로 찾는
핵심 상권이다. 어려움을 겪고 있는 홍대
내수 분위기와 달리, 외국인 방문객은 전
년(313만명) 대비 26만명 늘었다. 인근
서대문구 신촌동은 같은 기간 219만명에
서 156만명으로 줄었다. 명동이 인접 상
권으로 확산세가 뚜렷하다면, 홍대는 혼
자 모든 걸 흡수해 빨아들이는 양상이다.

재주는 '강북'이 넘고 돈은 '강남'이?
-외국인 카드 결제, 강남 상권 싹쓸이

방문이 잦다고 해서 꼭 해당 지역에서 돈
을 많이 쓰는 건 아니다. 하나카드가 집
계한 외국인 결제 순위는 방문 지역 순위
와는 조금 다른 양상을 보여준다. 명동과

지갑 여는 곳은 '강남'

순위	행정동	카드 결제액
1	서울 중구 소공동	4604억원
2	인천 중구 운서동	4550억원
3	서울 강남구 신사동	3134억원
4	서울 강남구 삼성동	2879억원
5	서울 강남구 역삼동	2518억원
6	서울 서초구 서초동	2345억원
7	서울 마포구 동교동	2242억원
8	서울 중구 충무로1가	2035억원
9	제주 제주시 연동	1873억원
10	서울 중구 명동2가	1586억원

인천공항을 제외하면 대부분 강남에 상
위권이 포진해 있다.

1위는 명동 인근 소공동으로, 2024년
3975억원에서 2025년 4604억원까지 늘
어나며 좋은 흐름을 이어가는 중이다. 롯
데백화점 본점을 비롯한 외국인 백화점
쇼핑도 늘고 있다. 2위는 공항이 위치한
인천 운서동(4550억원)이다. 전년 2855
억원에서 1700억원 가까이 뛰었다. 공항
면세점 쇼핑이 크게 늘어난 결과다. 운서
동은 전국 모든 행정동 중 전년 대비 카
드 결제 금액이 가장 많이 늘어난 곳이기
도 하다.

2025 외국인 관광 5대 트렌드

구분	주요 내용
① K패션·뷰티 메카 '성수'	상반기 카드 결제액 1315억원 외국인 방문 수도 전년 대비 150만명 ↑
② 전통의 강호 '명·홍'	명동, 부동의 방문객 수 1위 홍대는 의료관광 수요 급증
③ 새롭게 뜬 '을·충·당'	한국인 힙플레이스에 외국인도 몰려 명동 상권 낙수효과…인접성 '굿'
④ 지방까지 번진 K관광	철도 고객 급증…의료관광에 웃은 부산 제주 가는 중국인들…연동·애월읍·노형동 찾아
⑤ 의료관광 성지 '강남'	방문객 수는 강북, 지갑 여는 곳은 강남 의료용역 결제액 1797억원 → 2782억원 급증

3위부터는 상황이 다르다. 강남구 신사동(3134억원)과 삼성동(2879억원), 역삼동(2518억원)이 나란히 3 · 4 · 5위를 차지했다. 방문 지역 순위에선 10위권에도 없던 강남이 카드 결제 순위에선 상단에 위치했다. 6위 서초구 서초동(2345억원)까지 포함하면 상위 10곳 중 4곳이 강남이다.

뒤를 이어 7위는 홍대 동교동(2242억원), 8위는 중구 충무로1가(2035억원), 9위는 제주시 연동(1873억원), 10위는 중구 명동2가(1586억원) 순이다. 주시태 나이스지니데이타 실장은 "공항 면세점 결제를 제외하면 외국인 소비가 가장 많은 지역이 강남"이라며 "관광은 강북에서 하되, 대형 쇼핑시설과 의료시설이 밀집한 강남으로 소비가 집중되는 모습"이라고 설명했다.

2025 외국인 관광 5대 트렌드

1. 쇼핑 성지가 된 '성수'

-K패션·뷰티 메카로 우뚝

2000년대까지만 해도 공장지대였던 성수동 일대는 최근 수년간 가장 빠르게 변한 동네다. 다양한 팝업 스토어와 K뷰티 · K패션 편집숍이 어우러져 서울을 대표하는 힙플레이스로 자리 잡았다. 2024년 영국 유명 여행문화 잡지 '타임아웃(Time Out)'이 선정한 '세계에서 가장 멋진 동네' 4위에 올랐을 정도다.

외국인 사이에서도 성수동은 새로운 관광 필수 코스로 떠오르는 분위기다. 특히

K뷰티와 K패션에 관심 있는 외국인들에 겐 한국 방문의 최우선 순위로 떠오르고 있다.

성수동 인기는 데이터로도 확인 가능하다. 2025년 상반기 성수동 외국인 카드 결제액은 1315억원을 기록했다. 2024년 같은 기간(403억원)과 비교하면 무려 226.3% 증가했다. 41위에서 16위까지 가파른 순위 상승이다. 방문자 수도 급증했다. 2024년 상반기 대비 2025년 외국인 방문 수가 가장 많이 늘어난 행정동 1위가 성수2가3동이다. 해당 기간 58만명이 더 찾았다. 이뿐만이 아니다. 성수1가1동(7위, 33만명)과 성수2가1동(8위, 31만명), 성수1가2동(15위, 21만명)까지 더하면 150만명 가까이 늘었다.

특히 일본인 관광객의 성수 사랑이 두드러진다. 인스타그램과 유튜브 등에서 성수 편집숍을 찾아 의류와 소품을 구입하는 콘텐츠가 인기를 끌면서 유입이 크게 늘었다. 과거 가로수길과 홍대에 이어 성수가 새로운 쇼핑 트렌드 상권으로 부상했다. 여타 국적 관광객 발길도 성수를 향한다. 동남아시아 관광객 성수동 결제액은 2024년 상반기 76억원에서 2025년에는 261억원까지 급증했다. 같은 기간 중국인(101.1%)과 미국인(167.3%) 결제도 만만치 않게 늘었다.

성수를 찾는 이유는 단연 K뷰티와 K패션이다. 결제 대부분이 패션과 뷰티 카테고리에 집중됐다. 글로벌텍스프리 집계 데이터에 따르면 2025년 상반기 외국인 성수 지역 총 결제 건수는 약 38만건. 이 중 의류·잡화(약 12만건)와 화장품(20만건), 안경(5만건) 3개 카테고리 결제 건수가 37만건에 달한다. 전체 95%가 뷰티·패션이다.

변화를 읽은 기업들은 대응에 나섰다. 외국인 특화 오프라인 매장이 성수에 대거 들어서는 배경이다. 특히 대형 플랫폼 움직임이 심상치 않다. 무신사는 '무신사 스탠다드 성수점'을 외국인 특화 매장으로 꾸몄다. 외국인 고객을 위해 현장 택스 리펀과 무인 환전기, 캐리어 보관 서비스를 추가했고 외국어 브로슈어도 제공한다. 무신사에 따르면 무신사 스탠다드 성수점 외국인 매출 비중은 2025년 1분기 기준 약 40%에 달한다. 무신사 관계자는 "성수 인근에 총 8곳의 무신사 매장을 운영하고 있거나 오픈을 준비 중인데, 외국인 고객 비중이 상당하다"며 "특히 2024년 9월 선보인 여성 특화 매장 '무신사 스토어 성수@대림창고'는 2025년 상반기 기준 전체 거래액 가운데 절반 이상이 외국인 고객으로부터 발생했다"고 설명했다.

방문객 급증 지역은 '성수'

순위	행정동	방문객 증가폭
1	서울 성동구 성수2가3동	58만명
2	서울 중구 필동	47만명
3	서울 중구 광희동	38만명
4	서울 중구 을지로동	38만명
5	인천 계양구 계양1동	36만명
6	서울 강서구 방화2동	34만명
7	서울 성동구 성수1가1동	33만명
8	서울 성동구 성수2가1동	31만명
9	인천 계양구 계양3동	29만명
10	서울 강서구 가양1동	29만명

자료:LG유플러스

외국인 최다 방문 지역…올해도 명동

순위	행정동	2025년	2024년
1	서울 중구 명동	455만명	540만명
2	인천 중구 운서동	407만명	494만명
3	서울 종로구 종로1·2·3·4가동	358만명	383만명
4	서울 마포구 서교동	339만명	313만명
5	서울 중구 소공동	324만명	347만명
6	서울 중구 회현동	307만명	327만명
7	서울 중구 광희동	306만명	268만명
8	서울 중구 필동	268만명	221만명
9	서울 중구 을지로동	263만명	225만명
10	인천 서구 검암경서동	185만명	191만명

*상반기 기준, 30분 이상 단기 체류 지역.

요즘 방한 외국인 K뷰티 성지로 떠오른 '올리브영N성수'도 빼놓기 어렵다. 일평균 방문객이 8000명이 넘는데 전체 매출 70%는 외국인 차지다. 올리브영N성수에서 피부 진단 서비스를 받기 위해 외국인 관광객이 오픈런을 불사하고 마스크팩 판매대 앞에는 저마다 장사진이 펼쳐진다. 성수동에는 올리브영뿐만 아니라 아모레퍼시픽의 플래그십 매장 아모레성수와 색조 제품이 유명한 '롬앤', 세럼으로 해외에서 인기를 끄는 '토리든' 등의 매장이 자리 잡고 있다. 미용기기로 뜬 APR도 2025년 중 성수동에 매장을 낼 예정이다.

2. 전통의 강호 '명동·홍대'

-명동, 방문 줄었지만 소비는 ↑

외국인 최대 상권은 누가 뭐라 해도 명동이다. 2024년뿐 아니라 2025년에도 방문객 수가 가장 많았다. 2025년 상반기에만 455만명이 방문했다. 전년 같은 기간(540만명)과 비교하면 방문객 수가 줄었지만, 여전히 다른 지역과 비교하면 100만명 이상 많다.

결제액 규모도 크다. 방문객 수가 줄었는데도 결제 규모는 되레 늘어났다. 명동1가(1293억원)와 명동2가(1586억원) 합산 결제액은 2879억원에 달한다. 전년 동기(1752억원) 대비 64.3% 증가다. 명동역 바로 앞에 위치해 사실상 명동 상권으로 분류되는 충무로1가(2035억원)와 충무로2가(835억원) 역시 증가세가 뚜렷하다.

국적별로 살펴보면 역시나 중국인의 명동 사랑이 이어졌다. 2025년 상반기 명동1가와 명동2가, 충무로1가 지역 중국인 결제액은 411억원으로 전년(216억원) 대비 90.2% 늘었다. 한한령(한류 금지령) 전면 해제 가능성이 현실화되면서 중국인 방문 소비가 늘고 있다는 것이 관광업계 관계자 중론이다. 하반기 지표 전망은 더 밝다. 정부가 하반기를 기점으로 연말까지 중국인 단체 관광객 '유커'에 대해 한시적 무비자 입국을 허용한다고 밝혀서다.

기업도 바쁘게 움직이고 있다. 신세계면세점은 유커를 모시기 위해 전력 질주한다. 최근 중국의 대규모 음악콩쿠르 참가단과 경영대학원(MBA) 과정 연수단 등 고소득층 단체 방문 일정을 유치했다. 2025년 7월에는 중국 톈진사범대학원 MBA 연수단이 충무로1가에 위치한 신세계면세점 명동점을 찾았고 며칠 후에는 한중국제성악콩쿠르 참가단 500명이 명동점을 방문했다.

외국인 관광객을 겨냥한 리뉴얼도 이어진다. 신세계면세점은 명동점 11층을 100여 개 브랜드를 아우르는 K컬처 복합쇼핑 공간으로 꾸몄다. 채정원 신세계디에프 MD담당 상무는 "성수동과 홍대 등 서울 주요 상권의 최신 트렌드와 감성을 면밀히 분석해 명동점에 집약하고, 고객이 한국을 대표하는 트렌디한 브랜드와 제품을 편리하게 만나볼 수 있도록 기획했다"며 "K콘텐츠 중심의 상품 개발과 매장 운영을 강화할 것"이라고 밝혔다.

홍대입구 상권(서교동·동교동)도 여전한 외국인 파워를 입증했다. 2025년 상반기 서교동(1383억원)과 동교동(2242억원) 외국인 합산 결제액은 3625억원에 달했다. 2024년 같은 기간(2446억원)과 비교하면 48.2% 증가했다. 전통의 패션·뷰티 성지인 만큼 주요 결제 데이터도 패션과 뷰티에 쏠렸다.

의료 서비스도 홍대 상권 새로운 먹거리다. 글로벌텍스프리에 따르면 홍대 상권 의료용역 판매 건수는 약 6만건, 약국은 약 3만건이다. 결제 건수로 따지면 전체 10%에도 못 미치지만 규모를 놓고 보면 이야기가 다르다. 특히 의료용역(640억원)은 결제 규모 기준 화장품(674억원)에 이어 2위를 기록했다. 홍대가 강남에 이어 외국인 피부과 성지로 자리 잡는 분위기다. 이미 홍대 인근엔 수십 개 피부과가 자리 잡은 상태다. 약국 결제 규모가 커지는 점도 이 때문이다. 피부과 시술 직후 방문해 약국에서만 구매 가능한 흉터·염증성 여드름 치료제나 색소침착 개선제·미백 보조제를 찾는 수요가 늘고 있어서다.

부동산 업계 한 관계자는 "강남역 일대에는 이미 다 수용할 수 없을 정도로 의료 관광 수요가 많다. 이제는 여타 지역으로까지 확산되는 분위기"라며 "특히 홍대는 대형 건물이 많아 피부과가 자리 잡기 좋은 환경이고 공항과도 가까워 의료 관광에 적합한 지역이란 평가가 나온다"고 설명했다.

3. 이제는 '을·충·당'이 뜬다
-명동 인접 낙수효과에 '방긋'

환골탈태 상권도 눈에 띈다. 명동 주변에 위치한 을지로와 충무로·신당, 이른바 '을·충·당' 상권이다. 과거 이들 상권은 상대적으로 외국인에게 크게 주목받지 못했다. 명동과 동대문 사이 끼어버린 입지 탓에 상권 자체가 활성화되지 못해서다.

최근 상황이 달라졌다. 외국인 사이에서도 명동은 옛 상권, 을·충·당은 신세대가 찾는 '힙'한 상권으로 부각되는 중이다. 한국에서 힙지로·힙무로·힙당동이라는 별칭으로 불리게 된 흐름이 외국인 관광객에게까지 고스란히 번졌다.

을지로는 2010년대를 기점으로 인쇄 골목 특유의 아날로그 감성과 레트로 콘셉트가 큰 인기를 얻으며 젊은 세대가 찾는 힙플레이스로 떠올랐다. 자연스레 이곳을 찾는 외국인도 늘고 있다. 관광 업계는 '힙지로'를 즐기는 한국 젊은 세대 모습 자체가 관광 콘텐츠로 자리 잡았다고 분석한다. 을지로가 젊은 한국인이 몰리는 지역인 만큼 외국인 관광객 역시 궁금증을 갖고 방문할 수밖에 없다는 설명이다. 을지로는 특히 명동과 거리가 멀지 않아 접근성 측면에서도 훌륭하다.

데이터도 이를 증명한다. 2025년 상반기 을지로2가 외국인 결제액은 375억원, 을지로4·5가 결제액도 218억원을 기록했다. 신당동과 을지로동이 마주한 을지로6가는 '필수 방문' 코스가 됐다. 결제액은 662억원으로 2024년 같은 기간(435억원) 대비 52.1% 증가했다. 국적별로 살펴보면 로컬 분위기와 작고 아기자기한 가게를 좋아하는 일본인 방문 소비가 상당했다. 일본인 을지로6가 결제액은 상반기 기준 164억원으로 나타났다.

외국인이 몰리자 해당 지역 인프라를 정비하는 기업도 여럿이다. 은행권이 대표적이다. 신한은행은 최근 지하철 2호선

을지로입구역에 10개국 통화 환전이 가능한 'SOL트래블 라운지 을지로입구역점'을 오픈했다. 국내 시중은행 최초로 10개국 통화 환전 기능을 도입한 무인 자동화 점포다. 신한은행은 외국인 관광객이 많이 찾는 지역을 고민하다 을지로입구역을 선택했다.

충무로도 외국인이 많이 찾는 지역으로 탈바꿈했다. 명동과 인접한 충무로 1·2가뿐 아니라 상대적으로 거리가 있는 충무로4가도 2025년 상반기 77억원의 외국인 결제액을 기록했다. 충무로4가는 인현시장을 필두로 한 '인현시장 상권'이 위치한 지역이다. 인현시장 상권은 과거 노래방 등 유흥가가 성업해 발길이 뜸했다. 하지만 최근 젊은 세대가 몰리면서 기존 노포와 새로운 가게가 신구 조화를 이뤄 활기가 돈다.

한 관광업계 관계자는 "광장시장이 외국인 사이에서 큰 인기를 끌면서 한국 전통시장 방문이 외국인 관광 핵심 키워드로 떠올랐다"며 "최대 수혜주가 충무로다. 호텔 등 숙박시설이 많은 데다 최근 유흥에서 먹거리 상권으로 변신에 성공하면서 외국인이 부담 없이 방문할 수 있는 지역이 되고 있다"고 설명했다.

4. 방방곡곡 지방 찾는 외국인

-철도 이용 급증…부산·대구 '웃음꽃'

2025년 유독 두드러지는 외국인 관광 키워드는 '지방'이다. 서울 쏠림 현상이 극심했던 그간 관행을 넘어 전국 구석구석 숨은 지방 관광지를 찾는 외국인이 늘어나는 모습이다. 수도권뿐 아니라 지방 자영업자에게도 기회가 점점 열리고 있다는 얘기다.

김포공항과 철도 이용 외국인이 크게 증가한 현상이 그 방증이다. 김포공항이 위치한 서울 강서구 방화동 방문객은 전년 대비 크게 늘었다. 2024년 상반기 최다 방문 행정동 30위(104만명)였던 방화동은 2025년 16위(137만명)까지 순위를 끌어올렸다. 김포공항 연결 노선이 있는 일본과 중국인 관광객 증가뿐 아니라, 김포공항을 통해 지방을 방문하고자 하는 외국인 수요가 늘었기 때문이다.

외국인 철도 이용도 급증했다. 한국철도공사와 SRT 운영사 에스알에 따르면 2025년 상반기 외국인 철도 이용객은 총 284만명이다. 전년 동기 대비 13.3%, 2년 전인 2023년과 비교하면 98.8% 늘어났다. 2025년 상반기 전체 방한 관광객이 약 800만명으로 추산되는데, 전체 3명 중 1명 이상이 KTX나 SRT 같은 고속 철도를 이용했다는 얘기다.

방한 외국인 국적마다 주로 방문하는 지방 지역이 조금씩 다르다. 중국인 관광객은 상대적으로 제주도를 많이 찾는다. 중국인 최다 방문 행정동 '톱20' 중 6곳이 제주에 위치한다. 제주시 연동(58만명)이 인천공항·홍대·명동에 이어 전체 4위를 차지했고 애월읍과 노형동도 각각 11위와 12위에 위치했다.

미국인은 여타 국적 관광객에 비해 가족 방문 수요가 많은 것으로 나타났다. 산업단지가 위치한 울산과 전남 광양, 미군기지가 있는 경기 평택 방문이 잦았다. 방문 지역 상위 20곳 중 평택 소재지가 3곳, 울산 소재지가 4곳이나 됐다.

유럽 국적 관광객은 유독 다양한 지역으로 방문이 퍼지는 경향이 두드러졌다. 전년 대비 방문객 수가 가장 많이 늘어난 지역을 추려본 결과, 부산·울산·대구·전북·전남 등 골고루 분포됐다. 전북 군산, 경남 창원, 부산 가덕도, 충북 청주, 전남 신안 등이다. 주시태 실장은 "유럽 관광객은 역사·문화 자원이 많은 전통 상권과 다양한 자연 경관을 즐길 수 있는 생태 상권에 대한 관심이 높다"며 "특수 목적형 방문이 많은 만큼 지방일수록 유럽인 관광 유치 노력이 더 효과적일 수 있다"고 설명했다.

결제 데이터에서도 외국인 지방 사랑이 포착된다. 제주시 연동이 전체 9위(1873억원)에 위치한 데 이어 부산 서면(부전동)과 해운대(우동) 역시 전년 대비 결제액이 각각 570억원, 470억원 늘었다. 대구 동인동도 같은 기간 497억원 증가했다. 부산·대구 등 주요 광역시 핵심 상권을 찾는 외국인과 소비액이 크게 늘어나는 중이다. 부산은 일본인, 대구는 유럽인 관광객 중심으로 카드 결제가 증가했다.

특히 부산은 의료 관광 수요 급증이 두드러진다. 글로벌텍스프리에 따르면 2025년 상반기 부산 부산진구 의료용역 총 판매액은 183억원, 판매 건수는 1만7600여 건에 달했다. 전년(24억원 약 3000건)과 비교하면 액수는 8배, 건수는 6배 가까이 늘어난 수치다. 2025년 상반기 부산진구 총 판매액 절반 이상이 의료용역이다.

5. 돈 쓰는 곳은 '강남 성형외과'

-의료관광 급증…신사·서초·역삼 순

외국인 관광객 방문이 많은 건 강북이지만, 정작 지갑은 '강남'에서 열리는 모습이다. 국내 전체 행정동 방문 중 강남 지역 소재지는 상위 10위권에 한 곳도 포함되지 않은 반면, 최다 결제 지역은 톱10 중 4곳이 강남이다. 백화점·종합 쇼핑몰 등 쇼핑시설은 물론 성형외과·피부과 등 대형 의료시설이 집중돼 있는 덕분이다.

전년 대비 외국인 카드 결제가 가장 많이 늘어난 행정동은 인천공항이 위치한 인천 운서동이다. 이를 바짝 쫓고 있는 게 2위 강남구 신사동이다. 전년 대비 결제가 105억원 증가했다. 이어 서초구 서초동이 4위(99억원), 강남구 역삼동(67억원)과 삼성동(65억원)이 각각 7·8위에 올랐다. 논현동(13위, 47억원), 청담동(16위, 36억원)도 상위권이다.

강남 지역 결제 증가를 견인한 건 뭐니 뭐니 해도 '의료 쇼핑' 수요다. 글로벌텍스프리에 따르면 강남 상권 의료용역 총 판매액은 2024년 상반기 1797억원에서 2025년 2782억원까지 늘었다. 판매 건수는 16만건에서 19만5000건까지 증가했다. 절대 판매 건수가 늘어난 것은 물론, 건당 더 비싼 의료 시술을 많이 받았다. 같은 기간 백화점(476억원→614억원), 의류·잡화(351억원→497억원), 화장품(179억원→203억원) 결제도 늘었지만 의료용역에 비하면 그 증가폭이 작다.

서초와 압구정·청담도 비슷한 양상이다. 서초 의료용역 판매액은 86억원에서 150억원으로, 압구정·청담은 53억원에서 94억원으로, 각각 2배 가까이 증가했다. 절대 액수와 증가폭 모두, 의료용역

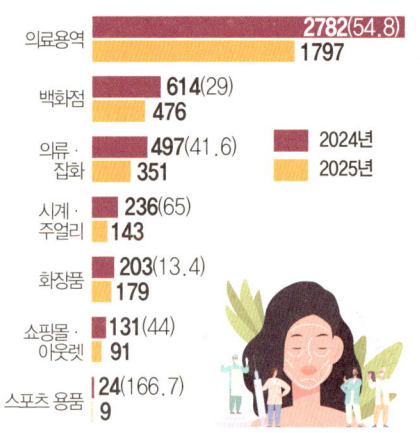

외국인 강남 소비, 의료관광 압도적
〈단위:억원, %〉

항목	2024년	2025년
의료용역	2782(54.8)	1797
백화점	614(29)	476
의류·잡화	497(41.6)	351
시계·주얼리	236(65)	143
화장품	203(13.4)	179
쇼핑몰·아웃렛	131(44)	91
스포츠 용품	24(166.7)	9

자료 : 글로벌텍스프리

이 전체 업종 중 가장 크다.

강남을 제외한 여타 지역은 상황이 좀 다르다. 명동은 화장품, 백화점 판매액 비중이 전체 80%에 육박할 만큼 압도적으로 많고 홍대와 인사동은 화장품, 동대문은 쇼핑몰 아웃렛과 의류 잡화가 최상위권이다.

한국에 들어오는 외국인 의료 수요자는 보통 피부과와 성형외과를 찾는다. 보건복지부에 따르면 2024년 한국을 찾은 외국인 환자 중 피부과 진료를 받은 이는 약 70만5000명으로 전체 56.6%, 성형외과는 14만2000명(11.4%)이다. 일본인이 전체 37.7%로 가장 많았고 중국(22.3%)

미국(8.7%) 대만(7.1%) 태국(3.3%) 순이다. 2025년 하반기 정부가 추진 중인 중국인 무비자 입국이 허용될 경우 의료 수요는 더욱 늘어날 수 있다는 전망이다. 다만 의료 서비스 결제 비중이 높다는 건 상권 전체 활성화 차원에서 봤을 때 좋은 신호는 아니다. 시술이나 치료를 받은 관광객은 음주·유흥 등 2차 소비로 이어질 확률이 아무래도 적다. 이들이 지닌 또 한 가지 특성은 숙소 근처에서 멀리 움직이지 않는다는 점. 호텔이나 숙소 밀집 지역이라면 외국인 의료관광 방문객을 노린 건강한 식사나 감성 디저트 판매가 새로운 매출처가 될 수 있다. 또 미용 시술 방문객 사이에서 관심이 높은 패션·뷰티 잡화 판매도 유리할 수 있다.

2026년은 매장 이전 황금기 '공실 대란'에 옮겨라

김민성

김앤최 취업&창업연구소 대표

편의점(CU, 이마트24), 외식(한솥), 식품제조(빙그레), 통신(SKT PS&M) 업계에서 약 17년간 근무한 경험을 바탕으로 창업 및 프랜차이즈 취업 컨설팅, 프랜차이즈 기업 강의 등을 하고 있다. 또한 인천에서 영업 중인 리자매 쌀베이커리 운영 총괄도 겸하고 있다.

필자는 5년 전 인천 아파트 단지 뒤편 이면도로에서 작은 쌀베이커리 매장을 창업했다. 초기에는 '주거 밀집지역이라 단골만 잘 만들면 된다'는 생각으로 운영했다. 하나둘 단골이 생기며 매출도 안정적으로 유지됐다. 그러나 시간이 지날수록 한계가 보였다. 아파트와 빌라로 이루어진 전형적인 주거 상권이다 보니 유동인구가 제한적이었다. 특히 평일 낮에는 매장에 고객이 적었고, 날씨가 안 좋아 판매가 부진한 날은 저녁에 빵을 대량 폐기하는 경우도 종종 있었다.

그때부터 막연히 생각했다. '더 좋은 위치에 있으면 고객들에게 이미 인정받은 이 빵들로 승부를 볼 수 있지 않을까.' 물론 걱정도 컸다. 좋은 상권으로 옮기면 월세가 몇 배로 오를 텐데, 임대료 부담이 커져도 과연 우리 가족이 버틸 수 있을까. 베이커리 특성상 매출이 올라가도 인건비와 재료비 증가로 영업이익이 크게 늘지 않으면 의미가 없기 때문에 고민이 더 깊어졌다.

기존 매장과 현재 매장 위치.

자료: 필자 제공

그러던 중 기회가 찾아왔다. 평소 주시하던 매장이 공실로 나왔다는 연락을 받았다. 지하철역과 백화점에서 대단지 주거지 쪽으로 향하는 거리의 횡단보도 앞이다. 원래도 매물로 나와 있던 자리인 건 알았지만 권리금이 3000만원이라 지켜보자는 입장이었다. 그 매장이 무권리 공실로 나왔다는 소식에 한달음에 뛰어갔다.

해당 입지는 과거 대형 프랜차이즈 베이커리와 편의점이 십수 년간 영업했던 자리라 상권 검증도 끝난 매장이었다. 단, 대폭 상승하는 임차 조건이 마음에 걸렸다. 보증금은 10배, 월세는 지하창고 별도

임차 포함 시 4배나 오르는 상황이었다. '부담이 너무 크지 않을까' '예전 대형 프랜차이즈 베이커리도 망하고 나갔는데 내 개인 베이커리가 통할까' 수많은 고민이 스쳤지만 결론은 빨리 내렸다. '이건 타이밍이다. 망설이면 다른 누군가가 잡는다.'

기존 매장 정리는 '시간 싸움'

기존 매장 임대차계약은 3개월 남아 있었다. 권리금이라도 일부 회수하려면 양수자를 찾아야 했다. 다행히 이전할 매장 임대인에게 양해를 구해 2개월 시간을 벌 수 있었다. 기존 매장은 설비와 인테

기존 매장(위쪽).

리어가 잘돼 있어 디저트 가게를 준비하던 예비 창업자가 관심을 보였다. 몇 차례 협의 끝에 권리금 일부를 받고 양도에 성공해 철거비 부담도 덜 수 있었다.

신규 매장은 기존과는 완전히 다르게 과감한 리뉴얼을 실행해 세련된 이미지로 탈바꿈시켰다. 인테리어를 개방형으로 디자인해 외부 노출도를 강화했다. 오픈 4주 전부터 SNS, 블로그, 기존 회원 문자 발송 등 모든 채널을 활용해 이전한다는 사실을 알리고 이벤트를 홍보했다. 일정

금액 이상 구매 시 상품권 증정, 네이버 플레이스 알림 설정 시 할인쿠폰 제공, 리뷰 이벤트 참여 시 사은품 증정, 생일 해당 월 할인쿠폰 제공 등 다양한 프로모션으로 고객 유입을 극대화했다.

매장 이전 후 매출 3배, 영업이익 '급등'

이전 첫 달부터 매출 상승이 시작됐다. 신규 고객 유입이 폭발한 데다 기존 단골도 옮긴 매장까지 찾아와줬다. 3개월 만에 일 매출은 기존 2배, 만 3년이 지난 지

이전한 매장

금은 일 매출이 3배 이상까지 성장했다. 고정비용이 늘긴 했지만, 이익 증가폭이 이를 상회하며 성공적인 사례를 완성하게 됐다.

매장 이전이 아니었다면 기존 상권에서 이 정도 성장은 불가능했다. 매장 이전은 단순한 장소 변경이 아니라 사업의 판을 완전히 바꾼 결정적 계기가 됐다.

'공실의 시대' 지금이 매장 이전 황금기

요즘 상권을 둘러보면 쉽게 발견할 수 있는 것이 있다. 바로 '빈 점포'다. 몇 년 전만 해도 인기 상권 한복판의 공실은 보기 힘들었다. 작은 카페나 식당 자리조차 권리금을 수억 원씩 내며 줄 서서 들어가던 시절이 있었으니 말이다.

지금은 상황이 완전히 달라졌다. 경기침체, 금리 상승, 소비심리 위축 등 여러 요인이 겹치며 자영업 폐업이 속출하고 있다. 그 결과 번화가부터 골목상권까지 공실이 줄줄이 나온다. 특히 주요 상권 대형 프랜차이즈 매장조차 철수하는 사례가 늘고 있다.

이런 때야말로 새로운 기회를 잡을 수 있는 타이밍이다. 기존에는 상상할 수 없었던 조건으로도 매장에 입점할 수 있다. 예를 들어 예전에는 억대 권리금이 붙었던 자리가 지금은 권리금 없이 나오거나, 오히려 임대인이 인테리어 비용 일부를 지원해주는 경우도 있다.

과거라면 월세 부담 때문에 포기했을 매장도 이제는 협상을 통해 합리적인 수준까지 낮출 수 있다. 즉, 유례없는 공실 대란은 현명한 자영업자에게는 오히려 성장의 기회가 될 수 있다.

매장 이전 타이밍이 중요한 이유

상권은 생물이다. 공실이 늘어나는 시점에는 일부 자영업자들이 철수하지만 동시에 새로운 자영업자들이 들어오며 상권이 리프레시되기도 한다. 이때 적합한 업종과 콘셉트로 들어간다면 빠른 속도로 자리 잡을 수 있다.

또한 정부나 지자체 임대료 지원, 창업자금 대출 우대 등 다양한 정책도 쏟아진다. 이런 지원을 적절히 활용하면 초기 부담을 크게 낮출 수 있다. 결국 2026년은 매장 이전 비용 부담은 작고, 성장 가능성은 높은 최적의 타이밍이다.

성공적인 매장 이전을 위한 5가지 팁

1. 사전에 철저한 준비는 필수

매장 이전을 준비할 때는 철저한 사전 전략이 필요하다.

우선 매장 이전 목적과 방향성을 명확히 해야 한다. 본인 매장을 정확히 진단한 후, 부족한 단점을 보완해줄 수 있는 매장은 어떤 곳일지를 정해야 한다.

예를 들면, 동일 상권 내에서 노출도나 가시성이 더 좋은 자리로 옮길 것인지, 아예 다른 상권으로 이동할 것인지, 혹은 동일 상권에서 2배 이상 넓은 면적으로 확장할 것인지 1순위, 2순위, 3순위를 정해두는 것이 중요하다. 목표의 우선순위가 정해지면 필요한 것이 바로 '상권 분석'이다. 대부분 자영업자는 유동인구 숫자에만 집중한다. 상권을 분석할 때 정작 중요한 것은 단순 유동인구가 아니라 '우리 업종에 맞는 유동인구'다.

예를 들어 베이커리라면 오전·오후 시간대 직장인 유동보다 주말과 저녁의 가족 단위 유동이 더 중요할 수 있다. 카페라면 반대로 직장인 밀집지역이 유리하다. 시간대별·요일별 유동 패턴, 인근 동종 업종의 매출 추정치, 건물 내외 유동인구 동선까지 분석해야 한다.

1·2·3순위 목표가 설정되면 해당 상권의 주요 부동산 중개업소를 직접 찾아간

다. 이때는 본인이 원하는 구체적인 매장 조건을 전달하는 것이 핵심이다. "좋은 매장 나오면 연락 주세요"와 같이 추상적으로 말하면 거의 연락 올 일이 없거나 아니면 허접한 매물만 추천해줄 가능성이 크다. 대신 '지하철역 출입구 라인에서 50m 이상 벗어나지 않은 위치, 전면 최소 7m 이상, 전용면적 30평 이상'처럼 원하는 조건을 명확히 알려주면 중개인 입장에서도 의뢰한 사람 니즈를 정확히 알고 메모를 해놓는다. 그리고 추후 유사 조건 매장이 나오면 가장 먼저 전화를 할 가능성이 높다.

또한, 주요 경쟁 매장 위치와 특징도 함께 조사한다. 동일 업종 매장이 많다면 피하는 것이 좋고, 시너지 효과를 기대할 수 있는 업종과의 거리를 고려해 후보지를 좁혀간다.

마지막으로, 본인이 원하는 매물을 구하는 것은 단기전이 아니라 장기전이라는 생각으로 접근해야 한다. 마음에 드는 자리가 바로 나올 가능성은 높지 않다. 그렇더라도 포기하지 않고, 좋은 매물이 나올 때까지 꾸준히 발품을 팔아야 한다. 항상 준비가 돼 있어야 기회가 왔을 때 망설임 없이 바로 이전을 결정할 수 있다. 10년 이상 운영할 멋진 매장을 구하는데 그 정도 시간은 충분히 투자할 가치가 있지 않을까.

2. 계약 협상 과정에서 얻을 수 있는 것은 모두 얻어야 한다

좋은 상권에서 살아남으려면 매출보다 중요한 요소가 비용 구조다. 특히 임대료와 관리비, 권리금은 장기적으로 큰 영향을 준다. 공실이 많을수록 임대인은 협상에서 유연해진다.

기존 매장 양도가 필요한 만큼 계약은 먼저 하되, 명도일은 최대한 늦추도록 임대인 또는 양도인과 협의한다. 3개월 정도를 주장하고, 도저히 일정이 안 맞는다면 단기임대(깔세) 업체에 문의해 입점 가능 여부를 확인한다. 가능하다고 하면 공백 기간에 단기 임대를 해서 임대인이 손해 보는 일이 없도록 유도한다(참고로 단기 임대 매장 임대료는 기존 임대료의 1.2~1.5배 수준으로 책정하면 적정하다. 관리비는 별도).

공사 기간은 대략 4주. 오픈 후 안정화 시점까지 양해를 구해 렌트프리(임대료 무상 기간)를 최대한 받아내야 한다. 통상 공사 기간 정도는 렌트프리를 해주는데, 오픈이 안정화되는 기간까지 해주는 임대인은 드물다. 그래서 최초 협의 시점부터 강하게 이 부분을 강조해 약 2개월(공사 기간 1개월+오픈 안정화 기간 1개월)

의 렌트프리를 받아낸다면 성공했다고 볼 수 있다.

최초 임대차계약 시 임차 기간은 평균 2~3년으로 정하는데, 이때 협상 꿀팁이 있다. 만약 임대인이 주변 시세와 전 임차인 월세 등을 고려해 기간 3년, 월세 300만원을 주장한다면 일단 250만원을 먼저 외쳐본다. 당연히 평행선을 달릴 가능성이 큰데 결국 합의점을 찾아야 하기 때문에 270만~280만원 선에서 최종 합의를 본다면 나쁘지 않은 결과다.

임대인이 강경한 성향이라 절대 양보를 하지 않는다면 마지막 히든카드로 '단계적 인상'을 주장해본다. 예를 들어 임대인에게 "원하시는 금액이 월 300만원인데 처음부터 맞춰드리는 건 너무 부담스럽네요. 3년 계약으로 하되, 최초 1년은 250만원으로 해주시면 안 될까요? 2년 차부터는 사장님이 원하시는 금액으로 드리겠습니다"라고 제안해보자. 필자의 오랜 경험상 이런 식으로 말하면 임대인 입장에서는 어찌 됐든 자신이 원하는 월세를 받을 수 있으니 쿨하게 받아들이는 경우가 꽤 있다.

임대차계약이 끝나고 나서야 임대인에게 이런저런 요구를 하면 서로 간에 분쟁이 생길 수 있다. 그래서 우리 매장과 연관이 있는 건물 내 시설과 관련해 보수가 필요하거나 미비한 부분이 있다면 임대차계약을 하면서 특약에 반드시 넣어야 한다. 건물 공동화장실 변기 수리, 건물 입구 우리 매장 진입하는 곳 발판 설치 등을 예로 들 수 있다.

임대차계약 시에는 이런 조건을 반드시 검토·요구하고 명문화해야 한다. 서류로 명확히 남기지 않으면 추후 분쟁의 소지가 된다. 계약 단계에서 중개인이나 법률 전문가를 통해 계약서를 검토하는 것도 중요하다.

3. 기존 매장 양도 전략을 세워라

기존 매장을 잘 처분해야 이전 비용 부담을 줄일 수 있다. 계약 종료까지 시간이 남았다면 양수인을 찾아 권리금의 일부라도 회수하는 것이 좋다. 이때 처음 주고 들어간 권리금을 생각하고, 투자한 인테리어 비용을 생각하다 결국 양수인을 못 구하고 원상복구까지 해줘야 하는 상황이 발생한다. 완벽한 타이밍에 원하는 금액을 받는다는 건 현실적으로 어렵기 때문에 권리금 최소 가이드라인을 미리 정해놓고 해당 범위에 근접하면 바로 양수도계약을 하는 것이 현명하다. 양수인이 구해지지 않는 최악의 상황까지 감안해 원상복구 비용까지 계산해둬야 한다. 정리하는 매장이 아닌 새롭게 시작을 할

매일매일 이전 매장 오픈에 대한 적극 홍보.

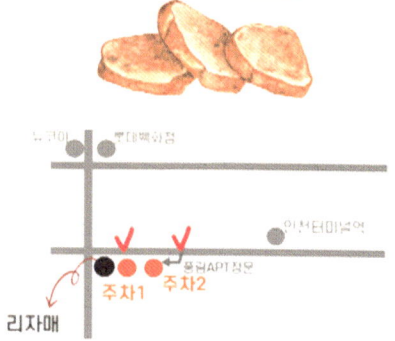

매장이 중요하기 때문에 정리하는 매장에서의 욕심은 최대한 내려놓고 가장 빠른 시일 내에 정리하는 데 업무의 포커스를 맞추길 바란다.

4. 오픈 마케팅에 전력투구하라

매장 이전 후 첫 3개월은 신규 고객 유입을 폭발적으로 늘릴 수 있는 황금기다. 이 시기에는 공격적인 마케팅이 필수다. 여기서 중요한 점이 있다. 오픈 일자가 1월 1일이라고 해서 '1월 1일 땡!' 하면서

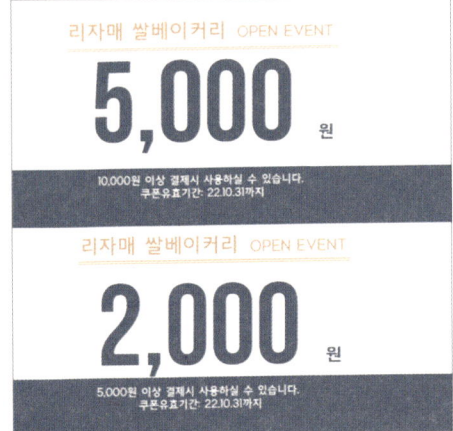

재방문 유도 이벤트.

자료: 필자 제공

마케팅을 시작해서는 안 된다. 오픈 마케팅은 공사가 시작될 때부터 적극적으로 해야 한다. 블로그나 인스타그램 등을 통해 'D-4' 'D-3' 이런 식으로 매일 오픈 진행 상황과 함께 매장 이전 오픈 정보(주차, 영업 시간, 시그니처 제품 설명 등)를 적극적으로 알린다.

- 이전 기념 오픈 이벤트로
  상품권, 할인, 사은품 제공
- SNS 인증 이벤트로 온라인 바이럴 확산
- 로컬 커뮤니티(맘카페, 빵 관련 카페 등)
  적극 활용
- 유동인구 많은 시간대 매장 앞 시식행사
  진행

이벤트는 최소 2~4주간 이어가는 것이 효과적이다. 이 기간 동안 신규 고객을 단골로 전환시키는 전략을 함께 세워야 한다. 그래서 이벤트를 할 때는 재방문을 유도하는 행사를 기획하는 것이 좋다. 예를 들면 '1만원 이상 구매 시 2000원 상품권 증정' 행사를 하면, 고객은 되도록 금액을 맞춰서 상품권을 받으려고 한다. 상품권을 받은 후 대부분 고객은 그 상품권을 사용하기 위해 재방문한다. 상품권 유효기간 역시 길게 잡지 말고, 2~3주 내로 설정한다. 그렇게 되면 해당 고객은 길지 않은 시간 동안 최소 2번은 방문하게 되고, 자연스레 단골고객으로 이어질 가능성이 커진다. 단, 제품과 매장에 대한 만족도가 높다는 전제 아래 얘기다.

5. 이전 후 최소 3개월간 매출, 고객 데이터 분석

이전했다고 모든 게 끝나는 건 아니다. 이전 후 최소 3개월은 매출 패턴을 면밀히 관찰하고 즉각적으로 대응하는 시기다.

ㅇ 연령대별 매출 분석

ㅇ 시간대별 매출 데이터 분석(객수, 객단가 등)

ㅇ 신규 고객 재방문율 체크

ㅇ 단골 고객 이탈 여부 모니터링

ㅇ 필요시 메뉴 구성 및 가격 전략 수정

매출이 오픈 후 1개월 지난 시점부터 지속 하락한다면 문제점을 빠르게 도출하기 위해 데이터 분석을 해봐야 한다. 예를 들어 주 타깃으로 생각했던 40 · 50대 비중보다 20 · 30대 비중이 높다면, 주 타깃을 재설정하는 작업이 필요하다. MZ가 많이 방문하는 지역의 핫플레이스에서 어떤 종류 메뉴가 유행이고, 인스타그램이나 배달의민족에서 20 · 30대가 가장 꽂혀 있는 음식이 어떠한 것이 있는지

를 분석해보는 식이다. 또한 시간대별 매출 데이터를 토대로 인력 세팅, 적정 재고, 메뉴 등을 재정립할 필요가 있다. 초기에 부족한 부분이 있음에도 파악이 늦고 대처도 미흡하다면 고객 외면을 피할 수 없다.

아무것도 하지 않으면 아무 일도 일어나지 않는다.

많은 자영업자가 비용 부담, 매출 상승에 대한 확신 부족 등의 사유로 매장 이전을 두려워한다. 하지만 공실이 넘치기 시작했고, 임대인 협상력이 떨어진 지금이야말로 최적의 기회다. 내 제품에 대한 확신이 있고 상권 분석부터 계약, 오픈 전략까지 준비만 철저히 한다면 매장 이전은 단순한 탈출구가 아니라 자영업 성공 스토리의 시작이 될 수도 있다.

③핫플 상권

핫플의 역설 '타깃을 좁혀라'
모두를 노리면 아무도 안 온다

최성민
벗붕 대표

인플루언서로 시작해 서울 문래동에서 5개 직영 매장을 모두 성공적으로 운영 중. 현재 느루집이라는 브랜드의 가맹사업을
진행하고 있으며 블루리본 서베이 자문위원으로 활동하고 성장하는 사장님 모임을 운영하는 등 외식업 전반의 저변 확대
를 위해 앞장서고 있다.

서울 문래동에서 외식업을 시작하기 전부터 누군가 필자에게 '문래동 대통령'이라는 별명을 붙여줬다. 블로그와 인스타그램을 통해 오랜 시간 이 동네 상권이 자라나는 과정을 기록하다 보니, 어느새 문래동에서만 5개 브랜드를 운영하게 됐다.

"거기 엄청난 핫플이잖아요?"
"문래동 방송에도 많이 나오던데요?"
"지난 주말에 다녀왔는데 줄 안 서면 못 먹더라고요."

문래동에서 장사한다고 하면 사람 반응은 대개 비슷하다. 그만큼 이 동네는 지금 '핫플'로 통한다. 아직도 성업 중인 철공소 사이사이 감각적인 매장들이 들어서 있고, '창작촌'이라는 이름처럼 예술적 감성이 섞인 거리엔 볕 좋은 날이면 카메라를 든 사람들이 골목을 누비기 바쁘다.

2010년대 초, 홍대 젠트리피케이션을 피해 이곳으로 모인 예술가들이 문래동 거리에 색채를 더하기 시작했다. 이후 경쟁

문래동 사진.

력 있는 식음료(F&B) 매장이 하나둘 들어서며 외식 상권도 성장했고, 2020년 무렵 본격적으로 '문래 포텐'이 터지며 MZ세대 성지로 떠올랐다.

하지만 모두가 간과한 사실이 있다. '급하게 타오르는 불꽃은 빠르게 식기도 쉽다는 것'. 핫플은 '착시'다. 줄 선다고 다 잘되는 건 아니다. 외부에서 보기엔 잘되는 상권처럼 보이지만 내부에선 매물이 쏟아지고, 아이템은 중복되고, 수익 구조가 무너지는 일이 비일비재하다. 상권은 겉이 아니라 구조를 봐야 한다.

상권에도 수명이 있다

모든 상권은 흥망성쇠 사이클을 반복한다. 한때 뜨겁게 타오르던 상권이 순식간에 식어버리는 건 드문 일이 아니다. 사람이 늘 모이던 거리, 언제나 북적대던 동네에서 어느 날 갑자기 사람이 썰물처럼 빠져나가는 이유는 명확하다. 상권에도 생애주기가 있기 때문이다. 모든 것에 수명이 있듯, 상권도 예외는 아니다.

2000년대 후반까지 사람들로 넘쳐나던 이대·신촌, 2010년대 중반까지 MZ세대 성지였던 가로수길. 지금은 어떤가. 대한민국에 사는 누구라도 알 것이다. 그곳은 이제 '한때의 추억'으로 남아 있다는 걸. 젠트리피케이션, 소비 패턴 변화, 때론 팬데믹 한 방으로 상권은 무너진다. '핫'했던 만큼, 무너질 때도 순식간이다.

핫플에 진입하기 전, 반드시 물어야 할 질문이 있다.

"이 상권, 지금 몇 살쯤일까?"

"이 동네, 이제 내리막일 수도 있지 않을까?"

진입 시점을 냉정하게 판단해야 한다. '지금 잘나간다'는 건 대부분 과거 데이터를 의미한다. 내가 들어가고 나서 3년, 5년 후가 더 중요하다.

상권 수명이 다했을 땐 몇 가지 신호가 나타난다.

첫째, 공실이 늘어난다. 길거리를 걸으면 '임대' 딱지가 여기저기 붙어 있다. 문래동도 한때는 창업할 매물을 구하지 못해 부동산에 대기자 리스트를 올려놓던 시절이 있었다. 하지만 지금은 공급이 수요를 앞지르기 시작했다. 다행히 임대료는 안정됐지만, 더 이상 밝은 미래만을 장담할 순 없다.

둘째, 아이템이 몰리기 시작한다. 하나의 거리, 하나의 메뉴. 익숙한 그림이다. 생선구이 골목, 양꼬치 골목처럼 특정 메뉴가 거리를 점령하는 경우다. 하지만 이런 특화 거리는 수십 년에 걸쳐 자연스럽게 형성된 경우가 대부분이다.

요즘은 다르다. 짧은 시간 안에 비슷한 아이템이 쏟아지면 그건 시장의 '포화' 혹은 '모방' 신호다. 고객은 '처음'엔 반응하지만, 똑같은 메뉴가 반복되면 빠르게 지루함을 느낀다. 그리고 지루한 핫플엔 더 이상 사람이 오지 않는다.

셋째, 고객층이 떠난다. 그런데도 눈치를 못 챈다. 가게는 여전히 문을 열고 있고, 사람도 제법 드나드는 것 같지만 매출은 뚝뚝 떨어지고 있다면? 이건 고객이 바뀌었거나, 떠났거나, 혹은 둘 다라는 뜻이다. 핫플의 가장 무서운 점은 '트렌드를 좇는 고객'이 몰려들다 어느 순간 완전히 다른 인파로 바뀐다는 데 있다.

어제까지도 예쁜 옷 입은 커플과 카메라 든 MZ들이 찾던 동네에 이제는 '저렴한 음식을 빨리 먹고 가는 사람'만 남았다면 그건 이미 1차 고객이 이탈한 신호다. 핫한 동네에 들어온 카페나 베이커리들이 초반 6개월은 '줄 서는 집'이었다가 1년 안에 폐업하는 가장 큰 이유도 이것이다. 상권의 생명줄은 고객 구성 변화다. 겉보기에만 '북적이면' 위험하다. 누가 오느냐가 매출을 좌우한다.

'발품'과 '목적'이 만드는 명당

장사를 좀 해본 사람들에게 "어디가 좋은 자리인가요?"라고 물어보면 대부분 이렇게 말한다.

"대로변요. 유동인구가 많고 잘 보여야죠." 맞는 말이다. 유동인구가 많으면 확률적으로 더 많은 손님이 매장에 들어올 가능성도 높다. 특히 신규 고객 유입을 기대하는 업장이라면 '눈에 잘 띄는 자리'는 여전히 매력적이다.

하지만 진짜 장사를 해본 사람은 안다. 눈에 보이는 입지보다 중요한 건, 사람들이 왜 그 자리에 오는가다. 결국 목적 없는 유동인구는 매출이 되지 않는다.

필자가 장사하는 문래동이 대표적인 예

계옥정.

다. 문래에 오는 사람들은 '문래동 전체'가 목적지가 아니라 골목 구석구석, 사진 찍기 좋은 공간, 숨은 식당, 즉 '목적지에 도달하기 위한 여정'을 즐기러 오는 사람들이다. 대로변은 그저 통로에 불과하다. 고객의 진짜 관심은 안쪽 골목에 있다. 그래서 문래에선 대로변보다 골목 안 매장이 더 성공할 확률이 높다. 단, 그 골목에 있는 매장이 고객 '목적'을 만족시키는 곳이라는 조건이 충족된다는 가정 아래서다.

요즘 소비자는 '발견하는 즐거움'을 찾는다. 카페 하나를 가더라도 인스타그램에서 먼저 보고 찾아간다. 그들이 원하는 건 단순히 식사나 음료가 아니라 '특정 장소에 가야만 경험할 수 있는 무드'다.

이런 상황에선 '무조건 잘 보이는 매장'보다 고객이 찾아서라도 가고 싶게 만드는 매장이 더 힘이 세다. 좋은 입지는 골목이냐 대로냐의 문제가 아니다. '이 상권의 고객은 무엇을 하러 여기에 오는가'. 이 질문이 핵심이다. 결국 입지도 아이템도 '목적성'이 기준이 돼야 한다.

문래 창작촌에서는 삼겹살집이 유독 잘 안 된다. 왜냐하면 삼겹살이 맛이 없어서가 아니라 이 동네의 방문 목적에 어울리지 않기 때문이다. 데이트 목적으로 오는 커플, 사진을 찍고 골목 안 카페에 가는 감성 소비자에게 삼겹살은 냄새 나고, 번거롭고, 부담스럽다.

그래서 필자는 문래동에서 운영하는 고 깃집 세 곳 모두 90% 이상 주방에서 미리 조리하는 방식을 택했다. 냄새를 줄이고, 깔끔하게 먹고 갈 수 있게 만들었다. 매장을 고기를 굽는 게 아니라, 경험을 즐기는 구조로 바꾼 것이다.

페르소나 설정이 곧 매출이다

장사를 시작하면 누구나 이런 생각을 한다. "우리 가게는 남녀노소 누구나 좋아하는 곳이었으면 좋겠다."

실제로 손잡고 찾아오는 삼대 가족, 젊은 커플, 동네 어르신이 뒤섞여 있는 가게는 겉으론 정말 성공한 브랜드처럼 보인다. 하지만 기본적인 배후 수요가 약한 상권에서 이런 꿈은 현실적으로 불가능에 가깝다. 특히 문래동처럼 핫플 감성과 이동소비가 주가 되는 상권이라면 더더욱 타깃 고객을 명확하게 설정하지 않으면 살

아남기 어렵다. 이때 타깃 고객 기준은 단순히 연령대일 수도 있고, 성별일 수도 있지만 더 깊게 들어가면 직업군, 소득수준, 결혼 여부, 자녀 유무 등을 두고 더 깊게 설정할 수 있다.

문래동에서 필자는 숯불닭갈비, 소곱창, 돼지갈비 이렇게 세 개의 고깃집을 연달아 열었다. 세 매장은 한 골목에, 바로 옆에 붙어 있다. 대부분 외식업자라면 말릴 일이다. '나눠 먹기' 때문에 매출이 분산될 거라고.

하지만 결과는 반대였다. 페르소나를 다르게 잡고, 매장 전략을 분리했더니 세곳의 평균 매출이 오히려 더 올라갔다. 우선 숯불닭갈비를 판매하는 계옥정의 페르소나는 30대 초반 직장인 여성이다. 커플이 데이트를 오든, 친구들과의 모임이 있든 우리 매장 핵심 타깃은 30대 초반 여성이다. 인테리어부터 BGM, 조명조도와 브랜드 컬러감, 메뉴 구성과 맛의 방향성, 주류 구성까지 철저하게 해당 고객층이 좋아하게끔 세팅돼 있다.

그리고 고깃집 느낌이 최대한 들지 않도록 노력했다. 공간 효율성을 포기하는 대신 라운지바 콘셉트의 반원 모양 소파 테이블을 둔 것도, 바리솔 조명을 통해 시시각각 조명 컬러를 바꿔가고, 색감이 좋은 칵테일(하이볼)을 메인 주류로 미는

월화갈비.

것도 모두 같은 이유다. 이들이 원하는
것은 '예쁘게, 편하게, 덜 번거롭게'이기
때문이다.

담양식 돼지갈비를 파는 월화갈비 페르
소나는 30대 후반 남성이다. 계옥정이 인
테리어 콘셉트부터 여성적인 요소를 많

이 가미했다면 월화갈비는 전체적으로
블랙톤을 사용해 선이 굵고 단단한 인상
을 주게끔 연출했다. VMD도 철공소 기
계부품을 활용해 기계에 관심이 많은 남
성 고객 시선을 사로잡고자 했고, 음악도
보다 강력한 비트의 외국 힙합음악이 흘

원조마늘곱창.　　　　　　　　　　　자료: 필자 제공

러나오게 해 이른바 젊은 아저씨들이 선호하는 느낌을 냈다.

일반적인 30대 후반 남성의 사회적 지위에 대해 생각해보자. 회사에서는 과장 정도 직급을 달고 결혼을 해 미취학 자녀가 있을 가능성도 꽤 크다. 결혼을 하지 않았더라도 친구들과 자주 고기에 맥주 한잔 곁들이는 걸 좋아할 것이고, 회사에선 회식 장소 선택에 꽤 큰 영향력을 발휘할 수 있는 위치다. 문래동이 배후 상권이 약하긴 하지만 문래동에서 회식을 하거나 가족(어린 자녀)과 외식을 하려는 수요는 분명 있다. 그리고 거기에 가장 부합하는 메뉴 중 하나가 바로 돼지갈비다. 마지막으로 원조마늘곱창 타깃층은 문래동의 원래 주인인 철공소 사장님들, 즉 60대 소공인이다. 문래동이 핫플로 떠오르며 오히려 이분들이 갈 곳을 잃었다. 조용히 소주 한잔하던 본인들의 아지트가 사라진 것. 문래동엔 아직도 크고 작은 철공소 수천 개가 남아 있다. 그래서 필자는 그들의 자리를 다시 만들어주기로 했다.

원조마늘곱창은 오래된 건물 흔적을 그대로 살려 시간의 누적감을 줬다. 이 덕분에 지금 원조마늘곱창에서는 저녁 피크시간 전에 철공소 사장님들이 소주 한잔을 기울이는 풍경을 자주 볼 수 있고 이는 매장의 매출 상승으로 이어졌다. 페르소나는 말뿐이 아니다. 여러 데이터로도 증명되는데, 세 매장 데이터로는 주종별 판매율을 예를 들어보고자 한다. 계옥정은 하이볼, 월화갈비는 맥주, 원조마늘곱창은 소주와 막걸리가 가장 많이 팔린다.

메뉴는 물론이고 음악, 조명, 테이블, 주류 구성까지 모든 것이 '누구를 위한 매장이냐'에 따라 완성된다. 타깃을 좁힌다고 시장이 좁아지는 게 아니다. 타깃을 좁히면 메시지가 선명해지고, 그들이 더 자주, 더 강하게 반응한다.

요약 포인트

- 모두를 만족시키려 하면 아무도 오지 않는다
- 핫플에선 더더욱 타깃을 좁혀야 살아남는다
- 페르소나는 '콘셉트'가 아니라 메뉴부터 조명까지 통합된 전략
- 같은 골목, 같은 메뉴라도 '누구를 위한 공간인가'에 따라 결과는 극명히 갈린다

문래동은 여전히 사람들이 찾는 동네다. 카메라를 든 사람들, SNS에서 핫하다는 가게, 주말이면 줄을 서는 풍경까지 여전하다.

하지만 필자는 안다. 겉으로 보이는 풍경만 보고 들어왔던 수많은 가게들이 얼마나 짧은 시간 안에 사라졌는지를. 이 동네에서 살아남은 가게들은 하나같이 '트렌드', '본질'을 먼저 본 곳이었다. 사람들이 왜 이곳에 오는지, 무엇을 불편해하는지, 무슨 메뉴에 반응하는지…. 그것을 읽은 가게만이 지금도 살아 있다.

'핫'하다고 해서 다 좋은 상권은 아니다. 사람이 몰린다고 모두 장사가 되는 것도 아니다. 진짜 중요한 건 '어떤 사람을 위해, 어떤 경험을 설계했는가'다.

필자가 배운 건 단 하나. '고객을 좁혀야 공간이 선명해지고, 목적을 알아야 입지가 보이고, 유행보다 오래가는 브랜드를 만들 수 있다.'

뜨거움은 식지만, 본질은 남는다. 그리고 그 본질을 지키는 가게만이, 다음 세대 핫플이 된다.

평범한 입지에도 줄 서는 가게들
위치의 한계를 '콘텐츠' 힘으로

이홍규
부자창업스쿨 대표

'상권 분석은 콘텐츠와 부동산의 조합'이라는 철학으로, 돈이 되는 입지를 만드는 실전형 상권 분석가. GS25, 공차, 버거킹 등에서 9년간 점포 개발 실무를 맡았고, 현재는 부자창업스쿨, 디스타트 공인중개사사무소를 운영하며 자영업자와 상가 투자자를 위한 맞춤형 컨설팅을 제공하고 상권 분석 강의를 진행 중이다. '알면 보이고 보이면 돈이 되는 상권의 비밀'(2022년), '돈 버는 상가, 망하는 상가'(2025년) 등의 저서가 있다.

"여기 상권이 안 좋아요. 사람들이 그냥 지나치기만 해요."

매출이 부진한 매장에서 자주 듣는 말 중 하나다. 그런데 이런 말을 들을 때마다 되묻고 싶다.

"그럼, 왜 거기서 장사를 하셨어요?"

다양한 대답이 나온다. "부동산이 추천하길래" "사람이 많아 보여서" "프랜차이즈도 몇 개 들어와 있길래" 등 각양각색이다. "권리금이 이 정도면 괜찮은 입지겠지" "유명 프랜차이즈 브랜드도 있는 거 보니 나도 되겠지" 이런 생각으로 선택하기도 한다. 하지만 그런 식으로 상권 분석을 하면 자영업 5년 생존율이 20%인 시대에 살아남기 어렵다.

상권 선택에서 가장 위험한 접근은 '남들이 좋다고 하니' 무턱대고 하는 것이다. 상권 분석은 부동산 관점에서 입지만 보면 안 된다. 내 가게, 즉 콘텐츠와 조합이 필수다. 좋은 상권이 높은 매출을 보장하

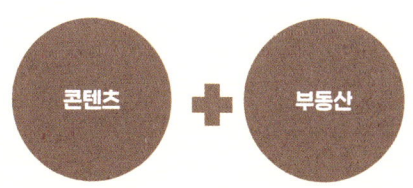

는 것이 아니라 상권과 브랜드의 적합도가 중요하다는 얘기다. 아무리 많은 사람이 지나다니는 골목이라도 내 브랜드와 적합하지 않으면 결코 매출로 이어지지 않는다. 상권 분석은 건물을 보는 것이 아니다. 그곳에서 생활하고 소비하는 고객에 대한 분석이자, 내 콘텐츠에 대한 자기 객관화가 더 우선이다.

상권 분석은 부동산 이야기가 아니다. 콘텐츠와 부동산의 조합이다.

상권 분석은 부동산보다
콘텐츠 전략이 더 중요

상권에 대해 우리가 무심코 믿고 있는 오해들이 있다. 그중 가장 흔한 것이 '사람이 많으면 된다'는 생각이다. 하지만 유동인구는 언제나 상대적이다. 상권의 좋고 나쁨은 단순히 부동산적인 관점으로만 평가할 수 없다. 실제로 많은 창업자가 '좋은 상권'을 찾는 데 혈안이 돼 있지

만, 실제로 중요한 것은 그 상권이 내 브랜드와 얼마나 잘 맞는가다. 어디서 장사를 해야 하는가는 절대평가가 아니라 매칭의 문제다. 좋은 상권을 찾는 것이 아니라, 내 콘텐츠에 적합한 상가를 찾는게 중요하다. 결국 그 자리에 맞는 브랜드 전략이 설계돼야 성공 가능성이 생긴다. 콘텐츠에 대한 방향성 정리 없이 부동산 매물을 찾는 것은 목적지를 정하지 않고 운전대를 잡는 것과 같다.

굳이 내 매장에 와야 할
이유가 무엇인가

부모님 생신을 맞이해 가족 외식을 간다면 가까운 곳을 갈까. 그렇지 않다. 더 좋은 곳이 있다면 차로 30분 이상 이동을 하더라도 그 매장을 방문한다. 특별한 날이나 의미 있는 모임, 데이트 등은 소비자가 거리보다 경험의 질을 우선시하는 경향이 있다. 이는 상권 분석에서 반드시 고려해야 할 중요한 소비자 행동 패턴이다.

이렇게 '의도된 목적 방문'을 만들 수 있는 매장이라면 사람들이 자주 다니지 않는 골목, 예를 들어 도로에서 몇 번씩 꺾어 들어가야 하는 곳, 유동인구가 거의 없는 곳, 역에서 거리가 멀어 접근성이 떨어지는 곳에서도 콘텐츠의 힘으로 부동산의 한계를 극복할 수 있다. 다음과 같은 매장이 이에 해당한다.

- 예약 손님 중심 고급 일식당
- 감성 콘텐츠가 명확한 디저트 카페
- SNS 입소문으로 '목적지화'된 수제 우동집

그런데 반대로 아무리 열심히 해도 '의도된 방문'이 잘 만들어지지 않는 콘텐츠도 있다.

- 한 끼 식사를 목적으로 방문하는 순댓국집
- 출근 전, 점심 후 카페인 충전을 위해 방문하는 카페
- 동네 지인들과 맥주 한잔 즐기려 방문하는 호프집

방문의 목적성이 강한 콘텐츠라면 상가 위치보다 콘텐츠의 매력도를 최대한으로 활용할 수 있는 공간적인 요소가 더 중요하다. 반대로 콘텐츠의 목적성을 만들기 어려운 업종이나 아이템은 결국 매장 인

근에 소비할 수 있는 충분한 배후세대가 있는지, 그들이 내 매장을 편하게 접근할 수 있는지 등 부동산적인 요소가 필수가 된다.

즉, 내 콘텐츠 아이덴티티가 어떤지에 따라서 바라봐야 하는 상권의 결이 달라진다. 이 때문에 상권 분석을 하기 전에 브랜드 아이덴티티를 먼저 정의 내리는 것이 필수다.

다음 지도를 보자. 만약 쌀국수 매장을 영등포구청 상권에서 오픈한다고 할 때 어떤 입지를 선택해야 할까.

1번 소상권은 주간 상권이고, 2번 소상권은 야간 상권이다. 쌀국수는 저녁보다는 점심 매출이 더 중요한 업종이기에 영등포구청역 대로변이 아니라면 되도록 1번 소상권의 메인 동선인 붉은색 라인에 최대한 근접한 입지를 찾는 것이 중요하다. 그런데 쌀국수라는 동일한 아이템이지만 다른 곳에서 찾을 수 없는 비주얼 메뉴나 시그니처 메뉴가 있거나, 공간에 대한 남다른 차별성이 있는 매장이라면 영등포구청의 메인 동선이 아닌, 벗어난 위치에서도 충분히 운영이 가능해진다.

영등포구청 상권은 오피스 상권 성격이 강하기에 주말에는 조용한 분위기다. 하지만 '이곳을 찾아와야 하는 목적성'이

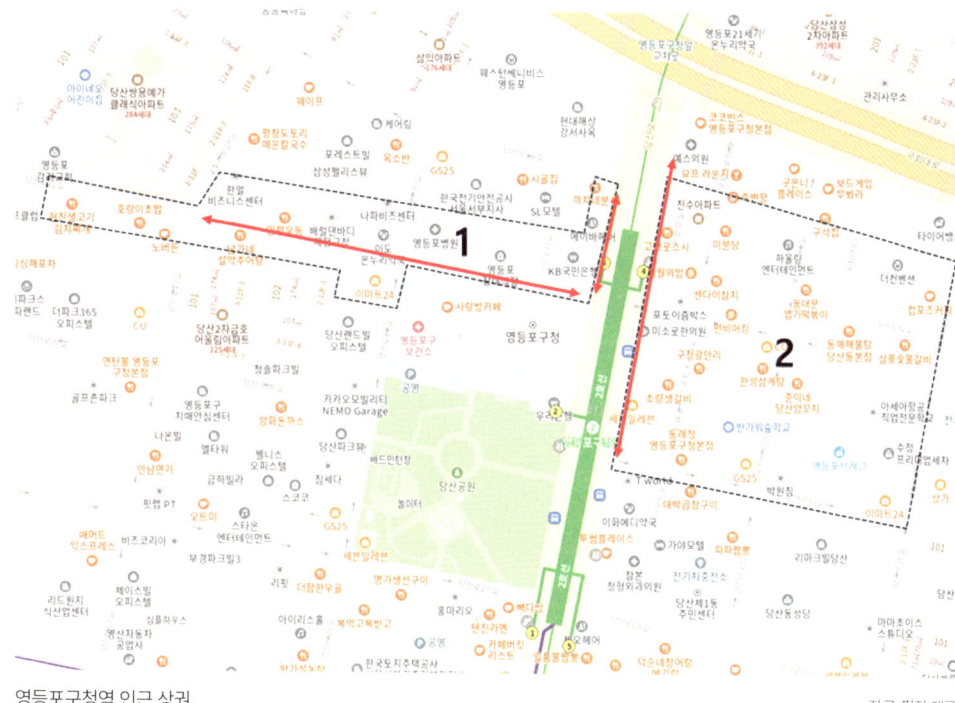

영등포구청역 인근 상권.

자료: 필자 제공

강한 콘텐츠가 있다면 주말에도 데이트나 가족 모임을 위한 장소로 선택이 가능하기에 좋지 않은 위치지만 매출은 오히려 높아질 확률이 올라간다.

"어떤 상가에서 장사를 시작해야 할까요?"라는 질문에 적절한 답을 하기 위해서는 "당신이 운영하려는 매장은 어떤 곳인가요?"에 대한 답부터 명확해야 한다. 이런 이유로 상권 분석을 시작하기 전에 반드시 스스로에게 물어봐야 하는 질문 3가지가 있다.

1. 다른 매장에 가지 않고 굳이 내 매장을 와야 하는 이유가 있는가

– 나만의 콘텐츠, 특별한 경험 가치가 있는가. 굳이 여기까지 와야 할 이유가 있는가.

– 주차가 편해서? 가격이 싸서? 그런 건 금방 따라잡힌다.

– 내가 아니면 안 되는 이유가 '내 콘텐츠' 안에 있는가.

2. 내 콘텐츠는 '일상식(평식)'인가, 아니면 '외식'인가

① 일상식(구매 빈도 높음)

편의점, 동네 빵집, 김밥집, 저가 커피 전문점 등은 고객이 일상적으로 높은 빈도로 소비하는 업종이다. 이들의 핵심 가치는 '편리함'과 '접근성'이다. 고객은 멀리까지 찾아가지 않는다. 이런 이유로 아파트 단지에서 지하철역으로 가는 길목, 학원가와 주거지를 잇는 동선, 회사 인근 등 고객이 매일 반복적으로 지나가는 동선에 위치해야만 안정적인 매출 발생이 가능하다.

② 외식(구매 빈도 낮음)

특별한 날의 식사, 데이트, 모임을 위한 고급 레스토랑, 고깃집, 주점 등이다. 이들의 핵심 가치는 '특별한 경험'과 '목적성'이다. 고객은 가치가 있다면 기꺼이 시간과 비용을 들여 찾아온다.

외식 업종은 '우리 동네에 없는 메뉴'라는 안일한 생각에서 벗어나, "왜 고객이 다른 모든 선택지를 버리고 굳이 우리 가게까지 와야 하는가?"에 대한 답을 제시해야 한다. 독보적인 뷰(View), SNS를 자극하는 인테리어, 대체 불가능한 맛과 서비스도 그 답이 될 수 있다. 해방촌 카페들이 극악의 접근성에도 불구하고 '남산타워 뷰' 하나로 핫플레이스가 된 것이 대표적인 사례다.

3. 한 번 온 고객이 재방문을 하게 되는 이유는 무엇인가

① 다시 오고 싶은 곳, 누군가에게 소개하고 싶은 곳인가.

맛, 서비스, 분위기가 다 좋더라도 기억에 안 남으면 재방문은 없다.

② '나중에 또 가야지'라는 말이 나올 만한 무언가가 있는가.

③ 그 이유가 '위치'에 있는가, 아니면 '콘텐츠'에 있는가.

– 상권이 중요한 콘텐츠인가, 매장의 매력도가 더 중요한 매장인가. 부동산, 콘텐츠 둘 중 하나는 나만의 강점이 반드시 필요하다.

'입지 만능주의'가 무너지는 시대다. 지금은 고객이 인스타그램, 블로그, 맘카페, 유튜브에서 정보를 보고 움직인다. 그렇다면 우리의 질문도 바뀌어야 한다. "좋은 상권이 어디인가요?"가 아니라, "내 콘텐츠가 통할 입지는 어디인가요?"가 돼야 한다.

구체적인 콘텐츠 전략이 없는 상태에서 좋은 상가를 찾아다니는 것은 칼날 없는 칼을 들고 전장에 뛰어드는 일과 같다.

그리고 그 안에 가격, 운영 방식, 브랜드 톤, 공간 활용, 회전율, 객단가 전략 등이 모두 포함돼야 한다.

우리는 너무 오랫동안 상권을 '위치'와 '가격'으로만 판단해온 것이 아닐까. 그 결과 비싼 권리금과 높은 임대료를 내야 하는 소위 S급 상권에서도 실패하는 가게들이 넘쳐난다. 반면, 겉보기에는 평범한 입지여도 줄을 서는 가게는 분명 존재한다.

> What(콘텐츠) : 당신이 운영하려는 매장은 다른 매장과 어떤 차별성이 있는가.
>
> Who/Why(고객) : 고객은 왜, 언제, 누구와 그 공간을 찾을까.
>
> Where(장소/부동산) : 당신의 콘텐츠가 가진 힘을 극대화하고, 목표 고객을 만날 수 있는 '최적의 장소'는 어떤 특징을 가지고 있어야 하는가.

이 질문에 디테일하게 답하지 못한다면, 부동산을 보러 다니며 발품을 팔 때가 아니라 콘텐츠 전략을 다시 짜야 할 때다. 물론 여기에도 주의사항이 있다. '콘텐츠의 힘으로 부동산의 한계를 극복한다'는 '탈상권' 전략은 누구나 활용할 수 있는 것이 아니라는 사실이다. 대표자의 콘텐츠 관련 경험과 본질이 부족하다면 오히려 악수가 될 수 있는 선택이다. 자영업에 대한 경험치가 낮은 경우라면 콘텐츠의 힘을 키우는 것보다는 나를 도와줄 수 있는 상권에서 가게를 시작하는 것이 더 유리하다. 이 점을 꼭 기억하자.

최대 매출 높고 꾸미기 좋은
'교외형 대형 매장'이 뜬다

서오석
돈까스온도 대표

경기도 양주와 의정부 등 외곽 상권에서 100평 안팎 대형 돈까스 전문점을 운영 중이다. 8년간 교외 지역에서 대형 매장을 운영하며 체득한 장점과 단점, 노하우를 전한다.

2025년까지 창업 시장에선 소자본 창업 열풍으로 인한 배달·포장 중심 소형 매장이 주목을 받았다. 탕후루, 요아정 등이 대표 사례다.

2026년에는 반대로 40~50평 이상 대형 매장이 주목받을 것으로 본다. 배달앱 수수료 인상으로 배달 전문점 수익성이 크게 악화한 데다, 온라인 쇼핑에 익숙해진 소비자들이 오프라인 매장에선 차별화된 경험을 원하게 됐기 때문이다. 이런 경험을 제공하려면 다양한 서비스를 구비할 수 있는 물리적 공간이 필수다. 최근 인

기를 얻고 있는 무한리필 샤부샤부 등 뷔페 업종도 매장 대형화 추세가 뚜렷하다.

대형 매장의 장점 5가지

대형 매장의 장점은 크게 다섯 가지다.

첫째, 매장이 크면 최대 매출이 늘어나고 그로 인한 순수익이 증가할 수 있다.

물론 이는 장사가 잘된다는 가정 아래서다. 차별화된 경쟁력으로 고객 방문을 이끌어낼 수 있는 장사 고수라면 매장 크기가 매출과 비례할 수 있다. 필자의 경우, 실내 평수 45평, 테이블 12개인 의정부

돈까스고집 매장 전경.

자료: 필자 제공

매장에서 최대 일매출 700만원까지 올려봤다.

둘째, 단독 가든형 매장은 주차장 대량 확보로 주차 스트레스가 없다. 요즘은 '3보 이상 승차'라는 말이 있을 정도로 많은 사람이 차량 이동을 선호한다. 이 때문에 남녀 불문 외식 장소 선택 시 핵심 기준이 '주차가 편리한가'다. 대형 매장은 대체로 전면이나 후방에 주차 공간이 많아 큰 장점이 될 수 있다.

셋째, 영업 공간 외에 '부대 공간'을 확보할 수 있다. 특히 교외에 있는 대형 매장의 경우, 건축사를 통해 신고하면 대지 위에 건축 허가를 받은 건축물 외에도 이동식 컨테이너 등을 설치해 직원 휴게실이나 사무실, 냉장·냉동 시설 등 추가적인 건물 면적으로 사용할 수 있다. 이는 도심 내 집합 상가에선 기대하기 어려운 차별화된 혜택이다.

넷째, 생각보다 마케팅 비용이 들지 않는다. 매장이 크면 일견 마케팅 비용이 많이 발생할 것으로 생각하기 쉽다. 하지만 실제 경험으론 그렇지 않다. 현재 양주 돈까스고집 본점은 7년 정도 운영하면서 마케팅 업체에 비용을 지불해본 적이 거의 없다.

대형 매장인데도 마케팅비가 많이 안 드는 이유는 간단하다. 대형 매장은 보통

대형 매장.

시내나 아파트 밀집 지역보다는 살짝 외곽이지만 차량 이동량이 많은 곳에 가든형으로 오픈한다. 이때 매장이 크면 그 존재만으로도 차량 이동 시 쉽게 눈에 띄어 쏠쏠한 마케팅 효과를 얻는다.

경쟁점도 바로 인근에 몇 개 있을 뿐 위층이나 아래층까지 빽빽하게 밀집해 있지 않다. 또한 매장 울타리 조명이나 간판도 크게 걸어놓을 수 있어 차량 이동 시 이목이 집중되는 경향이 있다. 운이 좋으면 해당 지역 이정표나 '랜드마크' 역할을 하게 될 수도 있다.

반면 중심 상가에 위치한 중소형 매장은 인근에 아주 많은 매장이 밀집돼 있어 눈에 띄기가 쉽지 않다.

다섯째, 전반적인 매장 인테리어나 익스테리어 포인트가 늘어난다.

가든형 매장은 그 땅 모두를 임차인이 사용하기 때문에 익스테리어 자유도가 높은 편이다. 울타리를 조명으로 덮어 포근한 이미지를 만든다든지, 여름엔 물놀이 시설, 겨울엔 눈썰매 시설 등 계절 테마에 맞춘 이벤트를 하는 식으로 익스테리어에 포인트를 줄 수 있다.

필자의 양주 매장은 화장실에도 많은 인테리어 포인트를 줬다. 일례로 여자 화장실의 경우 5칸이나 될 만큼 널찍하다. 기저귀 갈이대가 구비된 유아 화장실 칸도 있다. 화장실 거울은 터치하면 색상별로 바뀌며 빛이 난다. 매장 분위기는 밝지만 화장실은 어두운 톤으로 고급스러움을 더했다. 이런 특색 있는 화장실 인테리어와 편의시설도 여성 고객 재방문에 한몫한다고 생각한다.

이렇듯 대형 매장은 마치 게임하듯 나의 성, 나의 마을, 나의 가치관을 모든 곳에 표출할 수 있다.

대형 매장의 단점 5가지

물론 대형 매장도 단점이 있다.

첫째, 순수익이 높아지는 만큼 손해도 커질 수 있다. 한마디로 고위험·고수익이다. 노련한 장사 노하우가 없는 초보 창업자에겐 대형 매장을 절대 추천하지 않는다. 이는 초등학생에게 중소기업을 운영해보라는 것이나 다름없다. 큰 매장일수록 매출과 관계없이 평수 때문에 고정 인원이 꼭 필요하다. 매출을 유지하기 위한 최소 고객이 방문하지 않는다면 적자 정도가 아니라 완전히 망한다.

둘째, 고정 지출이 많다.

아무래도 가든형 대형 매장은 땅에 대한 사용료도 어느 정도 포함돼 있어 임차료가 매우 높은 편이다. 공과금도 정말 많이 든다. 일례로 전기료는 에어컨만 12대 사용하느라 월평균 400만원, 여름에는 500만원까지도 나온다(양주 매장 기준). 또한 가든형 매장은 도시가스가 들어오는 곳이 많지 않아 LPG를 주로 사용한다. 도시가스 시세인 m^3당 단가가 오르내림에 따라 가격 편차가 심하고, 도시가스보다 같은 시간 사용 대비 요금이 배 이상 더 나온다.

또한 일반 매장에선 고려할 필요가 없는 뜻밖의 추가 비용이 들기도 한다. 필자의 양주 매장은 '차량 이용 시 스트레스 제로'가 목표였기 때문에 좁은 진출입로를 넓히느라 당국에 점용 허가를 받았다. 이로 인해 매달 35만원가량 도로 점용료를 추가로 지출한다.

최소 필요 인력이 많아 인건비도 많이 든다. 일정 매출 이상을 달성하지 못하면 인건비 비율이 30%를 우습게 넘긴다. 대형 매장은 가족 운영으로 하는 게 리스크를 줄이는 최선의 방법이다.

셋째, 인테리어 비용이 훨씬 많이 든다.

일반 매장은 익스테리어와 인테리어 정도만 하면 되겠지만 대형 매장은 인테리어, 익스테리어, 조경, 놀이 시설 또는 이벤트 시설 등 다양하게 할 콘텐츠가 많

대형 매장.

다. 중심 상가들 인테리어와는 완전히 차원이 다르다. 그렇다고 이렇게 활용도가 높은 곳을 안 꾸밀 수도 없는 노릇이다. 그러다 보니 생각보다 매우 많은 인테리어비 지출이 동반된다. 간판 같은 경우도 크기가 크기 때문에 일반적인 가격의 몇 배는 더 들어간다.

넷째, 날씨 영향을 많이 받는다. 가든형 매장은 차량으로 오는 곳이다 보니 악천후에는 매출에 영향을 받는다. 비 오는 날 외출하려면 보통 지하주차장이 있는 쇼핑몰을 선호하는데, 가든형 매장은 대부분 지상주차장이기 때문이다.

다섯째, 매장 양도·양수, 이른바 엑시트가 어렵다. 대형 매장은 양도·양수도 어려울뿐더러 권리금도 기대만큼 받기가 쉽지 않다. 대형 매장을 하려는 이들은 대부분 경험이 꽤 있는 장사 고수이기 때문이다. 풍부한 장사 경험과 노하우로 무장한 이들은 매장을 인수하면서 기존 시설을 그대로 이용하기보다는 본인 브랜드에 맞게 뜯어고치는 경우가 많다. 기존 인테리어를 철거하게 되면 권리금을 받을 요소는 더욱 줄어든다.

필자는 기물도 별로 없는 30평대 국밥집을 운영한 지 3년 만에 권리금 2억원대 후반을 받고 엑시트한 바 있다. 그런데 양주 매장은 8평 워크인 컨테이너(컨테이너 형태로 제작된 대형 냉장·냉동 저장고) 3동, 에어컨 12대 등 수많은 기물을 다 넘겼음에도 권리금 1억원을 겨우 건졌다.

국밥집을 양도한 때는 경제가 비교적 호황이어서 누구나 사업을 하면 잘되던 시기라 인수하려는 수요가 많기는 했다. 그러나 필자의 국밥집을 인수한 이는 장사가 아예 처음인 사람이었다. 이분은 지금도 그 매장을 잘 운영하고 있다. 반면 양주 매장을 인수한 이는 기존에도 대형 매장을 운영한 적이 있었다. 역시나 권리금을 계속 내려달라고 협상을 해왔다. 계속 조율하다 어느 정도 양보하고 그냥 계약을 했다. 대형 매장은 절대 쉽게 임자가 나타나지 않음을 느꼈기 때문이다. 누군가 쉽게 덤빌 매장의 규모가 아니기에 인수 의향자가 나타났을 때 가급적 빨리 넘기는 것이 상책이다.

⑥원상복구 노하우

'시작'보다 '끝'이 중요한 자영업
'원상복구' 고려한 상권 선택을

최재형
김앤최 취업&창업연구소 대표

수백 개 편의점(세븐일레븐), 외식(놀부), 통신(SK텔레콤) 매장 개설과 폐점과 임대차 재계약, 그리고 편의점 10여 개점 운영 등을 경험했다. 현재는 부동산, 자영업 관련 정보를 제공하는 '머니가이즈' 유튜브 채널을 운영하고 있다. 이외에 프랜차이즈 슈퍼바이저들에게 기본적인 상권 강의와 필수적으로 알아야 할 임대차계약과 사례에 대해 교육을 진행하고 있다.

창업 열풍의 이면, 원상복구의 덫

2024년 한 해 동안 자영업 폐업자가 100만 명을 돌파했다. 관련 통계가 집계된 이후 사상 처음 있는 일이다. 우리나라 자영업 비율은 25%에서 19.8%(2025년 6월 기준)로 꾸준히 감소하고 있다. 하지만 미국(7~8%), 경제협력개발기구(OECD·독일, 그리스, 일본 등) 평균 15%와 비교하면 여전히 자영업자 비율이 높은 편으로 치열한 경쟁 상황 속에 놓여 있다. 또한, 베이비부머(1955~1963

년생)의 은퇴 시점이 본격화되며 퇴직금과 퇴직연금을 기반으로 한 재취업 개념인 창업이 2026년 하반기에 다시금 증가할 것으로 전망된다.

문제는 이들이 창업 시 준비하는 '관심 순서'다. 대부분 예비 창업자는 '오픈'이라는 단어에만 집중한다. 인테리어, 간판, 상호명 등 '시작'에 모든 에너지를 쏟아붓는다. 하지만 '실패, 끝맺음'에 대한 고려는 대체로 없다.

20년 전 이야기지만, 필자 지인이 노원구

원상복구 대상점 SK텔레콤 대리점.   자료: 필자 제공

SK텔레콤 대리점 내부 모습.   자료: 필자 제공

6층에서 '캡슐취침방+사우나' 콘셉트의 매장을 운영한 적이 있었다. 몇 년간 운영한 후 수익이 나지 않아 폐업을 진행하려고 하는데 임대인이 '사무실'로 계약할 예정이라며 최초 분양 당시 수준의 원상복구를 요구했다.

사우나 시설 폐기물 비용도 만만치 않았던 데다 6층 이상 고층 건물에 병원, 학원 등이 입점해 있어 심야 공사로 진행해야 돼서 인건비가 2배 이상 발생했다. 이로 인해 당시 원상복구 비용이 1억원 이상 발생해 보증금 손실까지 더해 그 빚을

청산하느라 수년간 고생해야 했다. 계약 당시 최초 상태에 대한 명확한 자료와 공사 범위를 사전에 협의했다면 임대인의 요청사항 전체를 수용하지 않고 일부 비용을 절감할 수도 있었다. 그러나 단순히 계약서에 있는 '최초 상태로 원상복구 한다'라는 문구 한 줄로 인해 협의도 하지 못하고 고스란히 손실을 떠안게 된 것이다.

필자는 수년간 프랜차이즈와 상가 계약 관련 업무를 담당해오며 수많은 초보 창업자를 만나왔다. '원상복구 의무' 조항은 거의 모든 임대차계약서에 명시돼 있음에도 불구하고, 이를 깊이 인식하고 대처하는 창업자는 극히 드물었다. 또한 프랜차이즈 회사도 창업자에게 '오픈'에 대

한 계약과 준비에만 집중할 뿐 퇴거, 원상복구와 관련해서 세밀하게 계약서에 신경 써주는 회사는 거의 보질 못했다. 분명 폐점 없이 꾸준히 영업하는 것이 최선이지만 '원상복구'와 관련해서 창업주에게 조금 더 신경 써주는 모습을 보여준다면, 2026년은 더 본사를 믿고 신뢰할 수 있는 시발점이 되지 않을까 생각해 본다.

사례로 보는 원상복구 현실

여기 실평수 22평의 1층 매장인 SK텔레콤 대리점이 있다. 폐업할 때 원상복구 비용이 얼마 나왔을까. 답은 9500만원이다. 임차인이 법인기업이고, 회사에 소속된 원상복구 업체를 이용해 기본 단가가 다소 높긴 했지만, 이를 감안해도 원상복구

철거 공사가 진행 중인 모습. 외부 파사드까지 철거 후 재시공 요청함.

자료: 필자 제공

철거 공사

파사드 철거	기존 금속구조틀 & 갈바, 복합패널 철거. (갈바/패널) * 야간 철야 할증 200%
프레임 · 유리 철거	야간 철야 할증 200% 적용
천장구조틀 철거 (석고 or 텍스, 합판 포함)	천장 간접 등박스, 바리솔 조명, 기타 조명 일체 철거 (주간 철거 진행) (소음은 야간 철야 진행)
가설칸막이 철거 및 반출	유리, 신규 시공은 주간에 철거
벽체구조틀 철거 (구조틀+석고 or 합판 포함)	주간에 철거 (소음 작업은 야간 철야 진행)
타일 철거	바닥 72.42 + 벽면 파벽돌 2.52 * (7.915*2 + 9.1+0.56*2+0.76*2+0.16) * 야간 철야 할증 200%
잡기 철거	1층, 3인 + 지하 3인. 집기 철거 & 양중적용 (야간 철야 폐기물 처리)
바닥 미장 까내기 (50mm 이내)	바닥 두께 130mm 모두 철거 요청함. 바닥 면적*2배* 야간 철야 할증 200%
장비대	외부 파사드 철거 & 재설치 2/에어컨 실외기 & 배관 철거1/ 외부 도장1/ 외부 코킹 외 2 => 주간, 야간 철야 작업 진행. 6일 * 150%

주변 민원 및 심야 공사로 인한 내용 요약.

자료: 필자 제공

원상복구 완료 사진. 외부 파사드 교체부터 내부 원상복구까지 전체 공사함.

비용으로만 약 1억원이 발생한 것은 상당한 수준이다. 창업할 때 '폐업 비용이 이만큼 또 발생한다'고 하면 과연 감당할 수 있을까.

이 상가는 건대입구역 로데오 상권에 들어가는 초입에 있던 매장이다. 10여 년 전 대로변 공실 없이 최고로 활성화됐을 때 입점한 매장으로 '원상복구'에 관해 협의하고 계약서를 작성해야 했다. 하지만 여러 임차인이 대기하고 있는 상태여서 임대인이 원하는 방향으로 계약서를 작성하게 됐다.

최고 상권으로 주목받으며 영원할 줄 알았던 건대입구역 대로변 매장이 고임차료와 상권력 하락으로 인해 인근 성수동으로 상권 일부가 이탈할지 누가 알았을까. 결국 손익 악화로 폐점을 진행하게 됐는데, 최초 임대인이 원하는 방향의 원상복구 계약서 탓에 전체 원상복구를 진행하게 됐다.

단순히 전체 원상복구만 진행했으면 이 정도로 비용이 발생하지 않을 수 있었다. 하지만 건대입구역 2번 출구 라인의 엄청난 인파로 인해 평일 주간 공사가 불가했다. 완전 새벽 시간에는 바닥 철거 시 발생되는 소음으로 인해 건너편 건국대병원과 아파트 주민 민원으로 공사가 불가했다. 결국 공사를 진행할 수 있는 시간이 하루 3~4시간 정도밖에 안 돼서 공사 기간이 길어져 추가 비용 손실이 발생했다.

게다가 임대인이 건설사 대표였다. 바닥

자재부터 벽면 마감까지 일반인이라면 '생전 듣지 못한 자재'로 원상복구를 요구했다. 계약서상에 임대인이 원하는 방향으로 하기로 명시돼 있어 '법무팀'에서도 임대인이 요구하는 부분을 전적으로 수용해야 한다고 의견을 밝혔다.

이 사건 이후 SK텔레콤은 신규 매장 오픈 시 '원상복구'에 대응하기 위해 최초 사진을 계약서에 첨부하고 원상복구 범위 리스트를 정해 명시하고 있다. 너무 세밀한 내용으로 임대인이 거부해 설득이 되지 않는다고 하더라도 반드시 이 문구 한 줄은 반드시 넣으려 하고 있다.

'바닥, 천장, 벽체는 원상복구를 하지 아니하며, 임차인이 시설한 상태로 퇴거한다.'

만일 이 부분까지도 임대인을 설득할 수 없다면 '바닥'이라도 원상복구 하지 않는 쪽으로 협의해서 계약을 진행한다. '바닥'만 원상복구를 안 해도 공사 기간 단축*, 바닥 폐기물 비용 절감**을 할 수 있다. 따라서 임대인과 협의가 되지 않는 경우에는 반드시 협상력을 발휘해 '바닥'만이라도 원상복구에서 제외시키는 것이 유리하다. 참고로 폐기물 처리 트럭 비용은 서울 지역 1회 사용 기준 1t 트럭은 90만원, 2.5t은 135만원에 달한다***.

"두 칸을 확장한 매장이다. 임대인이 다시 칸을 나눠달라고 하는데"

다음 사례를 보자. 이 매장은 안경점과 의류점으로 분할된 단기 임대 매장이었다. 각각 15평이었는데, 이 평수로는 다소 작아 벽체를 철거하고 매장을 확장해

---

* 바닥 철거 기간 및 신규 타일 부착 양생 기간 제외.
** 철거 폐기물 1t 트럭 사용 절감.
*** 자세한 건 업체마다 상이.

오픈 완료 매장 전경.

오픈 전 입점 업종.

자료: 필자 제공

서 진행했다. 당시 계약서에 원상복구에 대한 문구를 반드시 명기해야 하는 것이 회사 기준이었기 때문에 최초 계약 시 임대인과 협의해 아래 원상복구 내용을 첨부했다.

- 확장한 부분에 대해서는 원상복구 하지 아니한다.
- 바닥 공사는 제외하되, 손상된 부분만 원상복구하기로 한다.
- 매장 확장공사로 인해 뜯어낸 '방화셔터'는 퇴거 시 설치하지 아니하기로 한다(이는 계약 담당자가 사전에 매장을 정확히 파악해서 추가한 문구다).

이렇게 작성한 후 6년이 흘러 폐점하는 상황을 맞게 됐다. 시간이 흘러 임대인과

원상복구 협의를 하던 중 임대인이 바닥 벽체 복구(전기 분할 포함)에 이어 '방화셔터'까지 복구를 요구했다. 그러나 최초 계약서를 토대로 원상복구를 간소화해 비용을 절감할 수 있었다.

과거에는 임대인이 우위에 있어 임차인이 유리하게 협의하기 어려웠다. 그러나 상가 공실이 넘쳐나는 요즘은 임차인이 절대적으로 유리한 상황이다. 따라서 반드시 원상복구는 최대한 유리하게 협의해야 한다.

'오픈'보다 '퇴장'이 중요하다

자영업자의 5년 생존율은 20~30%에 불과하다. 즉, 10명 중 7~8명은 5년 내에 폐업한다. '언젠가는 나도 문을 닫을 수 있다'는 얘기다.

창업 성공을 위해서도 '철저한 실패 준비'는 필수다. 특히 원상복구는 막대한 금전적 손실로 직결될 수 있는 민감한 사안이다. 이 때문에 계약서에 명확하게 특약을 명시하고 문서화된 증거자료를 반드시 확보해야 한다.

결국 원상복구 분쟁이 발생하는 이유는 계약서에 구체적인 '원상복구 범위' 미기재로 인한 해석 다툼이 대부분이다. 임대인은 원상복구 미이행에 따른 명도 지연·미납금 사유로 소송을 걸고, 임차인은 보증금 입금 지연으로 보증금반환청구소송을 하는 일도 빈번하다.

퇴거를 고려한 창업 계획이야말로 진정한 창업 설계라 할 수 있다. 항상 창업 준비 전 '원상복구'에 대한 내용을 염두에 두길 바란다.

PART 3

마케팅

운동·취미로 시니어 끌어모아야
시니어 주택·데이케어도 '유망'

황수연

숙명여대 르꼬르동블루 외식경영학과 겸임교수

숙명여대 르꼬르동블루에서 겸임교수로 13년째 재직 중이다. 브랜딩, 메뉴 개발, 마케팅 등 다양한 프로젝트를 수행하며 실무 경험을 쌓았다. 외식 브랜드 품질 관리를 위한 QSC 지표 개발에도 참여했다. 산학협력으로 미스터리 쇼퍼 과정을 개설하고, 컨세션 사업 및 외식산업 관련 리서치 등 다양한 영역에서 외식산업 발전을 위한 활동을 이어가고 있다.

한국은 세계에서 가장 빠르게 고령화가 진행되고 있는 국가 중 하나다. 통계청에 따르면 2024년 기준 65세 이상 주민등록 인구수는 약 1024만명으로, 전체 인구의 20%를 차지한다. 바야흐로 한국은 '초고령사회'에 진입했다. 5명 중 1명이 시니어 소비자라는 뜻이다.

오늘날 자영업자가 주목해야 할 핵심은 시니어 시장이 양적으로뿐만 아니라 질적으로도 다양화되고 있다는 점이다. '실버산업'이라는 단어로 시니어를 하나의 집단처럼 다뤘지만, 이제는 그런 접근이 더 이상 통하지 않는다. 시니어라고 모두가 같은 삶을 사는 것은 아니다. 시니어 시장은 연령에 따른 건강과 행동 차이, 소득 수준에 따른 소비 여력과 관심사 차이와 기술 수용성, 여가 활용 방식 등에 따라 정교하게 세분화된 대응이 필요한 시장이 됐다.

1. 연령별 구분

1) 50~60대(젊은 시니어)

시니어 시장을 연령대로 구분해 봤을 때, 자영업자가 가장 주목해야 할 타깃은 단연 50~60대다. 이들은 은퇴 전후 시기를 지나며 시간과 경제력, 건강을 모두 일정 수준 이상 갖추고 있다. 디지털 기기 활용도 능숙하며 여가와 자기계발에 대한 욕구가 높은 젊은 시니어로 분류된다.

하나금융연구소가 2025년 펴낸 '소비 환경 변화에 따른 소호 업종 점검' 보고서를 살펴보면, 디지털 기기와 콘텐츠를 적극적으로 이용하며 자기 관리를 중시하는 50~60대 소비 트렌드로 인해 피부·체형 관리 업종과 테마형 여행사 등이 성장하고 있다는 것을 알 수 있다. 은퇴 이후 새로운 진로를 모색하려는 수요가 증가하면서 기술·직업 교육 분야 매출도 함께 증가하고 있는 것으로 조사됐다. 이런 자료를 바탕으로 유망한 분야를 찾아보면 다음과 같다.

먼저 건강·운동 분야에서는 단순한 체력 강화보다는 무릎·허리·자세와 같은 기능적 문제를 개선해주는 전문 운동 서비스가 주목받는다. 중년 체형에 특화된 스튜디오, 고관절 중심 운동 클래스, 프라이빗 필라테스 등이 대표적이다.

뷰티·패션 영역에서는 연령에 맞는 외모 관리에 대한 관심이 높아지면서 중년 여성 전용 스킨케어나 중년 남성 그루밍 살롱 분야가 성장하고 있다. 이때 중요한 전략은 '노화를 막는다'는 접근보다 '감각 있고 세련된 인상'을 지향하는 젊은 감성을 강조하는 것이다.

취미·문화 활동 수요도 증가하는 분위기다. 도예, 서예, 플라워 클래스, 가드닝, 악기 등 손으로 만들고 결과물을 남기는 창작형 활동에 대한 관심이 높으며, 지속적인 참여가 가능한 클래스형 공간이 호응을 얻고 있다.

여행과 레저 영역에서는 소규모 테마 여행, 운동과 카페를 결합한 복합 공간, 아웃도어 편집숍처럼 취향을 나누고 교류할 수 있는 형태의 서비스가 인기를 끌고 있다.

2) 60~74세(액티브 시니어)

60~74세 시니어는 단순히 '은퇴자'로 머무르지 않는다. 은퇴를 했거나 퇴직 후 새로운 일을 시작한 이가 많다. 일부는 자영업, 파트타임, 프리랜서, 농업 등 다양한 형태로 경제활동을 지속하고 있다. 실제 2023년 기준 한국의 65세 이상 고령자 고용률이 37.3%에 달할 만큼, 고령층의 사회 참여와 노동 참여는 상당히 활발한 편이다.

연령대별 시니어 특징과 전략

구분	특징	주요 니즈	유망 사업	마케팅 전략
50~60세 (은퇴 전환기)	- 약 800만명(16.76%) -현역 은퇴 준비 중, 소득 일부 유지 -디지털 친숙, 건강 양호 -자기계발 욕구 높음	-안정적 은퇴 설계 -새로운 역할, 취미 모색	-50대 피트니스 -안티에이징 : 피부·헤어 관리 -카페 및 공간 -재취업 교육 -취미와 문화 커뮤니티 -여행 및 레저	-액티브 이미지 강조 -온·오프 통합 채널
60~74세 (액티브 시니어)	-60대 15.18%, 70대 8.4% -가성비 중요 -사회·여가 참여 적극 -높은 인터넷 이용률	-여가와 사회활동 -건강 유지, 예방 관리 -관계 유지	-건강식품 -메디컬피트니스 -안티에이징: 성형, 피부·헤어 관리 -취미·커뮤니티 -느린 여행	-디지털과 아날로그 하이브리드 운영 -나를 알아주는 서비스 -로컬 기반 콘텐츠 마케팅 -구전 추천 중요 충성고객 중요
75세 이상 (고령 노년층)	-여성 인구가 많음 -신체·인지 능력 저하 -의료·돌봄 서비스 의존 증가	-일상생활 지원 -의료 접근성 -정서적 안정	-방문PT -주택 개조 -소규모 요양 공동체	-가족 대상 마케팅 -전문성, 안정성 강조

이들은 생계형 근로자이기보다는 자신이 쌓아온 전문성과 경험을 살려 의미 있는 일에 참여하거나 경제적 자립을 유지하려는 목적에서 활동을 지속하는 경우가 많다. 과학기술정보통신부가 2024년 발표한 '인터넷이용실태조사' 결과에 따르면, 60세 이상 인터넷 이용률은 매년 꾸준히 증가했으며, 2024년 83.1%의 최고치를 기록했다. 이들은 종종 '실버 서퍼(Silver Surfer)'로 불리며, 기존 고령층과는 달리 디지털 플랫폼에서의 활동성이 매우 높다. 단순한 소비자가 아니라 콘텐츠 생산자이자 네트워크 참여자로서의 면모까지 갖추고 있는 것이다.

건강 측면에서도 이 세대는 이전 고령층과는 구분된다. 스스로 일상생활을 영위할 수 있을 정도로 건강 상태가 양호하다. 문화센터, 평생교육 프로그램, 봉사

활동, 여행 동호회 등에서 주도적 역할을 하는 모습을 보인다.

안티에이징에 대한 관심이 매우 높으며, 단순히 제품을 사용하는 수준을 넘어 적극적으로 정보를 탐색하고, 다양한 시술까지 병행하는 '능동적 뷰티 소비자'로 자리 잡고 있다.

소득원은 근로소득에서 연금이나 저축으로 전환되는 시점이지만, 이에 따른 소비 감소는 일률적이지 않다. 오히려 이들은 한정된 예산 내에서 가장 합리적인 소비를 추구하며, '가격 대비 가치'를 면밀히 따지는 실속형 소비자로 자리 잡고 있다. 특이한 점은 일상 소비에서는 절약을 실천하지만, 자신이나 배우자를 위한 의미 있는 지출에는 아낌없이 투자한다는 점이다.

3) 75세 이상(고령 노년층)

75세 이상 시니어는 고령노년층으로, 통계상으로는 '초고령자'로 분류되며, 전 세대 중에서도 신체 기능과 인지 능력 저하가 두드러지는 연령대다. 한국의 경우 2024년 기준 약 400만명이 75세 이상으로, 그 수가 결코 적지 않다.

이 연령대의 가장 큰 특징은 일상생활을 스스로 영위하는 능력의 감소와 함께 의사결정에서 가족이나 의료 전문가 영향력이 크다는 점이다. 실제로 노화로 인한 인지 저하, 만성질환, 신체적 불편함 등이 복합적으로 나타나며, 소비자이자 서비스 수요자이면서도 스스로 결정을 내리기보다는 자녀나 보호자, 의사 등 제3자 조언에 따라 소비 행태가 결정되는 경우가 많다. 따라서 이들을 위한 자영업 모델을 기획할 때에는 시니어를 타깃으로 하되, 실질적인 고객은 '자녀 세대'가 될 수 있다는 점을 반드시 고려해야 한다. 또한 75세 이상은 노화 속도가 빠르게 진행되는 세대인 만큼, 단순한 편의 제공을 넘어 안전·돌봄·인지·존엄성의 가치를 중심으로 한 서비스가 유의미한 반응을 얻을 수 있다.

2. 산업별 구분

1) 운동

건강과 체력 유지에 대한 관심이 높은 시니어층을 겨냥한 피트니스 서비스도 빠르게 진화하고 있다. 국내에서는 시니어 전문 운동 코칭 플랫폼 '리브라이브리' '위핏' 등이 주목받고 있으며, 이런 서비스는 이용자 맞춤형 프로그램과 방문PT를 강조하며 세분화되고 있다.

일본의 '초코잡(chocoZAP)'은 편의점 헬스장 콘셉트로, 시니어, 직장인, 학생 등 남녀노소가 가볍게 들러 운동할 수 있는

초코잡.　　　　　　　　　　　자료:초코잡 홈페이지

생활 밀착형 피트니스를 지향한다. 가장
큰 세 가지 특징은 압도적으로 낮은 가격
(월 3278엔, 약 3만원), 24시간 365일 무
인 운영 방식, 운동복이나 운동화 없이도
입장 가능한 간편성이다. 현재 중국·홍
콩·대만 등으로 프랜차이즈 사업을 확
장해나가고 있다. 인건비 부담으로 무인
화가 가속화되는 국내 시장에서 초코잡
의 운영 방식은 주목할 만하다.

2) 뷰티와 패션

50대 후반부터 70대까지 여성뿐 아니라
남성 시니어들도 외모 관리와 자기 표현
을 위한 소비에 적극적이다.
뷰티 분야에서는 안티에이징 기능이 강
화된 스킨케어·메이크업 제품군과 피

부과, 성형외과 시술 수요가 증가하고 있
다. 이와 더불어 헤어·두피 관리, 속눈
썹·눈썹 반영구 문신, 탈모 커버 전문숍
등도 시니어 뷰티 시장에서 각광받는 서
비스다. 두피·탈모 관리 전문 프랜차이
즈 브랜드인 '닥터스칼프', '웰킨' 등이 지
점을 확장하고 있다. 또한 최근에는 액티
브 시니어를 위한 맞춤형 반영구 문신 아
카데미와 시술숍도 지역 기반으로 확산
되고 있다.

패션 분야 역시 큰 변화가 일고 있다. 과
거의 기능 중심 단조로운 고령자 의류에
서 벗어나, 개성과 트렌드를 반영한 시니
어 전용 패션 브랜드와 플랫폼이 속속 등
장하는 추세다. 이런 플랫폼은 또한 남성
과 여성으로 세분화된다. 50~70대 남성
과 여성을 위한 쇼핑 플랫폼 '더뉴그레
이', '퀸잇' 등이 대표적이다.

이런 흐름은 시니어 모델 등장을 촉진
함과 동시에, 고령이지만 활기차고 자신
감 넘치는 이미지로 시니어에 대한 사회
적 인식을 바꾸고 있다. 실제로 광고·화
보·홈쇼핑 방송 등에서 활동 중인 시니
어 모델 영향력은 나날이 확대되고 있다.
이들은 '나이 듦'의 부정적 이미지를 넘
어 하나의 라이프스타일 아이콘으로 자
리 잡고 있다.

시니어 모델.

3) 외식 서비스

시니어 친화적 외식 브랜드의 대표적인 사례로 일본 '코메다 커피(Komeda's Coffee)'를 눈여겨 볼 필요가 있다. 1968년 나고야에서 창업자 가토 다로가 소규모 커피숍으로 시작해 현재 일본 전역에 963개를 운영할 정도로 성장했다.

코메다는 커피뿐 아니라 모닝세트부터 샌드위치, 파스타까지 판매하는데, 저가면서도 풀서비스를 제공한다. 넓은 좌석, 여유로운 음악, 신문 비치, 천천히 식사해도 되는 분위기, 따뜻한 응대 등이 시니어 고객층 마음을 사로잡는다. 이런 '시니어 프렌들리' 전략은 단순한 가격 경쟁이 아닌, 심리적 안정과 존중을 제공하는 서비스를 통해 고객 충성도를 높인다. 물론 풀서비스를 운영하는 데 있어 인건비 부담이라는 과제가 존재하긴 한다. 하지만 이는 시니어 고객의 높은 재방문율과 장기적인 브랜드 충성도에 의해 상쇄될 수 있다.

시니어들은 디지털 환경에 점차 익숙해지고 있긴 하지만, 여전히 사람이 직접 응대하고 배려하는 풀서비스에 큰 만족을 느낀다. 인건비 상승이라는 현실적인 제약 속에서도 고객과의 접점에서 어떤 방식으로 차별화된 서비스 경험을 제공할 수 있을지에 대한 고민이 필요하다.

풍월당 공간.

자료:풍월당 홈페이지

인공지능(AI) 키오스크나 간편 결제 등 디지털 인프라를 일부 활용하되, 주문·응대·좌석 안내 서비스 등에서 사람 중심 접점을 유지하는 하이브리드 운영 모델이 시도해볼 수 있다. 장기적으로는 시니어 전용 시간대 운영, 풀서비스 옵션 선택제 등을 통해 시니어 고객의 충성도를 확보할 수 있는 전략적 접근이 요구된다.

4) 취미와 문화

고령화가 진전되면서 시니어의 여가와 취미 활동에 대한 관심 역시 뚜렷하게 증가하고 있다. 단순한 소일거리 수준을 넘어 자기 계발과 정서적 만족을 동시에 추구하는 고품격 취미 소비가 확산되고 있다. 이러한 경향은 연령대와 경제력에 따라 점점 더 세분화되는 양상을 보인다.

시니어들은 한 공간에서 다양한 목적을 함께 충족시킬 수 있는 소비 환경을 선호한다. 이에 따라 단순히 수업만 제공하는 공간을 넘어 커뮤니티, 카페나 식당, 숍인숍, 소규모 여행 프로그램까지 결합된 복합형 공간이 등장하고 있다.

하우스오브영. 자료: 필자 제공

대표적인 시니어 취미 · 문화 커뮤니티 플랫폼으로는 '오뉴(ONEW)'를 들 수 있다. 오뉴는 교양, 미술, 음악, 미식, 여행, 문화, 예술, 웰니스 등 다양한 분야의 유료 강좌 프로그램을 기획 · 운영한다. 더불어 트렌드에 관심은 있지만 접근이 어려웠던 시니어층을 위해 '핫플레이스 투어', '러닝' 등 체험형 프로그램도 운영 중이다.
여러 장소를 옮겨 다니기보다 한 공간에서 학습, 휴식, 식사, 문화 경험까지 원스톱으로 해결하길 원하는 시니어의 공간 소비 특성에 맞춰, '오뉴하우스'는 통합적 공간으로 설계됐다. 지하 1층과 2층 그리고 3층에는 매일 진행되는 프로그램 학습 공간이 있고, 지상 1층과 2층에는 건강한 음료와 브런치를 먹을 수 있는 카페와 커뮤니티 공간이 있다. 2층과 루프톱에서는 공연 및 커뮤니티 프로그램이 이어진다. 오뉴는 취미 학습으로 출발했지만, 카페 운영과 문화 공연 기획 등으로 사업을 확장하며, 시니어 라이프스타일 전반을 아우르는 플랫폼으로 성장하고 있다.
하나의 취미를 복합문화 공간으로 확장

하우스오브영.

자료:필자 제공

한 사례로 '하우스오브영'과 '풍월당'을 들 수 있다. 하우스오브영은 도자기를 주제로 한 수업을 운영하는 공방 형태를 넘어 브런치, 커피, 관련 소품 쇼핑이 한 공간에서 이루어지는 감성적 복합문화 경험을 제공한다. 풍월당은 클래식 음반과 음악 서적을 판매하는 매장으로 출발했지만, 현재는 책과 음악, 강의와 공연, 커피와 담소가 어우러지는 복합문화 공간으로 진화했다. 음악 애호가들은 이곳에서 전문가 해설이 곁들여진 클래식 강좌를 듣거나, 소규모 실내 공연을 감상하며 더 깊이 있는 음악적 경험을 쌓을 수 있다. 나아가 음악 테마 여행 프로그램까지 운영되며 감상에서 실천으로 이어지는 몰입형 문화 경험을 제공한다.

창업 인사이트

'취향 기반 복합문화 공간'은 자영업자에게도 중요한 시사점을 제공한다. 취미를 위한 수업은 소비자의 지속적인 방문을 유도해 단골 고객 확보가 용이하다. 또한 하나의 콘텐츠에서 출발해 다양한 수익 구조로 확장할 수 있는 사업 모델이 가능하다. 자영업자는 이런 구조를 통해 콘텐츠 기반 브랜드화, 충성도 높은 단골 확보, 수익원 다각화라는 세 가지 기회를 순차적으로 추구할 수 있다. 이는 자본과 인력이 제한된 소규모 창업자가 확장 모델을 검토할 때 고려해볼 만하다.

5) 여행·레저

여행 산업 역시 시니어 세대를 핵심 타깃으로 하는 흐름이 나타나고 있다. 은퇴 후 여유 있는 시간과 일정 수준 경제력을 갖춘 50~70대 시니어층은 삶의 질을 높이는 여행, 자기 경험을 확장하는 테마 중심 여행에 큰 관심을 보이고 있다. 이들은 과거의 단체 관광 중심 여행에서 벗어나 깊이 있는 콘텐츠, 느린 여정, 전문성과 배려가 있는 운영 방식을 중요하게 여긴다.

이런 수요에 발맞춰 등장한 것이 바로 '시니어 전용 여행 전문 서비스'다. 국내에서는 중장년 여행객을 타깃으로 기획된 테마여행 브랜드나, 노년층 체력과 취향에 맞춘 맞춤형 여행 프로그램이 꾸준히 늘고 있다. 시니어의 놀이터라는 '시놀' 플랫폼과 인터파크가 협업해 만든 프로그램도 좋은 사례다. 시니어 고객을 대상으로 느린 일정, 편안한 이동, 교양 중심 콘텐츠를 결합한 기획여행이다.

최근에는 단순한 관광을 넘어 오페라·미술·음식·문학·역사 등을 주제로 한 '테마형 여행' 수요가 증가하고 있다. 예를 들어 유럽 미술관 순례, 고택과 사찰에서의 숙박 체험, 제주 자연 해설사와 함께하는 걷기 여행, 와인과 요리를 함께 배우는 문화 여행 등은 지적 만족과 체험의 균형을 추구하는 중장년 여성층을 중심으로 큰 인기를 얻고 있다. 단체 여행에서도 '일행'보다 '동행'을 중시하는 경향이 강해 소규모 그룹형 테마 여행, 동호회 기반 해외 문화 탐방 프로그램 등이 활발히 기획되는 분위기다.

6) 시니어 주택 개조

고령 인구가 급증하면서 '노후를 어디에서, 어떻게 보낼 것인가'는 우리 사회의 중요한 과제가 됐다. 최근 들어 'Aging in Place', 즉, 지금 살고 있는 집에서 삶을 마무리하고자 하는 시니어가 늘고 있다. 하지만 이들이 머물던 주거 환경은 고령자에게 안전하지 않은 경우가 많다. 이런 수요에 대응해 등장한 것이 '시니어 주택 개조' 사업이다. 아직은 낯선 시장이지만, 고령화 추세와 정책 변화에 따라 조만간 본격 산업군으로 발전할 가능성이 크다. 특히 70세 이상 고령자의 낙상이나 화장실 이용 불편은 생활의 자율성과 안전을 위협하는 주요 요인 중 하나다. 이에 따라 시니어 맞춤형 주택 개조 사업이 최근 사회적 가치와 경제성을 겸비한 창업 아이템으로 각광받는다. 미끄럼 방지 바닥재 시공, 안전손잡이 설치, 넓은 문턱 제거, 간단한 스마트 센서 연동 시스템 도입 등이 대표적이다. 실제로 지방자치단

주택 개조 모습.

자료: 콕집

체나 복지재단과 연계한 기업·정부 간 거래(B2G) 또는 기업 간 거래(B2B) 형태의 수주 사업으로도 확장되고 있어, 시니어 친화형 공간설계는 소규모 시공업 창업자에게도 유망한 분야다.

시니어 주택 개조 사업의 대표적인 사례로 '콕집(내집연구소)'이 있다. 이용민 콕집 대표는 복지 현장에서의 풍부한 경험을 바탕으로 고령자 행동 데이터를 기반으로 한 진단-설계-시공 통합 서비스를 구축했다. 이런 통합 모델을 기반으로 개별 소비자에게 주거환경 진단 및 맞춤형 개조 서비스를 제공한다. '분당서울대병원 퇴원환자 주거환경 개선사업(집으로)'과 같은 퇴원환자 주택 개조도 사업을 B2B 모델로 진행하고 있다. 지자체와 협업해 '인천도시공사 고령친화 집수리' '강남복지관 고령자 주거환경 개선 컨설팅' 등과

같은 B2G 사업도 하고 있다. 더불어 '시니어 주거환경 진단 코디네이터 양성과정' 운영(50플러스센터)을 통한 교육 사업을 통해 다양한 수익모델을 구축했다.

창업 인사이트

시니어 주택 개조 사업은 '작은 자본으로 시작할 수 있는 확장 가능한 구조'를 갖추고 있다. 창업비용 1000만원 정도, 1인 또는 소형 팀으로 운영할 수 있다. 고령자 맞춤 인테리어, 안전용품 시공, 상담 및 설계 서비스까지 확장도 가능하다. 정책 변화와 함께 관련 예산 및 인증제도 역시 지속적으로 확대되고 있어 제도적 성장도 기대할 수 있다.

하지만 경쟁력을 확보하기 위해서는 단순 시공이 아닌, 고령자 생활을 이해하고 설계할 수 있는 진단력, 그리고 이를 뒷받침할 전문 브랜드 이미지가 필요하다. 특히 시니어 시장은 '입소문'이 핵심이다. 고객과의 관계 형성과 사후 관리의 진정성이 장기 성공에 중요한 요인이다.

7) 시니어 데이케어 서비스

가족 간병 부담을 줄여주고, 노인들이 사회적 고립 없이 일상과 연결된 삶을 영위할 수 있도록 돕는 데이케어 서비스는 정부 정책과 사회적 수요가 맞물리며 빠르게 확산되고 있다. 고령층 인구가 급증하면서 매년 두 자릿수 성장세를 이어갈 것으로 예상된다. 과거 의료인이나 사회복지 전공자 중심 운영에서 벗어나, 최근에는 프랜차이즈 형태 데이케어센터 창업

도 점차 늘어나고 있다.

학습지 전문 교육기업 대교는 기존 어린이 학습지 노하우를 바탕으로, '대교뉴이프'라는 시니어 전문 브랜드를 만들어 주야간보호센터와 방문요양센터를 프랜차이즈로 운영 중이다. 인지 강화 활동, 브레인 트레이닝, 신체 활동 등 교육 기반 프로그램을 중심으로 구성된 데이케어 센터는 대교가 오랜 시간 축적해온 학습 노하우와 시니어 케어를 결합한 새로운 모델로 평가받는다. 현재 직영 데이케어센터 13개, 방문요양센터 16개, 프랜차이즈 데이케어센터 30개를 포함해 전국 단위 장기요양 서비스 네트워크를 구축하고 있다. 또한 간병인 매칭 플랫폼으로 시작해 사업 영역을 확장하고 있는 케어닥은 방문요양센터 프랜차이즈 사업을 활발히 진행하며 현재 24개 지점을 운영하고 있다.

창업 인사이트

기존 전문가 영역으로만 여겨졌던 데이케어센터가 점차 일반 자영업자 접근이 가능한 시장으로 바뀌고 있다. 사회복지사 등 일정한 자격 요건과 시설 기준을 갖추고 노인장기요양기관에 신고한 후 지자체 허가만 받으면 창업할 수 있다. 이에 프랜차이즈 본사들이 생겨나며 창업을 돕고 있다.

데이케어센터는 장기요양등급을 받은 시니어를 대상으로 운영하기 때문에 15%만 본인 부담금이고 나머지는 국민건강보험공단에서 지급하는 구조여서 수익 안정성이 높다. 요양등급 시니어들의 중장기 이용 비율이 높아 이탈률은 매우 낮은 편이다. 주야간보호센터는 보통 40~60명의 시니어가 주 5~6일 동안 식사까지 해결하고 있어 식음료 수요도 창출될 수 있다.

방문요양센터와 주야간보호센터 모두 노인장기요양보험 급여 항목에 포함되지만 사업 방식과 운영 구조는 다르다.

방문요양센터는 사무실 공간만 있으면 시작할 수 있어 초기 시설 투자비가 거의 들지 않는다. 또한, 시간제 급여를 기준으로 청구가 이뤄지기 때문에 상대적으로 단순한 구조를 가진다. 빠르게 시작할 수 있는 창업을 원하고, 비교적 적은 자본으로 안정적인 수익을 창출하고자 하는 창업자에게 적합하다.

주야간보호센터는 식사 제공, 차량 운행, 인지 및 신체 활동 프로그램 운영 등 복합적인 서비스를 포함하기 때문에 일정 규모 이상 시설이 필수다. 이에 따른 필수인력도 필요하다. 초기 투자비는 다소 크지만, 운영이 안정화되면 높은 단가의 급여 청구와 낮은 이탈률 덕분에 장기적으로 수익성이 우수하다. 지역 기반 케어 공간을 만들고, 요양 사업을 점진적으로 확장하려는 창업자에게 적합한 모델이다.

매출 2배 올리는 AI 마케팅 GPT봇으로 플레이스 최적화

김경문
노마드마운틴 대표

'외식업 마케팅의 모든 것' 저자. 매장 및 프랜차이즈 마케팅 분야에서 10년 이상 활동하며, 1000개 이상 매장과 100개 이상 프랜차이즈 마케팅을 성공적으로 진행한 실전형 전문가다. '문스터치 클래스(뭉클)'에서 저자의 실무 중심 강의를 들을 수 있다. 마케팅 인공지능(AI) 자동화 툴 '문스GPT'를 개발해 소상공인과 1인 대행사의 마케팅 효율을 높이는 데도 도움을 주고 있다.

자영업자 사장님에게 마케팅은 늘 '해야 하는데 못 하는 일'이다. 영수증 리뷰에 댓글을 달고, 인스타그램에 무엇을 올릴지 고민해서 만들고, 신메뉴 포스터를 만들고, 플레이스 광고와 파워링크 광고가 얼마나 집행됐는지 보고 세팅하는 일까지…. 일상적인 마케팅만 해도 하루에도 몇 시간을 잡아먹는다.

필자는 마케팅에 필요한 질문에 사장님이 대답하는 것만으로도 원하는 결과가 나오는 '자동화 GPT봇 21종'을 만들었다.

마케팅 자동화의 진짜 목적은 '성과'다

GPT를 비롯한 인공지능(AI)은 이제 더이상 단순히 '글을 써주는 도구'가 아니다. 현업에서 실제로 어떻게 활용할지에 대한 고민을 해야 한다. 고객 리뷰에 더 친절하고 진심 어린 댓글 달기, 예약 전환율 높이기, 고객이 궁금한 내용을 미리 전달함으로써 매출에 직결되는 행동 유

필자가 개발한 자영업 마케팅을 위한 GPT봇.

자료: 필자 제공

도하기 등 마케팅을 자동화해서 사장님 시간을 아끼고 업무 효율을 올려야 한다. 가령 아래와 같은 상황에서 AI와 단 몇 번의 질의응답만으로 답을 찾을 수 있다.

- 메뉴 사진을 좀 더 맛있어 보이게 보정하고 싶은데 하는 법을 모른다.
- 신메뉴가 나왔는데 포스터를 만들 시간이 없다.
- 매장 플레이스 키워드를 찾는 방법을 모르겠다.
- 손님이 영수증 리뷰를 좀 더 잘 써줬으면 하는데 방법을 모르겠다.
- 플레이스 광고를 잘하고 있는지 궁금하다.

AI 활용법 적용 사례

사례① 중랑등갈비 발산점
: 포스터 한 장이 만든 변화

일례로 중랑등갈비 발산점은 '마라등갈비'라는 신메뉴를 준비하면서 포스터를 제작하는 데 큰 부담을 느꼈다.

"디자인 업체에 맡기자니 비용이 걱정되고, 내가 만들자니 문구가 막막하고 시간도 없고…"

이때 GPT봇으로 디자인을 잡고, 텍스트만 추가해서 포스터를 30분 만에 만들었다. 이렇게 만든 포스터를 가맹점 플레이스에 올려 이벤트를 진행했다. 그러자 신메뉴 주문율이 상승하면서 매출이 올랐다. 이후 영수증 블로그 리뷰 이벤트, 인스타그램 콘텐츠 제작 등 자연스럽게 홍보 확장으로 이어졌다.

해당 사장님은 처음에는 어려워했지만, 이렇게 한 번 만들고 난 다음부터는 시간과 인건비를 줄이면서 지속적으로 잘 활용하고 있다.

사례② 황제 바지락 칼국수 당진점
: 모든 플레이스 세팅을 자동화

시골 지역 매장이었던 '황제 바지락 칼국수 당진점'은 별도 마케팅 인력이 없었다. 사장님은 컴퓨터와는 거리가 먼 삶을 살았고, 마케팅 경험도 전무했다. 노출 키워드, 예약 전환율, 고객 이해도 모두가 모두 부족한 상황이었다.

이후 필자에게 마케팅에 대한 이해와 AI 활용법을 배우고, 수업용 교보재로 만든 GPT봇을 활용해서 다양한 실습을 진행했다.

내 매장의 스토리와 이미지부터 만들자

브랜드 스토리텔링이나 이미지 메이킹은 대기업이나 프랜차이즈만 하는 것이 아니다. 개인 매장도 얼마든지 할 수 있고 또 해야 한다.

가장 첫 번째로 '브랜드 스토리텔링봇'을 활용해 내 매장의 정보를 가독성 높게 정리하고, 바다를 배경으로 단품 메뉴를 합쳐서 한 번에 볼 수 있도록, GPT를 통해 합성을 했다. '브랜드 스토리텔링'의 프롬프트(명령어)는 대략 이렇다.

"다음 정보를 바탕으로 브랜드 스토리텔링 콘텐츠를 작성해줘. 고객이나 가맹점주가 읽었을 때 브랜드에 대해 공감하고, 신뢰하고, 함께하고 싶다는 느낌이 들게 해줘.
스토리텔링 형식은 매장 탄생 배경, 창업자의 진심, 고객과의 관계, 브랜드 철학이 자연스럽게 연결되도록 구성해줘. 감성적이면서도 진정성 있게, 너무 광고 같지 않게 써줘. 분량은 A4 기준 1페이지 이내로 작성해줘."

- 브랜드명: {브랜드명}
- 창업 동기: {창업자가 브랜드를 시작하게 된 계기}
- 대표 메뉴 및 특징: {주요 메뉴와 차별점}
- 타깃 고객: {주로 찾는 고객층의 특징}
- 경쟁 브랜드와의 차별점: {브랜드만의 강점}
- 창업자가 고객에게 전하고 싶은 말: {한두 문장으로 진심}

고객이 원하는 콘텐츠를 반영하자

경기가 어려워지면서 고객 소비 패턴도 변화하고 있다. 외식을 하더라도 이제는 더 많은 조사와 검증을 거치고 매장을 선택한다.

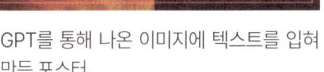
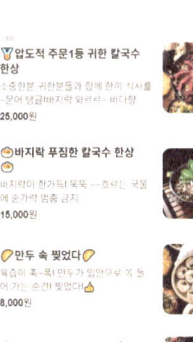

GPT를 통해 나온 이미지에 텍스트를 입혀 만든 포스터.

AI를 활용해 만든 메뉴 리스트.

AI를 활용해 만든 황제 바지락 칼국수 당진점의 플레이스 매장 소개글.

그래서 우리 매장에 가장 많은 비중을 차지하는 고객을 대상으로 다양한 쿠폰을 기획하고 깜빡이는 쿠폰 이미지를 만들어('매장 쿠폰 기획하기 봇' 활용) 플레이스에 최대한 많이 넣어 혜택이 많아 보이도록 구성하고, 메뉴가 좀 더 먹음직스럽도록 메뉴명에 이모티콘과 독창적인 설명을 곁들여 플레이스를 풍성하게 꾸몄다.

매장에 맞는 쿠폰을 기획하는 대략적인 프롬프트는 다음과 같다.

프롬프트 예시)

"다음 매장 정보를 기반으로, 실제 현장에서 활용 가능한 실전형 쿠폰 기획안을 제안해줘. 쿠폰은 고객 입장에서 매력적이면서도, 매장 수익성도 고려한 구성이어야 해. 쿠폰 기획 제목, 목적, 문구, 유도 액션, 발급 조건, 유효 기간, 발급 방식, 유의사항까지 빠짐없이 정리해줘. 문구는 광고스럽지 않고, 사장님이 그대로 복붙(복사+붙여넣기)해서 쓸 수 있을 정도로 실용적이고 현장 친화적인 스타일이면 좋겠어."

- 업종: 라멘집
- 매장 상황: 신규 고객 유입은 많으나 재방문율이 낮음
- 마케팅 목표: 재방문 유도+SNS 인증 유도
- 평균 객단가: 1만3000원
- 마진 구조: 사이드 메뉴 70%, 메인 메뉴 55%

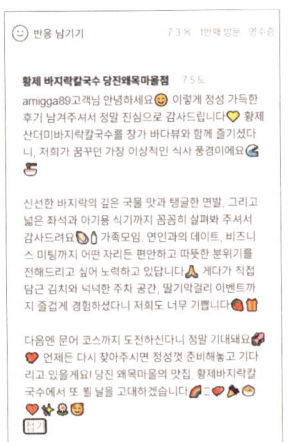

AI가 작성한 영수증 리뷰글.

AI가 작성한 블로그 가이드를 통해 모집한 체험단 블로그 리뷰.

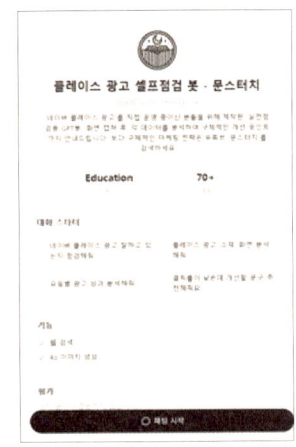

플레이스 광고 셀프점검봇.

- 고객층 특징: 20 · 30대 혼밥하는 직장인이
  많음

키워드 최적화와 광고로
마케팅 효율을 높이자

이렇게 플레이스를 잘 꾸몄다면 방문 전 환율이 올라갈 수 있는 발판을 만든 셈이니 이제는 마케팅을 해볼 만하다. 영수증 리뷰, 블로그 체험단 모집, 플레이스 · 파워링크 광고를 지속적으로 해서 마케팅 최적화를 하면 된다.

영수증 리뷰봇을 통해 분량이 길면서도 진심 어린 댓글을 빠르게 달도록 자동화한다. AI를 활용해 댓글도 달 수 있지만, 리뷰를 분석해 꼭 알아야 할 내용이라든

지 유독 부정적인 반응이 몰리는 지점이 무엇인지 등 도움이 될 만한 팁을 얻을 수도 있다. 블로그 체험단 가이드 제작도 자동화해서 원하는 블로거를 직접 모을 수 있도록 한다. 또한 플레이스 광고를 잘하고 있는지 성과를 측정할 수 있는 GPT봇을 통해 지속적으로 효율을 올릴 수 있도록 하는 것도 잊지 말자.

다음은 영수증 리뷰 댓글봇에 대한 프롬프트 예시다.

프롬프트 예시)

"다음 고객 리뷰에 대해 사장님이 직접 다는 것처럼 따뜻하고 센스 있게 댓글을 작성해줘. 리뷰에 담긴 칭찬 포인트나 감정에 공감해주

매장 마케팅 AI 활용 사례

항목	자동화 GPT봇	주요 내용
상호명 + 키워드	키워드봇	'왜목마을맛집' '플라밍고CC맛집' 등 지역 + 특장점 조합한 진성 키워드 생성 및 파워링크 적용
소개 문구	스토리봇	직접 끓이는 국물, 단골 고객 에피소드 반영
찾아오는 길	길안내봇	OO마트 골목 등 실제 위치 기반 문구 자동화
대표메뉴 설명	메뉴 스토리봇	이모티콘, 맛을 자극하는 멘트 자동 생성 및 제작
후기 유도	리뷰유도봇	후기 작성 요청 문구 자동 생성, 인쇄해서 매장 비치
세트메뉴 구성	세트추천봇	점심 1인 구성, 저녁 2~3인 메뉴 자동 제안
플레이스 광고	광고 성과측정봇	수업에서 실습으로 적용한 플레이스·파워링크 광고를 수업 후에도 GPT봇을 통해 성과를 피드백 받으며 운영

고, 진심 어린 감사 인사와 함께 다음 방문을 자연스럽게 유도하거나 매장만의 한마디로 마무리해줘. 톤은 부드럽고 자연스러우며, 기계적이거나 과도하게 영업 티 나지 않게 해줘. 2~4줄 정도 길이로 작성하고, 이모티콘은 상황에 맞게 1~2개만 가볍게 넣어줘."

"{여기에 고객 리뷰 입력}"

이렇게 AI를 활용해 플레이스 전 영역의 내용을 작성하고 광고를 최적화한 결과, 한 달 만에 주말 일 매출이 150만원에서 400만원 이상으로 급등했다. 월 매출은 2500만원에서 4500만원까지 올랐다 (2025년 4~6월 매출 기준).

AI 마케팅, 실행력이 곧 매출이다

AI 마케팅 자동화의 목적은 단순히 '일을 대신 해주는 것'이 아니다. 성과를 만들어내도록 도와주는 것이다. 이제는 AI를 잘 활용하는 사장님과 그러지 못하는 사장님 간 격차가 매출로 나타날 수밖에 없다.

마케팅 실행력은 곧 매출과 직결된다. 이전에도 그래왔지만 앞으로는 더 교육과 실행이 중요해질 것이다. 그리고 실행을 도와주는 가장 강력한 도구가 현재는 GPT다. 물론 앞으로 또 어떤 AI가 치고 올라올지 모른다. 이미 AI에 적응하고 있는 사회에서 배움의 단계를 넘어 실행과 활용의 단계로 먼저 넘어가는 사장님이 승자가 될 것이다.

브랜드 기획부터 VMD 연출까지
F&B 마케팅도 AI가 대세

양성욱
스페이스콘텐츠푸드(SCF) 최고마케팅책임자(CMO)

스페이스콘텐츠푸드(SCF)에서 최고마케팅책임자(CMO)로 일하고 있다. 2009년부터 외식과 리테일 분야에서 온라인과 오프라인 마케팅, 콘텐츠 기획, 신규 브랜드 개발에 종사해왔다. SCF에서는 여러 식음료(F&B) 브랜드의 브랜딩과 마케팅을 총괄하고 있으며, 인공지능(AI) 기반 마케팅, 인플루언서 및 커뮤니티를 연계한 바이럴 전략 등 최신 트렌드를 실무에 적극적으로 접목하기 위해 고민하고 있다.

필자는 2년 반 만에 40개 넘는 직영 매장을 오픈한 스페이스콘텐츠푸드(SCF)의 최고마케팅책임자(CMO)를 맡고 있다. SCF가 이처럼 놀라운 속도와 밀도를 유지하며 지속적인 성장을 이룰 수 있었던 비결 중 하나는 바로 적극적인 인공지능(AI) 활용이다.

자영업 성공 조건은 이제 '맛'과 '서비스'만으로는 부족하다. 고객 마음을 사로잡고, 매출과 효율을 극대화하는 경영 전략이 필수다. 최근 외식업계에 AI 도입이 거스를 수 없는 큰 흐름이라는 것을 누구나 체감하고 있을 것이다. 흔히 대기업이나 프랜차이즈 본사의 일이라고 생각하기 쉽지만, 사실 소규모 식당을 운영하는 사장님에게도 AI는 더 이상 먼 이야기가 아니다. 실제로 주변을 살펴보면 키오스크나 서빙 로봇을 넘어 AI를 활용해 가게 경쟁력을 높이고 매출을 늘리는 소상공인이 빠르게 증가하고 있다.

예를 들어 네이버플레이스에서 제공하는 AI 리뷰 요약 기능은 손님의 수많은 리뷰를 분석해 가게 장단점을 한눈에 보여준다. 인기 있는 메뉴와 개선이 필요한 지점을 정확히 알려주니, 사장님은 고객 반응을 빠르게 읽고 운영에 바로 반영할 수 있다. 카카오맵 역시 맛집 랭킹보다 더 눈에 띄는 위치에 'AI 맛집'을 배치하고 있으며, 구글맵처럼 레벨과 등급 개념인 '제보포인트'를 앞단에 두어 게이미피케이션(마케팅 등에 게임 요소를 접목시키는 것) 효과까지 유도하고 있다.

티오더 같은 스마트 오더 시스템은 단순 주문을 넘어 고객의 주문 패턴을 분석하고, 인기 메뉴나 프로모션을 자동 추천하는 기능까지 제공한다. 이는 고객 경험을 높이고 재방문을 유도하는 데 큰 도움이 된다. 또한 SNS 광고 플랫폼의 머신러닝 기능을 통해 기존 고객과 비슷한 패턴을 보이는 '잠재 고객'에게 매장을 효율적으로 알릴 수 있다. 이렇게 확보된 잠재 고객은 신규 고객으로 전환되고, 현장에서의 만족을 바탕으로 단골 고객으로 이어진다.

이처럼 AI는 거창한 기술이 아니라 사장님 고민을 덜어주고 운영을 효율화하며 수익을 개선하는 실질적인 도구다. 특히 지금처럼 어려운 시기에는 선택이 아니라 생존과 성장을 위한 필수적인 무기다. 소규모 자영업자도 쉽게 활용할 수 있는 강력한 도구로, 새로운 매출 아이디어를 발굴하고 운영 시간을 획기적으로 줄이는 혁신적인 변화를 만들어낼 수 있다. 복잡하게 느껴지던 AI가 어떻게 경쟁력을 높이고, 고객의 마음을 사로잡으며 매출을 올리고 시간을 절약할 수 있는지에 대해 SCF의 CMO로서 경험을 바탕으로 실질적인 방법을 공유하고자 한다.

AI, 자영업 매출 증대와 시간 절약의 게임체인저

필자가 현재 사용하는 AI 툴은 모두 무료 혹은 저비용으로 시작 가능하다. 퍼플렉시티AI(Perplexity AI), 일론 머스크가 내놓은 그록(Grok), 챗GPT, 구글 제미나이(Gemini) 등을 혼용하며, 각 툴의 결과물을 그대로 믿지 않고 교차 활용함으로써 원하는 결과물을 얻고자 노력한다.

SCF에서 필자는 AI를 통해 매출 증대와 운영 효율화를 실질적으로 이끌어냈다. 사실 AI는 매일 반복되는 잡무를 확 줄여주는 똑똑한 직원이나 다름없다. 가게 문을 열고 닫는 순간까지 사장님 혼자 감당해야 했던 수많은 일을 AI가 대신 함으로써 시간을 절약해주고, 단골손님을 더 많이 만들며, 무엇을 팔아야 돈이 될지를 정확히 파악하도록 돕는다.

그러므로 AI를 어렵게 생각할 필요는 없다. 지금 당장 가게에 적용해본다면 사장님 수고를 덜고 업무 효율을 높이는 데 큰 도움을 받을 수 있을 터다.

실제로 AI를 도입한 중소·자영업 매장은 다음과 같은 효과를 경험하고 있다.

· 맞춤형 마케팅 : 고객 구매 이력 분석, 개인화 쿠폰 제공을 통해 재방문율 25% 상승, 매출 15% 증가
· AI 챗봇·콜봇 : 24시간 주문·문의 자동화로 인건비 20% 절감, 고객 응대 시간 50% 단축
· 재고·수요 예측 : 인기 메뉴·시간대 자동 분석을 통해 식재료 낭비 40% 감소, 재고 비용 30% 절감
· 가격 최적화 : 경쟁사 가격·수요 데이터 분석 및 실시간 가격 조정을 통해 매출 및 고객 유입 증가
· 리뷰·평판 관리 : 리뷰 자동 분석 및 응답, 부정 리뷰 신속 대응으로 신규 고객 유입 증가
· SNS·콘텐츠 자동화 : 이미지·문구 자동 생성, 예약 발행으로 마케팅 비용·시간 절감, 브랜드 노출 강화
· 매장 경험 혁신 : AI 기반 VMD*, 로봇

서빙, 자율주행 카트 등으로 고객 만족·운영 효율 동시 향상

하지만 이 기능 중 일부는 유료 솔루션을 통해 얻을 수 있는 기대 효과다. 다음은 누구나 쉽게 활용할 수 있는 사례를 전한다.

AI를 활용한 성공 사례

AI는 아이디어 발굴에서 시간 절약까지 모든 단계에서 강력한 통찰력을 제공한다. SCF 역시 다양한 매장에서 AI를 실무에 접목해 매출을 높이고 운영 효율을 개선해왔다.

1. 저녁 매출 극대화
: 까몬 판교아브뉴프랑점

그중 하나가 까몬 판교아브뉴프랑점의 저녁 매출 극대화 프로젝트다. 이 매장의 저녁 매출을 끌어올리기 위해 필자는 세트 메뉴 구성과 VMD 개선 과정에서 AI의 힘을 활용했다.

· 세트 메뉴 구성 : AI 툴(퍼플렉시티, 챗GPT)을 활용해 고객 리뷰와 SNS에서 맥주와 자주 언급되는 메뉴(예: 닭목살 튀김 등)를 분석했다. 이를 바탕으로 매장

---

* Visual Merchandising Display·매장을 어떻게 보이게 꾸미고 연출할지에 대한 전략.

직원 의견을 종합해 세트 메뉴를 구성하고, 할인 가격을 설정했다.

· VMD 개선 : VMD 개선 전, 퍼플렉시티와 그록을 통해 '저녁 시간대 캐주얼 다이닝의 매장 분위기 트렌드'를 분석해 인사이트를 얻었다. 예를 들어 '따뜻한 조명과 나무 소재 소품'이 고객 체류 시간을 늘린다는 통찰을 바탕으로, 제미나이를 사용해 VMD 목업 이미지를 생성했다.

2. 새로운 브랜드 기획·개발

새로운 중화요리 브랜드를 기획하고 개발 중일 때도, AI를 메뉴 개발, 콘셉트 설정, 투자 제안서 작성까지 전방위적으로 활용했다.

· 메뉴 개발 : SCF와 파트너십을 맺은 셰프의 이력과 특장점(예: 퓨전 중식 경험, 고급 소스 제조 기술)과 시장에서 인기 있는 중식 메뉴(예: 마파두부, 탕수육)를 AI(제미나이, 챗GPT)에 입력했다. 추가로 '퓨전 한식 다이닝 '어슬청담'처럼 법카 쓰기 좋은 차이니스 다이닝을 만든다면?'이라는 프롬프트를 사용해 고급스러운 콘셉트와 메뉴 구성을 제안받았다. AI는 '마늘간장 소스를 곁들인 블랙타이거 새우' '트러플 오일 마파두부' 같은 퓨전

메뉴를 제안했고, 이를 바탕으로 메뉴 개발 아이디어를 얻을 수 있었다.

· 이익 극대화 : AI(챗GPT)에 "투자자에게 제안하는 브랜드 소개서 양식으로 작성해줘"라고 요청해 초안을 생성한 후 세부 메뉴 구성과 예상 매출 데이터를 추가로 요청해 보완했다.

· CMO 인사이트
AI를 활용해 브랜드 기획 초기 단계에서 시장 분석, 메뉴 제안, 제안서 작성까지 전 과정을 가속화하며 비용과 시간을 절감했다.

3. AI로 구현하는 매장 VMD 시안
: 캐드 없이도 분위기 연출

매장 분위기는 고객 경험과 직결되며, 이는 곧 매출로 이어진다. 과거에는 전문 캐드 작업이 필요했지만, 이제 AI는 누구나 쉽게 원하는 VMD 시안을 구현할 수 있도록 돕는다.

· 사례 : 느루집의 술 분위기 VMD 연출
판교 느루집은 저녁 시간대 주류 매출을 높이고 싶었지만, 매장 인테리어를 대대적으로 바꾸기에는 부담이 컸다. 필자는 제미나이를 활용해 현재 매장 사진과 함께 '밤에 술 마시기 좋은 편안하고 아늑

한 분위기' '한국적인 요소를 가미한 모던한 술집 인테리어'라는 프롬프트를 입력했다. 이 프롬프트 또한 퍼플렉시티나 그록 등 다양한 AI 툴을 활용해 자료를 정리한 내용이었다. AI는 기존 매장 구조를 유지하면서 조명, 소품, 가구 배치 등을 변화시킨 다양한 VMD 시안을 생성했다.

결과물은 다음과 같았다.

제미나이가 그린 이미지.

· CMO 인사이트

AI는 전문 디자이너 없이도 매출 증대에 기여하는 매력적인 공간 연출 아이디어를 쉽고 빠르게 제공한다. 판교 느루집은 AI로 비용과 시간을 절감하며 매장 분위

기를 혁신한 대표적인 사례다.

4. 운영 효율화와 위기 대응 마케팅 혁신

AI는 운영·마케팅에서 자영업자의 시간 부담을 줄여주며, 특히 위기 상황에서는 빠르게 매출을 방어하고 증대할 수 있는 전략을 제시한다.

· 사례 : 닭갈비 매장의 너지 마케팅

조류독감으로 닭갈비 원가율이 상승했을 때 챗GPT를 활용해 서브 메뉴(부대찌개)를 밀기 위한 너지 마케팅 전략을 설계했다.

· 프롬프트 예시 : "조류독감으로 닭갈비 원가율이 상승했을 때, 부대찌개를 강조하는 마케팅 전략 제안."

· AI 제안 및 적용 : AI는 메뉴판에서 부대찌개를 강조하는 배치, '오늘의 추천' 문구, 세트 메뉴 구성(부대찌개+맥주 할인)을 제안했다.

· CMO 인사이트

AI는 위기 상황에서도 빠르게 대응 전략을 수립해 매출 안정화를 이끌었다. SCF에서는 AI로 실시간 매출 데이터를 분석하며 마케팅 전략을 조정해 시간과 비용을 절감했다.

다음 사례는 가상의 내용이다. 매출 분석을 통한 신메뉴 도입 효과 예측과 성공 시 기대되는 결과를 다음과 같이 예상해 봤다.

정확한 매출 분석과
신메뉴 도입 효과 예측

AI는 매출 데이터를 분석하고 신메뉴 도입 효과를 예측해 운영 효율성과 매출 예측의 정확도를 높여준다.

· 사례 : 중식 레스토랑의 신메뉴 론칭
AI를 활용해 신메뉴(연근갈비탕) 도입 전후의 매출 변화를 분석.
· 분석 과정 : AI는 기존 판매 데이터, 유사 메뉴 트렌드, 고객 리뷰를 종합해 신메뉴 도입 후 점심 매출이 10% 증가할 것이라 예측했고, 실제로 '고급스러운 맛'에 대한 긍정적인 고객 피드백을 받았다.
· 마케팅 캠페인 : AI는 인스타그램 캠페인(연근갈비탕+테이블 퍼포먼스 영상)을 제안했고, 이를 적용해 도달률이 35% 향상됐다.
· 신메뉴 동선 최적화 : 신메뉴로 인한 주방 동선 꼬임을 최소화하기 위해 AI에 "기존 재료(소고기, 연근, 양파 등)를 활용한 신메뉴 배리에이션"을 요청했다. AI는 '연근소고기볶음' '연근탕수육'을 제

안했고, 이를 통해 주방 효율성을 유지하며 신메뉴를 성공적으로 론칭했다.

· CMO 인사이트
AI의 정교한 매출 예측과 동선 최적화는 신메뉴 론칭의 성공 가능성을 높였다. SCF는 AI로 불필요한 시행착오를 줄이고 매출 기여도를 극대화했다.

지금 바로 연습해볼 수 있는
AI 활용법 3가지 예시

1. [퍼플렉시티] "이 메뉴에 어울리는 50자 마케팅 문구 만들어줘."
2. [제미나이] "내 가게 상권에서 1인식 중식당 성공 요인 분석해줘."
3. [그록/제미나이/챗GPT같이 이미지 추출이 가능한 툴] "20대 타깃의 아늑한 술집 인테리어 시안 3개 보여줘."

생각보다 쉽고, 결과는 확실한 AI 마케팅

AI는 이제 F&B 자영업 성공의 필수 조건이 됐다. 단순히 트렌드를 따라가는 것이 아니라 실제로 매출과 효율, 고객 경험을 혁신하는 강력한 도구임을 필자의 경험과 다양한 사례로 제시했다. 지금이 바로, AI와 함께 새로운 도약을 시작할 최적기다.

벽이 곧 '브랜딩' 공간이다
미디어월로 인테리어 완성

주현태
팜스 대표

팜스보드게임카페 직영점 3개를 운영 중이다. 인테리어 실장(설계 및 감리, 예산 및 공정 검토, 사업성 검토 등) 출신으로 지방 상권에서 수도권으로 진출하면서 직영점 확장을 계획하고 있다. 시설업 다점포 확장 및 인테리어 검토와 브랜딩 및 공간 기획 등 풀오토 매장을 만들기 위한 어드바이저 역할을 하고 있다.

메뉴판이 움직이기 시작했다. 카페와 음식점, 베이커리 메뉴판은 더 이상 칠판에 적힌 글자나 인쇄물에 머무르지 않는다. 화면이 깜빡이며 메뉴가 전환되고, 추천 상품이 등장하고, 배경에는 브랜드 컬러가 흐른다.

디지털 디스플레이는 단순한 정보 전달을 넘어 공간 안에서 브랜드 감성과 무드를 전하는 움직이는 일러스트가 되고 있다. 이는 단순히 메뉴판의 디지털화가 아니다. 과거 미니멀한 포스터, 정적인 벽면 디자인이 변화하고 있음을 상징한다. 정적인 인쇄물이 주던 절제된 감성 대신, 이제는 움직임과 빛·색감·애니메이션을 통해 고객의 시선을 끌고 감정을 건드리는 시대다.

왜 지금 미디어 인테리어인가?

온라인 소비 확산, SNS 기반 정보 공유, 비대면 쇼핑 일상화라는 트렌드는 이제 오프라인 매장에 단순한 '판매 공간' 이상의 역할을 요구한다. 고객은 매장을 단

지 물건을 사러 오는 곳으로 여기지 않는다. 무엇을 느끼고, 어떤 분위기를 경험했는지가 브랜드 기억으로 남는다.

이런 흐름 속에서 주목받는 것이 바로 '미디어 인테리어', 그중에서도 디지털 디스플레이(Digital Display)와 미디어월(Media Wall)이다. 이제는 조용한 벽지나 포스터 대신 움직이는 화면이 고객과 직접 소통한다. 브랜드 로고·색상·무드·이벤트·메뉴·분위기까지 모든 것이 화면을 통해 표현된다. 고객은 그것을 느끼고, 기억하고, 공유한다. 공간이 말하는 시대, 브랜드는 보여줘야 살아남는다.

브랜드를 보여주는 매장과 실제 사례

1. 배스킨라빈스

: 매장 내부 감싸는 몰입형 디스플레이

최근 배스킨라빈스는 매장 내부에 대형 LED 디스플레이를 적극 도입하며, 브랜드 경험의 깊이를 확장하고 있다. 플래그십 매장에서는 입구나 중앙 벽면을 따라 곡면형 스크린이 설치되어, 시즌 한정 메뉴, 캠페인 영상, 캐릭터 콘텐츠 등이 생생하게 재생된다. 고객은 아이스크림을 고르는 순간에도 브랜드 세계관 속에 자연스럽게 몰입하게 된다.

이런 전략은 대형 매장에 국한되지 않는다. 지역 로컬 매장에서도 기존 인쇄형

배스킨라빈스 파르나스몰, 배스킨라빈스 양재, 배스킨라빈스 판교현대, 배스킨라빈스 리뉴얼 메뉴판(맨 위부터).

올리브영 성수점.

메뉴판이 소형 디지털 디스플레이로 빠르게 교체되고 있으며, 이 디스플레이는 단순한 가격 안내를 넘어 제품 이미지와 추천 메뉴 등을 동적으로 보여주는 데 집중한다. 화면 움직임과 조명이 매장 분위기에 리듬감을 더해주며, 한 대의 작은 디스플레이라도 매장 전체에 활력을 부여하는 역할을 한다.

2. 올리브영 성수점
: 메시지를 담은 미디어월

올리브영 성수점은 계산대 뒤편 벽면 전체를 커다란 LED 스크린으로 구성해 브랜드 메시지를 강하게 각인시킨다. 고정된 슬로건이나 인쇄물 대신 다양한 그래픽 콘텐츠와 텍스트 애니메이션이 교차되며 매장에 활력을 불어넣는다. 'OLIVE YOUNG SEONGSU'처럼 지역성과 브랜드 정체성을 결합한 메시지가 반복적으로 재생되는데, 이는 매장을 단순한 소매 공간이 아닌 '브랜드의 장면'으로 전환시킨다. 특히 미디어월의 강렬한 색채와 움직임은 고객 동선을 자연스럽게 안내하고, 매장 내부 그린톤 인테리어와 조화를 이루어 시각적 일관성을 형성한다.

3. 투썸플레이스
: 리뉴얼과 함께 도입된 디지털 메뉴보드

투썸플레이스 매장은 리뉴얼을 계기로 기존 인쇄형 메뉴판을 디지털 메뉴보드로 전환하고 있다. 이를 통해 메뉴 정보뿐 아니라 브랜드 메시지, 캠페인 영상 등 다양한 콘텐츠를 실시간으로 송출하며 고객과의 접점을 넓히는 중이다. 정적인 메뉴판을 동적인 디지털 미디어로 바꾸며 매장 분위기와 브랜드 이미지 모두에 변화를 주는 사례다.

투썸플레이스 미사역(리뉴얼), 투썸플레이스 대구팔공순환로(리뉴얼 전). 자료: 필자 제공

SNS 시대, 매장이 콘텐츠가 된다

미디어 디스플레이는 단지 보는 도구가 아니다. 고객 스마트폰과 연결되는 SNS 콘텐츠 생성의 장치다. 움직이는 영상, 선명한 색감, 브랜드가 살아 있는 듯한 화면은 그대로 온라인 마케팅 자산으로 활용될 수 있다. 그리고 자연스럽게 인스타그램, 틱톡, 블로그, 유튜브로 퍼져 나간다. 미디어 인테리어는 이처럼 무의식적 구전 마케팅을 가능하게 한다. 즉, 매장에서 사용되는 영상 콘텐츠나 이미지 자료를 사업주가 SNS에 그대로 활용할 수 있다는 점이 강점이다.

동일한 콘텐츠를 오프라인과 온라인에 함께 쓰는 구조는 시간과 비용을 절감하고, 별도 마케팅 콘텐츠를 제작할 필요가 없어 효율적인 운영이 가능하다. 화려한 광고 영상보다 매장의 실제 모습이 자연스럽게 담긴 짧은 영상이나 이미지가 더 많은 공감을 얻는 시대다. 2026년에는 번잡하고 어려운 마케팅보다 잘 만든 콘텐츠 하나로 오프라인과 온라인을 동시에 움직이게 하는 전략이 효과적이다.

소형 매장에서 실천 전략

작은 매장일수록 미디어 인테리어는 더욱 효과적이다. 벽면 한편, 카운터 위 공간, 입구 옆에 설치된 디스플레이 하나가 곧 매장의 첫인상과 브랜드 기억의 전부가 될 수 있다. 좁은 공간일수록 고객이 머무는 시선의 지점이 집중되기 때문에 디지털 디스플레이 효용은 더욱 높아진다.

예를 들어 다음과 같은 방식으로 적용할 수 있다.

카페: 카운터 위 - 디지털 메뉴보드, 계절 음료 영상

미용실: 대기석 벽 - 시술 영상, 후기 스크롤

키즈카페: 출입구 - 놀이 영상, 이용 안내

편의매장: 계산대 옆 - 할인 정보, 적립 포인트 안내

이런 설치는 단순히 정보를 보여주는 화면 역할을 넘어 공간을 디자인하는 요소로 작동한다. 디스플레이는 벽지를 대신할 수 있고, 간판 역할도 할 수 있으며, 시즌·이벤트·시간대별로 콘텐츠를 바꾸는 것만으로 매장 분위기를 바꿀 수 있다.

무엇보다 소형 매장일수록 인테리어 자원과 예산이 제한적이기 때문에 디지털 디스플레이를 적절히 활용하면 인테리어 공백을 채우는 동시에 브랜딩도 구현할 수 있다. 벽면을 꾸미는 대신, 콘텐츠를 입힌다는 발상의 전환이다. 그 자체로 소형 매장에는 비용 대비 효과가 큰 전략이 될 수 있다.

다만 한 가지 유의할 점은 단순히 정보를 나열하거나 목적 없이 콘텐츠를 재생하는 것은 오히려 역효과를 낼 수 있다는 사실이다. 예를 들어 매장 분위기에 어울리지 않는 영상을 트는 경우다. 이는 눈길은 끌지만 브랜드에 대한 인상은 흐릿해지고, 고객 집중도는 떨어진다.

디스플레이는 '보여주기 위한 장치'가 아니라 '의미를 전달하기 위한 장치'여야 한다. 처음 시도하는 사장님들도 겁먹을

필요는 없다. 모든 걸 잘해야 하는 것이 아니라 핵심만 명확하게 정리된 콘텐츠 몇 장면으로도 충분히 시작할 수 있다. 중요한 건 보여주는 기술보다 보여줄 방향성과 메시지다.

콘텐츠 제작, 외주를 똑똑하게 활용하라

콘텐츠 제작이 막막하다면 외주를 똑똑하게 활용하는 것도 좋은 전략이다. 크몽, 라우드소싱 같은 프리랜서 플랫폼을 활용하면 초기 브랜딩 콘텐츠를 소규모 예산으로도 충분히 제작할 수 있다. 가장 저렴하게 한다면 로고 애니메이션은 5만~10만원, SNS용 이미지 패키지는 10만원 안팎, 간단한 슬라이드 영상은 10만원대 초반부터 제작 가능하다. 생각보다 합리적인 비용으로 브랜드에 생명력을 불어넣을 수 있다.

디자인 실력이 없다고 주저할 필요 없다. 디자이너와 협업해 필요한 요소만 정확히 전달하는 것만으로도 좋은 결과를 얻을 수 있다. 중요한 건 화려함보다 방향성과 메시지가 명확한 콘텐츠다. 초기에는 고퀄리티 영상이나 CG보다 구조가 잘 짜인 콘텐츠 몇 장면이면 충분하다. 매장에 어울리는 로고 애니메이션, SNS 해시태그 템플릿, 브랜드 무드 이미지, 이벤트 안내 문구, 슬라이드형 메뉴 안내

영상 등은 소형 매장에서 바로 활용하기 좋다.

핵심은 디자인에 매몰되지 않는 것이다. 각각의 디스플레이가 어떤 역할을 할 것인지, 어떤 메시지를 고객에게 전달할 것인지를 먼저 정의해야 한다. 예를 들어 입구 쪽 화면은 브랜드 무드와 환영 인사, 카운터 위 디스플레이는 제품 정보와 이벤트, 출구 쪽 화면은 후기 유도 문구를 보여주는 식의 흐름을 설계하면 콘텐츠 제작도 훨씬 수월해지고 매장 인상 또한 훨씬 또렷해진다.

디자이너에게 맡기기 전 확인할 것

디자인 감각이 부족하다면 전문가에게 전적으로 맡기는 것도 하나의 방법이다. 그러나 그 이전에 사장 스스로 디스플레이 '역할'을 명확히 정의하고 콘텐츠 방향성을 설정하는 것이 중요하다. 예를 들어 입구 디스플레이는 브랜드의 무드와 환영 메시지, 카운터 상단은 주요 메뉴와 이벤트 정보, 출구 근처는 후기 유도 문구나 SNS 해시태그 등을 노출하는 식으로 각 화면의 콘텐츠 분할과 흐름을 사전에 계획해두면 훨씬 명확하고 집중도 있는 연출이 가능하다.

모든 화면이 모든 정보를 보여주려 하면 오히려 산만해지고 고객 시선은 분산된

다. 디스플레이는 정보 '양'이 아니라, 전달 '구조'로 효과가 결정된다. 또한 디스플레이는 단독 장치가 아니라 전체 인테리어의 일부다. 간판 후광 조명, 벽면 간접 조명, 천장 라인 조명 등과 디스플레이 색 온도와 밝기를 함께 조율하면 공간 완성도가 크게 높아진다. 따라서 디스플레이는 사후에 덧붙이는 방식보다는, 인테리어 설계 초기에 함께 계획하는 것이 가장 이상적이다.

실제로 현재 LED 디스플레이는 밝은 환경에서도 충분히 선명하고, 벽면에 매립하거나 프레임과 일체화해 시공할 수 있어 인테리어에 자연스럽게 녹아든다.

이는 과거 유행하던 빔프로젝터 투사 방식과는 전혀 다르다. 빛이 분산되고 시인성이 떨어졌던 빔프로젝터와 달리 현재의 디스플레이는 정보 전달력과 공간감 모두를 만족시키는 솔루션으로 진화하고 있다.

시공과 비용 부담을 낮추는 방법

많은 사장들이 "멋은 알겠는데, 비용이 너무 비싸지 않을까?" 하고 걱정한다.

하지만 디지털 디스플레이 가격은 과거보다 훨씬 현실적인 수준으로 내려왔고, 부분 설치와 단계적 도입으로 접근하면 큰 부담 없이 시작할 수 있다. 예를 들어

소형 태블릿 디스플레이(10~13인치)는 10만원대 초중반, 32~43인치 상업용 모니터는 30만~70만원, 기본형 LED 사이니지는 1㎡ 기준 수십만 원으로 시작할 수 있다. 여기에 콘텐츠만 적절히 구성하면, 초기 100만원 안팎으로 시작하는 디지털 인테리어도 충분히 가능하다.

시공 측면에서 보면 디스플레이는 크게 두 가지 방식으로 나눌 수 있다.

* 벽 부착형: 가장 일반적인 방식으로, 기존 벽면에 브래킷만 부착하면 완료된다. 비교적 간단하며, 리모델링 없이도 가능하다.
* 매립형: 인테리어 공사 초기부터 고려해야 하지만, 조명이나 벽체 마감과 자연스럽게 어우러져 매장의 완성도가 크게 높아진다. 가급적 매립형 설치를 추천한다.

비용을 아끼려다 오히려 어색하게 보이는 경우도 많다. 디스플레이는 단순한 '기기'가 아니라 인테리어 요소이기 때문에 벽면 마감이나 조명과의 연결성까지 생각한 설계가 장기적으로 더 경제적일 수 있다. 작은 장비 하나라도 위치와 방향, 조명과의 관계만 잘 설계해도, 훨씬 고급스러운 매장처럼 보일 수 있다.

결국 핵심은 시공 품질보다는 기획 방향이다. 디스플레이는 벽지를 대체할 수 있다. 콘텐츠만 바꿔도 계절, 이벤트, 무드를 전환할 수 있으며, 마감재보다 주목성이 높고 SNS 확산 효과도 강하다. 브랜드 컬러와 분위기를 담은 '움직이는 벽'은 고객의 기억에 남는 공간이 된다. 이는 인테리어 비용 절감은 물론, 유연한 매장 분위기 조절 도구로도 기능한다.

디지털 인테리어, 더 강해질 수밖에 없는 흐름

디지털 디스플레이는 단지 유행이 아니다. 앞으로의 오프라인 매장 운영에서 점점 더 중요한 요소가 될 수밖에 없는 구조적 흐름이 있다.

첫째, 시선이 '움직임'에 끌리는 시대다. 정적인 이미지는 넘겨버리고, 움직이는 영상과 색감에 반응하는 소비자가 압도적으로 많다. 이는 단순히 Z세대뿐 아니라 전 세대에 걸쳐 나타나는 시각적 소비 패턴의 변화다. 따라서 디지털 디스플레이는 매장의 '눈'이자 '입'이 되어주는 장치다.

둘째, 대형 브랜드들은 이미 디지털 디스플레이를 인테리어의 기본 요소로 보고 있다. 앞선 사례 외에도 무신사, 현대백화점, 파리바게뜨, 스타벅스 등은 LED 미디어월, 테이블사이니지, DID 게시판 등을 일상적으로 활용하고 있다.

셋째, 매장당 콘텐츠의 수명이 짧아지고 있다. 과거엔 한 번 만든 간판이나 메뉴판을 몇 년간 사용했지만, 지금은 계절과 이벤트, 유행에 맞춰 콘텐츠를 빠르게 교체하는 유연성이 요구된다.

디지털 디스플레이는 바로 이 부분에서 가장 효율적인 수단이다. 결국 소상공인에게도 선택의 문제가 아니라 언젠가는 마주하게 될 과제다. 지금이 그 변화의 문턱이며, 아직은 경쟁도 적다. 많은 변화와 아이디어를 통해 매장 아이템과 접목해 선점의 기회가 남아 있는 시점이다. 기술은 더 저렴하고, 콘텐츠는 더 쉽게 만들 수 있는 시대다. 이제는 창업 초기 단계에서부터 디지털 디스플레이를 기본 요소로 고려해야 한다.

디지털 인테리어는 '있으면 좋다' 수준이 아니라, 앞으로 점점 더 필요한 요소가 되어갈 것이다. 하지만 처음부터 모든 걸 완벽히 갖출 필요는 없다. 중요한 것은 방향을 잡고 한 걸음씩 시작하는 것이다.

■ 시작을 위한 핵심 질문 3가지

1) 우리 매장에서 가장 먼저 보여줘야 할 메시지는 무엇인가? 그리고 테이블 위 태블릿 주문기는 어떻게 보이고 있는가?
(브랜드 무드, 메뉴, 할인, 후기 유도 중 우선순위 선정)

2) 고객 시선이 가장 오래 머무는 위치는 어디인가?
(입구, 대기석, 카운터 등 공간 동선을 관찰)

3) 예산은 어느 정도이며, 어떤 콘텐츠를 직접 만들고 어떤 것을 외주로 할 것인가?
(단계적 접근으로 과도한 부담 방지)

이 세 가지에 대한 답만 준비해도 디지털 디스플레이 방향은 어느 정도 잡힌다.
그 후에는 작은 디스플레이 한 대, 간단한 영상 몇 컷으로도 충분히 시작할 수 있다.

■ 필자 팁 : 인테리어와 동시에 설계하라

미디어 디스플레이는 인테리어 이후에 '붙이는 것'이 아니라, 처음부터 함께 설계해야 가장 자연스럽다. 매립형 설치, 간접 조명과의 연계, 벽면 일체형 디자인 등은 모두 시공 초기 단계에서 결정되기 때문이다. 가능하다면 인테리어 전문가와 디자이너가 함께 기획 단계에 참여하는 것이 바람직하다. 벽면 마감 자체를 영상으로 대체할 수 있다는 점도 큰 장점이다. 이를 통해 자재비를 줄이고, 시선을 집중시키며, 공간의 정체성을 더 확실히 전달할 수 있다.

장사고수 설문해보니

'폭염의 뉴노멀'
바뀌는 장사 전략
5가지

노승욱
창톡 대표

23일.

2025년 7월 열대야를 기록한 일수다. 117년 기상 관측 이래 가장 많았다. 열대과일인 바나나가 서울에서 주렁주렁 열리고, 고지대인 강원도 태백에도 폭염주의보가 발령된다. 이제 여름이 길어지고 폭염이 심해지는 것은 변수가 아닌 상수로 통한다. '이번 여름이 우리 생에 가장 시원한 여름'이란 말까지 나올 정도다.

이 같은 폭염의 일상화는 장사에도 영향을 미칠 수밖에 없다. 상권 지도를 바꾸고 외식업의 생존 전략 자체를 다시 쓰게 만든다. 장사 고수들은 폭염에 어떻게 대

응하고 있을까.

먼저 프랜차이즈 대표, 다점포 점주 등 장사 고수 15명에게 "폭염이 매출에 영향을 주고 있는가"라는 질문을 던졌다. 그 결과 40%인 6명은 "폭염으로 인해 유동인구가 줄어 매출이 감소했다"고 답했다. 더위 때문에 손님이 거리를 걷지 않아 덩달아 점포 방문도 줄었다는 얘기다. 반면 또 다른 40%는 "별다른 변화가 없다"고 했고, 나머지 20%는 "여름 메뉴 덕분에 오히려 매출이 늘었다"고 말했다. 같은 폭염이라도 어떻게 대응하느냐에 따라 매출 증감이 갈린다는 사실을 보여주

는 대목이다.

일례로 라멘 전문점 멘야케이 3개 점을 운영하는 서동국 대표는 2025년 6월부터 이어진 폭염을 뼈저리게 경험했다. 오후 2시에서 5시 사이, 예전에는 손님이 꾸준히 들어오던 시간대였지만 2025년에는 홀 매출이 전년 대비 20~30%나 줄었다.

폭염에 바뀌는 장사 전략 5가지

① 유망 상권 변화 :
로드숍·플리마켓·전통시장·포장마차 지고,
몰·드라이브스루·예약 매장·야시장 뜬다

심상찮은 폭염에 대한 대응 전략을 묶자 크게 다섯 가지로 모아진다.

첫째는 유망 상권 변화다. 한마디로 '로드숍 지고 몰이 뜬다'로 요약된다.

과거에는 유동인구가 많은 대로변, 이른바 A급 상권이 황금 자리였지만 이제는 오히려 '덥고 힘든 자리'가 되고 있다. 햇빛을 그대로 받는 로드숍은 그동안은 가시성 좋은 '노출 상권'이었지만, 이제는 더위를 피할 수 없는 '방치 상권'으로 전락할 것이란 전망이다. 대신 사람들은 시원한 쇼핑몰이나 복합상업시설로 몰린다.

"35도 넘는 폭염이 일상이 되면서, 사람들은 그저 걷는 것조차 고통스러워졌다. 그래서 눈에 띄는 매장이 오히려 피하게 되는 공간이 되는 경우가 많다. 사람이 많이 다니는지보다 '얼마나 편하게 도착할 수 있는지'가 더 중요한 요소가 됐다. 검색→리뷰→콘텐츠→주차 가능 공간까지 이어지는 유입 구조가 더 실질적인 경쟁력이 된다. 야외에서 운영하던 플리마켓이나 푸드트럭 같은 모델도 점차 지속하기 어려운 구조가 돼가고 있다. 드라이브스루형 상권도 새로운 외식 인프라로 떠오르고 있다. 차량 번호 인식 알림, 무인 픽업함, 국물도 안전하게 운반 가능한 포장 시스템까지 갖춘 매장이나 브랜드가 점점 늘어날 것으로 본다."

서동국 대표 생각이다.

전통시장도 폭염에 그대로 노출되는 낮 장사 중심이라 타격이 크고, 골목형 상권도 돌아다니는 재미가 사라진다. 포장마차도 길어지는 열대야에는 발길이 줄어들 수 있다. 반대로 '목적형 상권'이 뜬다. 고객이 온라인에서 미리 검색하고 예약한 뒤 특정 매장을 찾아가는 방식이다. 그래서 온라인 마케팅과 예약 시스템은 필수가 된다. '발견되는 가게'가 아니라 '찾아가는 가게'가 유리하다는 얘기다.

시원한 고깃집을 표방하는 뭉텅 인스타그램.

자료:뭉텅 인스타그램

"목적성 소비가 많아지기 때문에 예약을 많이 받을 수 있도록 마케팅 전략을 짜는 게 중요하다. 예약 시 시원한 음식을 리워드로 준다든가, 여름 한정으로 직접 고기를 구워줘 '우리 가게는 전혀 덥지 않아요. 오히려 여름에 매출이 더 높습니다'라는 브랜드 이미지를 심어주는 게 중요하다."

김경문 노마드마운틴 대표의 조언이다.

배후 인구 유무도 중요한 변수로 꼽힌다.

이홍규 부자창업스쿨 대표는 "매장 간 간격이 상대적으로 넓은 문래창작촌과 신당동은 유동인구가 확실히 줄어든 모습이다. 반면 직장 배후세대가 인근에 위치한 힙지로, 용리단길은 계절로 인한 편차가 그렇게 크지 않다. 결국 배후세대가 있느냐 없느냐가 더위 같은 계절 영향을 덜 받는 요인이 될 것"이라고 내다봤다.

단, 반대 의견도 있다.

한쪽에선 폭염에도 로드숍 상권의 타격

은 제한적이라는 주장이 제기된다.

김규열 다점포왕 대표는 "폭염이 심해지면 주말과 공휴일에는 가족 단위 소비가 몰 상권으로 쏠리겠지만, 평일에는 로드숍도 큰 영향을 받지 않을 것"이라고 본다. 평일에 몰까지 가기엔 거리와 시간이 부담스럽다는 이유다. 이도원 이관복 명장냉면 대표 역시 여름 장기화가 상권 이동까지 불러오진 않을 것이라고 본다. "몰 상권으로 옮겨가기 전에 로드숍 업주들이 충분히 해법을 찾아낼 것"이라는 주장이다.

② 메뉴 전략 변화 : 시원한 여름 메뉴 or 든든한 보양식 뜬다

여름에는 시원한 메뉴가 매출을 살린다. 냉면, 막국수, 냉모밀, 빙수 같은 차가운 메뉴가 대표적이다.

서동국 대표는 2025년 여름 메뉴로 '콜드라멘'을 선보였다. 면 아래에 눈꽃 빙수 같은 간 얼음을 깔고, 육수에는 오랫동안 시원함을 유지할 수 있도록 각얼음을 넣은 메뉴다. 시각적 청량감과 실제 체감적 시원함을 동시에 제공하도록 설계했다. 손님은 여기에 고기, 계란, 파 등 다양한 재료를 취향에 맞게 넣어 먹는다. 얼음

멘야케이 '콜드라멘' 포스터.　　자료: 서동국 멘야케이 대표

속에는 아이스크림을 숨겨두어 이벤트처럼 즐길 수 있게 했다. 이는 단순한 한 끼 식사가 아니라 '체험'으로 기억되도록 만든 장치다.

서 대표는 "폭염 경보가 발령되면 SNS나 카카오톡으로 고객들에게 '매장에서 시원하게 점심 드시라'는 메시지를 보낸다. 폭염을 피난처로 삼게 만드는 브랜딩 전략이다. 더위 보상 마케팅도 있다. 무더운 날 매장을 찾은 고객에게는 할인 쿠폰

이나 무료 음료권을 제공해 재방문을 유도한다. '우리 매장은 여름을 준비하고 있다'는 메시지를 고객에게 전하는 효과가 있다"고 말했다.

김경문 대표는 "여름에는 비가 오거나 덥거나 둘 중 하나기 때문에 일단 시원한 메뉴는 필수로 준비해야 한다. 고깃집의 경우에도 '시원한 고깃집'이라는 브랜드 포지셔닝이 필요하다. 덥다고 손을 놓고 있어선 안 된다"고 덧붙인다.

이 밖에도 "2025년 여름 물회와 냉면 신메뉴를 선보였다. 살얼음이 동동 뜬 메뉴를 내놓으려면 매장에 육수 냉각기를 반드시 설치해야 한다. 설비가 갖춰져 있지 않으면 대응이 불가능하다. 2026년엔 냉면, 막국수 브랜드가 쏟아져 나올 것 같다"(양승일 창심관·샤브밀 대표), "냉소바 매출이 폭발적으로 늘었다. 시원한 메뉴를 시즌제로 운영해야 한다. 여름 전용 코스 요리를 개발했고, 동시에 광고비도 늘렸다"(김준헌 오사카에프앤비 대표) 등의 의견이 이어진다.

반대로 보양식 메뉴도 해볼 만하다. 중요한 건 매장의 정체성과 맞아야 한다는 것. 순댓국집이 갑자기 냉면을 팔면 어색하지만, 순댓국을 보양식으로 강화하면 자연스럽다.

이철주 크리에이티브스푼 대표는 "냉면 같이 찬 음식을 계절 메뉴로 많이 생각하는데, 그것보다 현재 메뉴를 활용한 보양 메뉴를 고려해볼 것을 권한다. 예를 들어 순댓국집이라면 어설프게 냉면 메뉴를 팔기보다 버섯, 전복, 산삼배양근 등을 추가해 '황제보양순댓국'을 선보이는 게 낫다"고 말했다.

임성식 부대옥 대표는 "부대찌개라는 뜨거운 메뉴가 여름에 타격을 입을 것이라는 예상과 달리 꾸준한 매출을 기록하고 있다. 부대찌개집의 가장 큰 실수는 여름에 냉면 같은 신메뉴를 내는 것이다. 오히려 객단가를 떨어뜨리고 브랜드 정체성을 흔드는 행위가 될 수 있다. 대신 더 뜨겁고 더 땀을 낼 수 있는 보양식 콘셉트로 '해신 부대전골'을 준비했다"고 말했다.

③ 배달은 선택이 아닌 필수

폭염은 비 오는 날과 비슷하다. 사람들이 외출을 꺼리니 배달 수요가 급격히 는다. 코로나 시기에 성장했다가 잠시 줄었던 배달이 폭염으로 인해 다시 필수 전략으로 자리 잡게 될 것이란 관측이다.

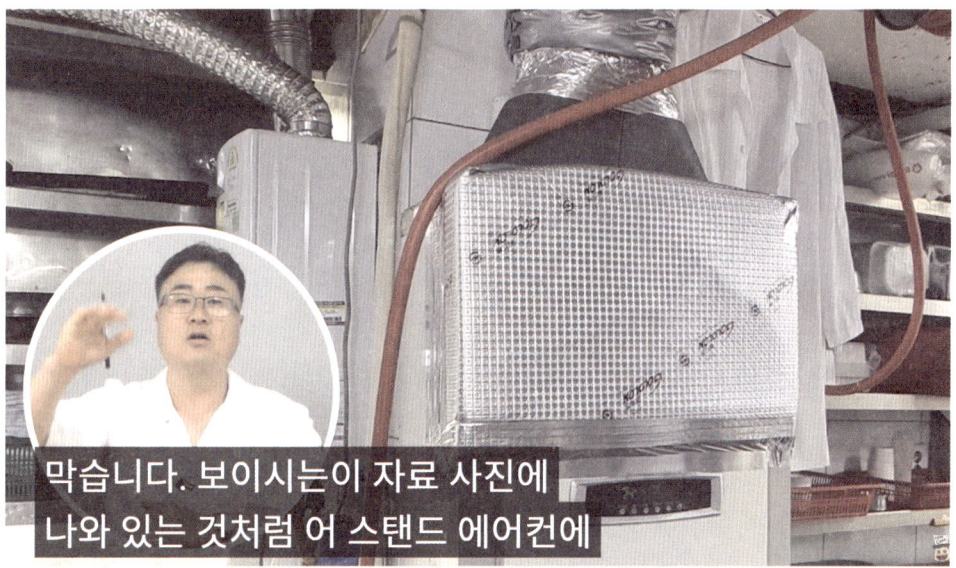

막습니다. 보이시는이 자료 사진에
나와 있는 것처럼 어 스탠드 에어컨에

주방을 더 시원하게 하는 에어컨 설치 방법.

자료:민강현 식당성공회 대표

문제는 배달을 어떻게 하느냐다. '속도'
도 물론 중요하지만, '품질 유지'에도 신
경 써야 한다. 뜨거운 음식은 식으면 데
워 먹을 수 있지만, 차가운 음식은 녹아
버리면 답이 없기 때문이다. 냉면 육수를
얼려 배달하거나 얼음팩을 2~3개씩 넉
넉히 넣는 세심한 대처가 필요하다.

서동국 대표는 "라멘 배달 시 면이 불지
않도록 겉에 오일 코팅을 하는 방식으로
문제를 해결했다. 이런 디테일이 배달 매
출의 성패를 가른다"고 귀띔했다.

④ '에어컨 복지'로 주방 직원을 사수하라

폭염의 직격탄은 주방에 떨어진다. 한여
름 주방 온도는 38~40도까지 치솟아 직
원들이 견디지 못해 퇴사할 수 있다. 사
장은 더운 걸 참을 수 있어도 직원에게까
지 인내를 요구하긴 힘들다. 직원이 떠나
면 가게가 무너진다.

그래서 장사 고수들은 주방용 에어컨을
따로 두거나 목에 거는 웨어러블 에어컨
을 직원들에게 지급한다. 전기 조리도구
를 도입해 열기 확산을 줄이고, 에너지
효율이 높은 에어컨으로 교체해 전기료

부담도 관리한다. 화구 대신 인덕션을 설치해 열이 음식에만 전달되고 주방으로 퍼지지 않도록 신경 쓰기도 한다. 주방 환경 개선은 인력 유지를 위한 투자이자 생존 전략이다.

서동국 대표는 "여름철 주방 직원 편의를 위해 조리 도구를 가스에서 전기로 바꾸고, 고온 차단 설비를 도입하고, 무연·간편 조리 메뉴 중심으로 바꾸고 있다"고 말했다.

한쪽에선 주방 인력난이 채용이나 음식값에 영향을 미칠 것이란 관측도 나온다. 민강현 대표는 "인력난을 해소하기 위해 더운 기후에 익숙한 외국인 근로자 채용이 늘어날 수 있다. 주방 냉방 문제 해결을 위한 '복지형 에어컨' 설치, 식자재 신선도를 유지하기 위한 냉장·냉동 시스템 도입 등 추가 투자가 필요하다. 단, 이런 비용 증가는 결국 음식 값 상승으로 이어질 수 있다"고 말했다.

에어컨을 기준 평수 대비 넉넉하게 설치하는 것도 효과적인 방법이다. 이민우 샤브지오 대표에 따르면 보통 식당은 기준 면적의 2~3배, 고깃집은 4~5배를 설치한다. 반면 홀에서 끓여 먹는 샤브샤브 메뉴로 인해 냉방이 중요한 샤브지오는 처음부터 기준 평수 대비 6~9배로 설정하고 에어컨을 설치했다. 실내 온도를 20도로 설정하고 에어컨을 전부 가동하지 않는데도 춥다며 꺼달라는 고객들이 있을 정도라는 전언이다.

"물론 이렇게 에어컨을 많이 설치하면 초기 비용이 더 들어간다. 그래도 운영 효율을 생각하면 오히려 유리한 선택이다. 예를 들어 실내온도를 18도로 설정했는데 에어컨의 한계로 온도가 계속 24~25도 혹은 그 이상이라면 에어컨은 18도를 맞추기 위해서 엄청난 전기를 소모한다. 누진세를 감안하면 전기료가 더 나온다. 에너지 효율 1등급 에어컨을 수요보다 넉넉히 설치하는 게 고객과 직원도 편하고 비용도 덜 든다. 샤브샤브는 더운 음식이라서 여름에 매출이 감소할 것으로 우려했는데, 덕분에 2025년 7월에 최고 매출을 달성했다."

이민우 대표 생각이다.

⑤ 폭염 마케팅과 대형 매장의 힘

폭염 시대에는 대형 매장이 유리하다. 대기 공간을 매장 내부에 둬 손님이 시원하게 기다릴 수 있게 하는 것이 대표적이다. 작은 매장은 이를 따라 하기 어렵지만, 대신 디지털 웨이팅 시스템을 활용해 매장 앞에서 기다리는 시간을 최소화할 수 있다.

인테리어를 할 때 노출 천장 대신 층고를 다소 낮게 하는 것도 폭염에 대비하는 전략이 될 수 있다. 그만큼 냉방 효율이 높아져 매장이 금방 시원해지기 때문이다. 더위 자체를 마케팅 포인트로 활용하는 사례도 있다. 진규훈 편의점 다점포 점주는 횡단보도 앞에 위치한 편의점에서 '더우시면 신호 기다리는 동안 안에서 쉬세요'라는 입간판을 걸어 잠시라도 고객을 끌어들인다. 기온이 35도가 넘으면 아이스 아메리카노를 할인하는 행사도 펼쳤다. 더위를 피하려 매장 안으로 들어오게 하려는 전략이다.

냉방을 강화하는 한편, 추위를 느끼는 일부 손님을 위해 얇은 담요를 제공하는 섬세한 배려도 필요하다.

특히 에어컨 설치는 공조 전문가와 상의해야 한다. 무조건 천장형이 좋은 게 아니며, 음식 종류에 따라 스탠드형이 더 효과적일 때도 많다. 고깃집처럼 연기와 증기가 많은 매장은 눈높이에 직접 바람이 닿아야 체감 효과가 있다.

폭염, 단순한 더위 아닌 매장 생존 가르는 시험대

요컨대 폭염 시대 생존 전략은 다섯 가지다.

1. 로드숍 지고 몰 상권 뜬다.
2. 시원하거나 든든한 여름 메뉴를 준비하라.
3. 배달은 필수다.
4. 주방 환경을 개선해 직원을 지켜라.
5. 더위 자체를 활용한 마케팅과 대형 매장의 강점을 살려라.

폭염의 뉴노멀. 이제 여름은 단순히 더운 계절이 아니라 매장의 매출과 생존을 가르는 시험대다. 맛있어도 매장에서 더위를 경험하면 손님은 다시 오지 않는다. 그렇다고 정체성을 버리고 억지 신메뉴를 만들 필요는 없다. 핵심은 매장의 정체성 안에서 폭염에 맞는 해법을 찾는 것이다.

손님이 찾아오게 만드는 시스템, 직원이 오래 버틸 수 있는 환경, 고객이 시원하게 머물 수 있는 공간. 장사 고수들이 전하는 폭염시대의 생존 비법이다.

⑤공간 비용

고객은 '공간'에 끌린다
'스페이스 코스트'를 높여라

양승일

육풍·창심관·샤브밀 대표

육풍, 창심관, 백산화로, 샤브밀 대표. 외식업청년리더커뮤니티를 운영 중이며, 한국 최연소 육류 명인이다. 현재까지 총 8개의 직영점을 운영하고 있다. 정량적인 수치에 브랜딩과 마케팅을 더하는 창업 전략을 구사하며, 각종 창업 교육과 관련해 강연을 병행하고 있다. 창업뿐 아니라, 마케팅 회사와 브랜딩 회사를 운영한 경험으로 더 많은 사람들에게 도움을 주고 있다.

2024년과 2025년, 계속된 불황의 시대에 외식업계 관계자와 소비자 머릿속을 지배한 키워드는 단연 '가성비'였다. 단어 그대로 해석하면 '가격 대비 성능'이라는 이 개념은 스마트폰, 가전제품, 자동차를 넘어 외식업에까지 깊숙이 침투했다. 뜨겁던 명품 시장 열기도 꺾이고 탈브랜드화 소비가 이어졌다. 외식업을 운영하는 수많은 브랜드와 창업자들은 이 흐름에 올라타기 위해 가격을 계속해서 낮추는 한편, 높아진 원가율을 감당하기 위해 로봇, 테이블오더, 키오스크 등을 배치해 인력의 효율을 높이려는 시도를 이어왔다.

'같은 곳이면 더 많이 주는 곳'.
'같은 품질이면 더 저렴한 곳'.

오르지 않는 월급과 높아진 물가에 소비자 선호는 이런 곳으로 몰렸다. 외식업계는 지금 '창업=가성비'라는 공식에 목숨을 걸었다.
하지만 시간이 지날수록 이상한 현상이

계속 나타난다. 가격이 같은데도 잘되는 식당은 분명히 있으며, 오히려 더 비싸게 판매하고 있음에도 웨이팅이 걸리는 식당이 꽤 늘어나기 시작한 것이다. 이는 단순히 가격과 음식 양, 품질로만 설명되지 않는 부분이다. 우리가 아는 가성비로만 해석하기엔 어딘가 맞지 않는 부분이 있고, 한 가지 확실한 건 소비자는 단순히 '싸고 양 많은' 식당만을 찾지 않았다는 사실이다.

매장 스토리 전시 공간을 둔 대궐막국수.

흔히 말하는 가성비는 '진정한 가성비'가 아니다.

이런 현상을 해석하기 위해 우리는 용어 자체를 다시 볼 필요가 있다. 외식업에서 흔히 말하는 가성비는 '가격에 비해 얼마나 음식이 괜찮은가'라는 의미로 사용된다.

하지만 소비자들은 사실 가성비라는 단어를 말할 때 음식 하나만 놓고 이야기하지 않는다. 어쩌면 소비자들은 처음부터 '가격 대비 성능'을 뜻하는 가성비를 찾았던 게 아니라 '가격 대비 만족도', 즉 '가심비'를 찾고 있었을지도 모른다. 하지만 우리는 여전히 '가성비'라는 말과 '가심비'라는 말을 구분 없이 사용하면서 소비자 심리를 따라잡지 못하고 있었던 것이다. '가성비'라는 단어에만 매몰돼

있는 외식인은 소비자보다 한발 늦게 움직일 수밖에 없었다.

우리는 계속해서 '값싸고, 양 많고, 맛있는' 것만이 유일한 정답이라 외웠다. 하지만 소비자들이 답안지를 바꿔버렸다. 소비자는 음식만을 보지 않는다. "이 식당에서 이 가격이 맞나?" 생각하고는 이내 판단한다. "여긴 다시 못 오겠네" "여긴 가족 식사나 부모님 모시고 오기 좋겠네". 소비자의 이런 생각을 미처 읽어내지 못하고 창업한 외식인은 지난 2년간 함정에 빠졌다.

초신성과 같았던 시장 변화

초신성(supernova)은 매우 거대한 별이 폭발하는 현상으로, 일시적으로 태양보

다 수억 배 밝아져 마치 새로운 별이 태어난 것처럼 보이는 현상을 말한다. '고기 무한리필' '1900원 생맥주' '무한 리필 샤부샤부', 가장 최근에 유행했던 '저가 한우' 브랜드들이 꼭 초신성과 같다. 나타날 때는 우주를 구할 것만 같고, 세상의 흐름을 바꿀 것만 같다. 하지만 매장 하나하나를 따져봤을 때는 실상 1년을 가지 못한다. 이들은 짧은 시간에 소비자에게 큰 주목을 받았다. SNS에서 빠르게 확산됐고, 일부 상권에서는 줄을 미친 듯이 세우기도 했다.

하지만 대부분 그 열기는 6개월, 1년을 가지 못했다. 프랜차이즈 본사에서도 이 사실을 미리 알고 빠르게 확장에 나섰고, 유사 브랜드가 우후죽순 생겨났기 때문이다. 결국 가격 경쟁은 출혈 경쟁이 돼 시장만 망가뜨리고 유행은 지나버렸다. 무언가 잘못된 것이 분명하다. 위 아이템을 가진 브랜드들은 분명 가성비가 나쁘지 않았기 때문이다.

스페이스 코스트가 중요한 이유

필자는 최근 들어 이런 흐름을 역행하고 있음에도 압도적인 고객 만족과 재방문을 이끌어내는 매장들을 찾고 관찰해왔다. 가장 놀라운 것은 이 매장들이 절대 싸지 않다는 것이다. 다른 매장과 비슷한 수준이거나 오히려 더 비싼 편임에도 고객 만족도가 높으며 재방문이 이어져 웨이팅이 걸리고 있다. 이들의 공통점이 하나 있으니, 그건 바로 '스페이스 코스트(Spcae Cost)'가 높다는 사실이다.

스페이스 코스트. 직역하면 '공간에 드는 비용'이다. 필자가 여기서 말하는 개념은 단순 오픈 초기에 쓰는 인테리어 비용을 말하는 것이 아니다. 스페이스 코스트란 운영 과정에서 지출하는 '공간 비용'이다. 테이블 수를 줄여 피크타임 매출이 낮아지거나, 주차장을 얻기 위해 주차장이 있는 월세 높은 신축 상가를 얻거나, 외곽 상권에서 장사를 하는 경우 '스페이스 코스트가 높은 매장'이라고 말할 수 있다.

보다 쉬운 이해를 돕기 위해 몇 가지 질문을 하겠다.

· 50평, 월세 1000만원짜리 상가가 있다. 테이블을 몇 개 놓을 것인가?

· 500평짜리 땅이 있다. 주차장으로 몇 평을 사용할 것이며, 테이블을 몇 개 놓을 것인가?

· 8인석 룸 하나를 만들 때마다 테이블 1개가 줄어든다. 몇 개의 룸을 만들 것인가?

· 후식바를 만들면 테이블 2개가 줄어든다. 만들 것인가?

· 8인 정도의 대기 공간을 만들면 테이블 3개

샤부샤부 전문점 '샤브밀' 셀프바.

가 줄어든다. 만들 것인가?

이 질문에서 테이블 수가 적으면 적을수록 스페이스 코스트가 높은 매장이 된다. 언뜻 코스트가 높으면 부정적인 것 같지만, 실은 그렇지 않다. 스페이스 코스트를 높여야 하는 이유가 있다. '가격에 의해' '맛에 의해' 반응한 소비자보다 '머무는 경험'에 반응한 소비자가 충성도가 높기 때문이다. 단순히 가격만 저렴한 식당은 최초 1회를 제외하고는 그저 친구들과 슬리퍼 신고 집 앞으로 편하게 갈 수 있는 식당밖에 되지 못한다. 단순히 가격만 앞세운 식당에 지친 소비자들은 다시금 '어디에서, 누구와, 어떤 분위기에서 먹느냐'를 따지기 시작했다. 그러고는 '어차피 맛은 다 비슷하다'는 판단 아래 더 편안하고, 자신이 더 존중받는 느낌을 주는 매장을 선택한다. 이 감정을 만들어내는 핵심이 바로 '공간'이고, 그 공간을 만들어내기 위해 우리가 기꺼이 감수해야 하는 것이 스페이스 코스트다.

스페이스 코스트는 회선율을 포기하고

돼지머리 삶는 모습을 보여주는 '신주옥미'의 오픈 주방.   자료:신주옥미

얻는 대가다. 즉, 단기적으로는 매출을 희생시키는 선택처럼 보인다. 하지만 역설적이게도 이 '의도된 희생'이 고객에게 만족을 주고, 경험을 주고, 감정을 남긴다. 결국 고객 재방문이 이어지며, 브랜드에 대한 충성도를 만든다. 즉, 스페이스 코스트를 올리는 것은 장기 수익성과 브랜드를 위해 단기적인 효율을 포기하는 전략적 투자가 된다.

스페이스 코스트를 제대로 높이는 방법

모두에게 정답이 될 수 없겠지만, 여러 가지 방안을 제시하려 한다. 각자 매장 상황에 따라 적절한 방법을 선택해서 적용하기 바란다.

1. 주차장

가능하다면 주차가 가능한 매장을 선택한다. 외곽 상권이 될 수도 있겠고, 주차가 가능한 신축 상가가 될 수도 있겠다. 주차장이 있다는 사실 하나만으로 가족 단위 고객, 회식 고객, 데이트 고객 모두의 충성도를 얻을 수 있다.

2. 룸·프라이빗 공간

주차장과 함께 만들어지면 가장 좋은 선택이 될 수 있는 시설이다. 룸 안에도, 룸

밖에도 통로가 필요하기 때문에 꽤 공간을 많이 차지하지만 '중요한 날' '누군가를 모시는 자리'에서는 룸이 있다는 것 자체만으로 모든 것을 뛰어넘는 1순위 매장이 된다.

3. 셀프바 · 후식바

기존 셀프바는 매장 인력을 효율적으로 쓰는 역할을 했지만, 그런 셀프바를 말하는 것이 아니다. 기본 찬에 없는 음식을 가져다 놓을 수도 있고, 디저트나 소스류를 추가로 배치할 수도 있다. 후식바 역시 단순히 아메리카노, 믹스커피 수준이 아니라 옛날 과자, 뻥튀기, 소화를 돕는 매실차, 케일주스, 식혜, 미숫가루 등으로 소비자에게 다양한 선택지를 줄 수 있다.

4. 대기 공간

웨이팅이 생기는 매장은 대기 공간의 질이 곧 브랜드의 첫인상이 된다. 편안한 의자, 메뉴판, 냉온수기, 전시물 등을 배치하면 고객은 기다림 또한 '경험'으로 받아들일 수 있다.

5. 전시 공간

브랜드의 탄생 배경, 스토리, 로컬 재료, 메뉴 개발 과정, 매장의 연혁 등 다양한 읽을거리와 소재를 전시해 매장의 신뢰도를 높이는 동시에 이야깃거리를 소비자에게 제공할 수 있다.

'가격을 낮춰야 할까' 여전히 고민하는 사장님들께

이제는 머릿속을 지배하고 있는 '가성비'라는 단어를 내려놓아야 할 때다. 소비자들은 입으로는 '가성비' 매장을 외치지만 실제로 찾고 있는 건 '가심비' 매장이다. 절대적인 가격보다 심리적 만족감과 존중받는 경험을 더 중시한다.

그 경험은 뻔하디뻔한 음식과 자극적인 사진이 아닌 '공간'에서 시작된다. 그 공간은 회전율이 아니라 고객 감정에 투자한 공간이고, 그 투자야말로 고객들이 말하는 가성비를 충족시킬 수 있는 진짜 가성비다. 절대적으로 얼마나 싸게 팔았느냐가 아니라, '이 가격에 이 경험이면 소비자는 만족스러운가'에 '그렇다'고 답할 수 있어야 한다.

우리 매장의 공간은 어떻게 구성되고, 어떻게 만들어져 있는가? 우리가 만든 공간은 매출을 위한 공간인가, 고객 경험을 위한 공간인가? 이 질문에 대한 답을 스스로 내리고, 다음 장으로 넘어가길 바란다.

'마복림'이 떡볶이 제패한 비결
사장이여, 브랜드가 되라

배문진
제이디브랜딩 대표

외식 브랜딩 전문기업 '제이디브랜딩' 대표. 5년간 매년 7~8개의 브랜드를 성공적으로 기획한 외식 브랜딩 전문가다.
외식 기획 총괄부터 프랜차이즈 메뉴 개발, 컨설팅, 브랜딩 아카데미까지 다양한 프로젝트를 이끌고 있다.
저서로는 '대한민국 상위3%의 장사법' '맛있어도 문닫는 가게, 맛없어도 줄서는 가게'가 있다. 유튜브 채널 '제이아빠'를 통해 대중과 소통하며 노하우를 나누고 있다.

자영업의 본질적 변화
: 좋은 상품, 좋은 상권의 몰락

지금껏 자영업자들이 시장에서 경쟁력을 갖추는 방식은 주로 두 가지였다. '좋은 상품'과 '좋은 입지'다. 믿을 수 있는 좋은 식재료로 정성스럽게 맛있게 요리해 유동 인구가 많은 소위 A급 상권에서 장사를 하면 돈을 번다는 개념이 진리로 통했다. 요즘도 그럴까. 좋은 품질의 상품을 가지고도, 대한민국에서 가장 유동인구가 많은 강남 한복판에서 장사를 해도 문 닫는 곳이 수두룩한 것이 현실이다. 시대가 변했다. 사람들은 이제 '좋은 상품 그 이상의 무언가(가치)'를 원한다. 그리고 그 이상의 무언가(가치)가 채워진 곳에 찾아가서라도 돈을 지불한다.

그렇다면 '그 무언가'는 도대체 무엇일까. 마스다 무네아키는 저서 '지적자본론'에서 사람이 돈을 쓰는 문화 변천사를 다음과 같이 3단계로 소개한다.

1단계 : 물건이 부족한 시대

좋은 상품이 시장에 많지 않아 어떠한 상품이든(그것이 물건이든, 음식이든, 서비스든) 좋은 품질의 상품을 팔면 잘 팔리던 시절이다. 경쟁사 상품 품질이 낮은 경우가 많아 품질만 좋으면 잘 팔렸다.

2단계 : 상품이 넘쳐나는 시대

상품 품질이 대부분 상향평준화돼 어딜 가나 좋은 것이 넘쳐난다. 상품 품질이 낮으면 애초에 시장에 내놓기조차 어렵다. 어느 정도 경제가 성장하면서 소비자 눈높이도 높아지고 대부분 상품은 이미 포화 상태다. 한 아파트 단지 내에 치킨집이 5~6개 정도인 건 기본이고 한 집건너 한 집이 카페가 돼 전국적으로 10만 개가 넘어선 카페공화국이 된 것도 상품이 넘쳐나는 시대의 현상을 대변한다. 유동인구가 많은 곳에 그 상품들이 모여 있으니 자연스럽게 좋은 상권에서 장사를 하면 높은 매출을 올리게 된다.

3단계 : 상품도, 플랫폼*도 넘쳐나는 시대

플랫폼 간 차별성이 약해진 시대다. 인터넷과 SNS 발달로 큰 회사든 개인사업자든 서로 경쟁할 수 있게 됐다. 개인사업자도 고객에게 어떤 가치를 제안하느냐에 따라 충분히 대기업을 이길 수 있다.

우리는 현재 3단계 시대에 살고 있다. 가치를 제공하기 위해 피 튀기는 전쟁을 하고 있다. 이로 인해 더 이상 좋은 상품, 좋은 상권만으로는 소비자가 가치를 느끼지 못하게 됐다. 좋은 상품 그 이상의 가치가 있는 곳에 비로소 돈을 지불하는 시대다.

하지만 대다수 사업장은 고객이 원하는 '가치'를 제대로 제공하지 못하고 있다. 하나같이 내 매장은 다르다고 주장하지만, 동네 수많은 카페를 보면 다 같은 이야기를 하고 있다. 모두 좋은 원두로, 나만의 노하우로 향이 좋은 커피를 내린다고 강조한다. 반대편에서는 '우리 커피가 제일 가성비 있다'고 한다. 아메리카노가 1500~2000원이라고 홍보를 하고 그것이 '차별화'라고 이야기한다.

하지만 소비자 입장에서 과연 그게 '가치'일까. 그렇다면 비슷한 가격대 혹은 그 이상 가격으로 커피를 파는데 손님으로 북적거리는 곳은 무엇이 다른가. 그런 곳은 대부분 좋은 제품, 좋은 상권 이상의 가치를 제공한다.

고객이 느끼는 가치의 종류는 다양하다. 넓은 주차장, 바다가 보이는 뷰 카페, 인

---

* 배달앱(배민, 쿠팡이츠 등), 온라인 쇼핑몰(쿠팡, 스마트스토어 등), 오프라인 마트(이마트, 코스트코 등), 오프라인 매장이 밀집되어 있는 A급 상권 등을 가리킨다.

플루언서나 유명인이 인증한 단골집, 다른 곳에서 따라 할 수 없는 압도적인 인테리어 등이 있고, 어느 한 가지 요인으로 소비자에게 선택받는 것이 아니다. 하지만 한 가지 명확한 것은 누군가가 카피할 수 있는 가치는 더 이상 가치 있게 여겨지지 않는다는 사실이다.

오랜 기간 노력해서 무엇인가를 만들어내면 하루아침에 누군가가 베끼는 시대다. 실컷 하는 차별화가 결국엔 그냥 남들이 다 하는 것이 돼버리는 요즘, 말 그대로 대체 불가능한 가치를 만들어내야 자영업으로 살아남는 시대가 도래했다.

대체 불가능한 가치는 그렇다면 어떻게 만들어낼 수 있는가. 더 좋은 제품, 더 차별화된 상품을 만들 수 없다면 결국 자영업 브랜드의 중심은 더 이상 제품 자체가 아니라 '사람', 즉 사장 자신이 돼야 한다. 이를 단순히 SNS를 활발히 하는 인플루언서가 되라는 뜻으로 오해하면 안 된다. 사장 자체가 독보적인 차별화가 돼야 한다는 뜻이다. 사장이 브랜드가 되면 그 존재감은 그 어떤 것도 쉽게 복제할 수 없는 독보적인 경쟁력으로 작용한다. 잘만 하면 장사의 본질적인 패러다임을 근본적으로 바꿀 수 있는 방법이다.

'사장의 브랜드화'란

1996년에 발매한 DJ DOC의 앨범에 '허리케인 박'이라는 제목의 2분 남짓한 짧은 노래가 있다. 신당동떡볶이타운에 떡볶이를 먹으러 간 여자친구가 떡볶이 집 DJ에게만 한눈을 판다는 재미있는 가사의 노래다.

1950년대 생겨난 신당동떡볶이타운은 1970년대 후반 손님을 끌기 위해 떡볶이 집에 DJ 부스를 만들어 원하는 노래를 틀어주던 방식으로 인기몰이를 했다. 노래가 발매된 1996년만 해도 40여 개에 달하던 떡볶이 집이 20개 정도로 줄어들고 DJ 부스가 있는 떡볶이 집도 노래 제목처럼 허리케인 박 떡볶이 하나밖에 남지 않은 상태였다. 하지만 여전히 서울에서 손에 꼽히는 맛집 골목 중 하나가 바로 신당동떡볶이타운이었다(2024년 현재 떡볶이타운 떡볶이 집은 10개 조금 넘게 운영되고 있다).

1996년 허리케인 박 떡볶이 집은 1996년 노래 발매 이후 한동안 밀려드는 손님으로 문전성시를 이뤘다. 하지만 신당동떡볶이타운에는 넘사벽 고수가 있었으니 바로 가본 적은 없어도 누구나 한 번은 들어봤을 '마복림 할머니 떡볶이'다. 고추장 CF에서 '며느리도 몰라'라는 대사로 더욱 유명해지기 시작했지만 그 이

전부터 '마복림 할머니 떡볶이'는 신당동 떡볶이 골목에 터줏대감으로 존재했다. 이유가 무엇이었을까. 신당동 떡볶이 골목에서도 늘 1등이었던 '마복림 할머니 떡볶이'가 과연 다른 떡볶이 집에 비해 압도적으로 맛있었을까. 그렇지 않다. 1990년대 신당동떡볶이타운 죽돌이였던 필자에게 '마복림 할머니 떡볶이'는 외지에서 온 지인들이 가보고 싶어할 때만 마지못해 갔던 집이고 단골집은 따로 있었다. 개인적으로 양도, 맛도, 서비스도 불만족스러웠고 오래된 맛집 특유의 뻣뻣함이 있었다. 그럼에도 그 매장에는 긴 줄이 늘어서 있던 기억이 난다. 당시에는 몰랐지만 그 이유가 바로 스토리를 가지고 있는 '사장 브랜드의 힘'이었다.

'현대그룹' 하면 무엇이 제일 먼저 떠오를까. 사람마다 차이는 있겠지만 필자는 '정주영'이라는 창업주 이름이 떠오른다. 집에서 키우던 소를 훔쳐 달아나 사업 자금으로 썼던 일화부터 '해봤어?'로 요약되는 그의 이미지가 곧 현대의 이미지다. 또한 삼성 하면 이건희 회장의 "마누라 빼고 다 바꿔"의 혁신 이미지가 떠오른다. 이들은 모두 핵심 메시지와 스토리를 가지고 있다.

지금은 논란이 되고 있는 더본코리아도 결국 백종원 대표 혼자의 힘으로 끌고 왔다고 해도 과언이 아니다.

'마복림 할머니 떡볶이'가 장사가 잘됐던 것은 미디어 노출의 힘이라고 항변하는 사람들도 있을 것이다. 정주영, 이건희, 백종원도 결국 대기업 이야기라고 할 수 있다.

그러나 마복림 할머니 스토리를 들여다보면 얘기가 달라진다. 1950년께 고추장에 춘장을 섞은 지금의 즉석떡볶이 양념을 처음 개발하고 1978년 끓여서 먹는 즉석떡볶이 개념도 처음 만들어낸 사람이 바로 고(故) 마복림 할머니다. 미디어를 통해 대중에게 노출됐을 때 그 이후가 더 빛을 발하는 사장의 스토리를 사업주가 이미 가지고 있던 셈이다. 마복림 할머니보다 더 많이 그리고 자주 미디어에 노출되고서도 한순간 반짝이고 사라졌던 브랜드는 셀 수 없을 만큼 많이 있다.

정주영 회장과 이건희 회장이 사업을 했을 때 비슷한 규모 혹은 더 잘나가는 회사도 있었는데 유독 이들이 주목받는 것이 단지 대기업이기 때문일까.

폭행과 갑질로 뉴스에 나왔던 피자 브랜드 최고경영자(CEO), 여직원을 데리고 호텔로 들어가 논란이 된 두마리치킨 회장, 회장 성추행으로 기업의 이름까지 바꾼 D보험 외에도 오너 잘못으로 브랜드 이미지가 폭락한 사례는 수시로 나온다.

인공지능(AI)이 아무리 발전하고 매장마다 서빙로봇이 인간을 대체하고 주문도 결제도 기계가 대신 해주는 세상이 됐어도 브랜드를 키우는 것도, 브랜드를 나락으로 떨어뜨리는 것도 결국엔 사람이다. 규모가 크지 않은 사업이 대체 불가능하게 차별화하고 한 단계 발전하기 위해서는 스토리가 있는 사업주 개인 브랜드가 해당 브랜드의 거의 모든 것이라고 할 수 있다. 매장에 출근하며 전날 과음으로 머리도 옷차림도 부스스하고 고객에게 통명스럽게 응대하는 사업주가 의외로 많다. '맛있으니까 괜찮아'라고 넘기는 사람도 부지기수다. 아무리 맛있어도 필자는 안 간다. 그런데 필자만 안 갈까.

나의 옷차림이, 말투가, 위생이, 자세가, 철학이 브랜드의 시작이다. 대수롭지 않게 생각했던 자신의 모든 것이 사업 초기에는 브랜드가 된다. 만약 바쁘다는 핑계로 얼룩이 묻은 더러운 주방복을 입고 화장실에서 손도 안 씻고 나왔다가 손님이 그걸 봤다? 그게 바로 그 집의 브랜드가 되는 것이다.

모두가 새로운 레시피를 만들어낼 수는 없다. 누구나 1920년생인 마복림 할머니 같은 세월의 스토리를 가질 수는 없다. 하지만 브랜딩을 하기 위한 출발은 바로 나 자신이 브랜드임을 인지하고 행동하는 것이다. 많은 전문가가 TV나 미디어에 나와 가장 먼저 청소를 강조하는 것도 바로 이런 이유에서다.

대기업 브랜드는 정교하게 짜인 시스템과 매뉴얼을 통해 고객 경험을 설계하고 전달한다. 그리고 많은 자영업자가 그들의 시스템과 매뉴얼을 가지고 싶어한다. 하지만 자영업은 다르다. 사장 개인의 진솔한 태도, 고유한 철학, 독특한 말투, 매력적인 웃음소리, 심지어 사장의 개인적인 취향까지도 고객에게 전달되는 중요한 브랜드 경험이 된다. 이런 개인적인 상호작용과 진정성이 고객의 마음을 움직이고, 다시 방문하고 싶은 이유를 만들어낸다.

사장이 브랜드가 되기 위한 3가지 핵심 요소

어떻게 사장이 브랜드가 될 수 있을까. 이를 위해서는 단순히 좋은 제품을 파는 것을 넘어, 다음과 같은 핵심 요소를 꾸준히 개발하고 보여줘야 한다.

① 캐릭터화된 정체성

고객 기억 속에 선명하게 남을 수 있는 명확한 이미지를 구축해야 한다. 예를 들어, 늘 친근하고 유머러스한 동네 이웃 같은 사장, 묵묵히 한 우물만 파는 장인

정신 투철한 고집쟁이 사장, 혹은 최신 트렌드를 빠르게 읽고 반영하는 감각적인 사장 등이다. 항상 파이팅 넘치고 누구에게나 유쾌하게 응대하는 사장 등 소비자가 쉽게 연상하고 기억할 수 있는 자신만의 캐릭터를 만드는 것이 중요하다. 이 캐릭터는 단순한 역할극이 아니라, 사장의 본질적인 성향과 철학에서 비롯돼야 진정성을 얻을 수 있다.

<사례>

옥된장 A사장.   자료: 필자 제공

양재동에서 옥된장이라는 프랜차이즈 브랜드를 운영하는 A사장님 사례를 보자. 외식아카데미에서 강사와 수강생으로 만난 대표님의 가장 큰 장점은 누구와도 유쾌하게 대화를 한다는 점이다. 실제 A사장님은 점심시간대에 한복을 입고 매장 앞에서 큰 소리로 인사하며 간단한 기념품 같은 것을 나눠주곤 했다. 늘 웃으며 고객을 응대하는가 하면 한가한 시간에는 매장 인근 청소를 스스로 하면서 행인들과도 스스럼없이 대화한다. 장사를 위해 일시적으로는 할 수 있지만 사장님 자체의 성향과 철학을 오픈 이후 일관되게 유지하기란 쉬운 일이 아니다. 이로 인해 단골이 많이 생겨 전국 옥된장 매장 중 최상위 매출을 유지하고 있다.

② 일관된 언어와 비주얼

온라인상 SNS 콘텐츠부터 오프라인 가게의 유니폼, 인테리어 디자인, 그리고 사장과 직원들 철학과 말투에 이르기까지 모든 접점에서 동일한 느낌과 메시지를 전달해야 한다. 이런 일관성은 고객에게 신뢰를 주고, 브랜드에 대한 확고한 인식을 심어주는 핵심적인 요소다.

예를 들어 빈티지 콘셉트의 카페라면 인테리어, 음악, 사장의 복장, 심지어 컵 디자인까지 통일된 빈티지 감성을 보여줘야 한다. 다른 곳을 벤치마킹해 고유 이미지가 훼손돼서는 안 된다.

<사례>

광안리 그린파치 사장.   자료: 필자 제공

4년간의 세미나와 자영업 아카데미를 통해 많은 사장님을 만나왔는데 그중 광안리 '그린파치'의 B사장님은 특별했다.

전갱이라는 생선은 성격이 급해 신선도를 유지하기가 쉽지 않고 찾는 사람이 많지 않아 선어회로 판매하기 쉽지 않다. 당연히 전갱이회를 제대로 판매하는 곳이 많지 않다. 하지만 B사장님은 전갱이회는 물론, 다른 곳에서 먹기 힘든 회와 자연산 멍게 같은 해산물을 제공하겠다는 철학으로 가게를 운영하면서 직접 물차를 운전한다. 부산에서 통영까지 산지에서만 먹을 수 있는 회와 해산물을 직접 운전해 눈으로 보고 선별해서 가지고 와서 고객에게 제공한다.

매장 분위기, 사장님 유니폼, 가게 인테리어 모두 그런 철학을 반영한다. 광안리라곤 하지만

바닷가에서 조금 떨어진 골목에서 운영 중이라 초기 어려움을 겪어 실제로 필자가 운영 중인 자영업아카데미에 참가했을 때 '다른 곳에서 먹기 힘든 회를 제공하자'는 철학을 내려놓을까 고민을 토로했다. 하지만 지금은 그 철학이 더 견고해져 매출은 수직 상승하고 평일에도 예약을 하지 않으면 안 될 정도의 맛집으로 자리를 잡았다.

③ 이야기와 맥락

고객 공감을 얻고 브랜드에 대한 애착을 형성하기 위해서는 단순히 상품을 나열하는 것을 넘어, 그 안에 담긴 '이야기'와 '맥락'을 전달해야 한다. 가게를 시작하게 된 창업 계기, 특별한 메뉴가 탄생하기까지의 비하인드 스토리, 가게를 운영하는 사장의 철학 등은 모두 브랜드를 구성하는 중요한 서사가 된다. 이런 이야기는 고객에게 단순한 소비를 넘어선 감성적인 연결고리를 제공하며, 브랜드에 대한 충성도를 높이는 데 결정적인 역할을 한다.

사장이 브랜드가 되면 벌어지는 변화

사장이 곧 브랜드가 되는 전략은 단순한 마케팅 기법을 넘어, 자영업 전반의 운영과 성장에 긍정적인 파급효과를 가져온다.

① **광고비가 줄어든다** : 사장의 매력적인 캐릭터와 스토리는 강력한 입소문 마케팅으로 이어진다. 고객은 스스로 가게의 홍보대사가 돼 SNS에 방문 후기를 공유하고 주변 사람에게 추천하며, 이는 값비싼 광고보다 훨씬 효과적인 마케팅 효과를 창출한다.

② **팬이 생긴다** : 오늘날 소비자는 '사람'에게 충성하는 경향이 짙다. 사장이라는 특정 인물에게 매력을 느끼고 공감하면 그 가게의 단순한 고객을 넘어 적극적인 '팬'이 된다. 이들은 단순한 구매를 넘어 브랜드를 지지하고 옹호하며, 위기 상황에서도 흔들리지 않는 든든한 아군이 된다.

③ **입소문이 콘텐츠가 된다** : 사장의 독특한 캐릭터, 재치 있는 언행, 감동적인 철학 등은 그 자체로 매력적인 콘텐츠다. 고객은 사장의 캐릭터를 바탕으로 다양한 온라인 콘텐츠를 자발적으로 생산하고 공유하며, 이는 추가적인 바이럴 마케팅 효과를 가져온다.

누구나 할 수 있는 '사장 브랜딩'

'사장 브랜딩'이라고 해서 유명 연예인이나 인기 유튜버처럼 특별한 재능을 가져야만 가능한 것은 절대 아니다. 핵심은 바로 사업을 하는 중에 일상 속에서 우러나오는 '진정성'이다. 자신만의 말투, 행동 습관, 그리고 사업에 대한 철학을 일관되고 진솔하게 보여주는 것만으로도 고객은 충분히 매력을 느끼고 깊은 신뢰를 쌓는다.

이제 자영업 환경에서 '사장이 브랜드가 되는 것'은 선택의 문제가 아니라, 냉혹한 현실 속에서 살아남기 위한 '생존의 문제'가 됐다. 포화 상태에 이른 자영업 시장의 치열한 경쟁 속에서, 고객 기억에 각인될 만한 특별한 '사람', 공감을 얻을 수 있는 '이야기', 그리고 확고한 '정체성'이 없다면 고객 선택을 받기란 갈수록 더 어려워질 수밖에 없다.

사장 브랜딩은 가장 현실적이고 강력한 생존 전략이 될 수 있다. 거액의 자본을 투자하거나 복잡한 시스템을 구축할 필요 없이 사장 자신의 진정성 있는 노력만으로 시작할 수 있는 유일한 길이다. 당신의 가게가 단순히 좋은 상품을 파는 곳을 넘어 당신이라는 사람 자체가 하나의 매력적인 브랜드가 될 때, 비로소 고객의 마음을 사로잡고 지속 가능한 성장을 이룰 수 있을 것이다.

가격 올리면 무조건 프리미엄?
소비자는 '종(種)'을 먼저 읽는다

─── 이문경 ───
헤비스테이크 대표

한국맥도날드와 한국·중국·일본 버거킹 최고마케팅책임자(CMO)를 지냈다. 현재 가성비 스테이크 프랜차이즈 '헤비스테이크'를 운영 중이다. 패스트푸드 마케팅 경력을 바탕으로 매장과 주방의 자동화 모델을 위한 자문을 하고 있다.

브랜드를 만드는 사람들은 종종 이렇게 생각한다.

'가격을 올리고 포장을 세련되게 바꾸면 고급화에 성공하지 않을까.'

하지만 이는 오산이다. 제품 프리미엄이란 속성은 대부분 태생적으로 부여받기 때문이다.

이 글에선 고급화를 꿈꾸는 브랜드가 흔히 하는 착각을 짚어보고, 고급화에 성공하기 위한 조건과 사례를 전한다.

종은 태생적 속성이자
소비자가 가진 강력한 스키마다

소비자는 제품을 볼 때 가장 먼저 '종(種)'으로 분류한다. 여기서 말하는 종은 단순한 카테고리 구분이 아니다. 소비자 머릿속에 이미 자리 잡은 스키마(인지 프레임)이자, 제품이 태생적으로 부여받은 속성이다. 종은 소비자가 그 제품을 사회적 맥락 속에서 어느 위치(혹은 계급)에 둘지 결정하는 기준이 된다.

카테고리가 김밥·스시·햄버거·스테이크 등 이름표라면, 종은 그 이름 뒤에

숨어 있는 대중적·프리미엄·특별한 경험 같은 속성과 계급까지 함께 담고 있다. 그래서 좋은 '카테고리+속성+계급 인식'을 동시에 품고 있는 아주 강력한 스키마다. 김밥에 광어를 얹는다고 스시가 되지 않고, 편의점 고급 원두커피가 스타벅스를 대체하지 못하는 이유가 여기에 있다. 소비자는 가격이나 재료보다 종 자체의 속성과 계급으로 제품을 읽는다.

동물로 비유해보자. 고양이가 아무리 무섭게 울어도 호랑이의 위상을 가질 순 없다. 마찬가지로 중저가 제품이 포장과 광고로 호랑이 흉내를 내도 소비자 눈에는 '고양이의 코스프레'로만 보인다. 진짜 고급화를 원한다면, 종 자체가 상위 궤도에 놓인 제품을 선택해야 한다.

소비자 머릿속에 있는 '자리 배치도'

소비자는 제품을 구매할 때 가격·품질만 보고 결정하지 않는다. 머릿속에 이미 '자리 배치도(seating chart)'가 있다. 제품을 사회적 맥락 속에서 어디에 앉힐지 정하는 인지 지도다. 여기서 '자리'는 "이건 일상용"이랄지 "저건 특별한 날" 같은 심리적 위치를 말한다. 그리고 '무대'는 그 제품이 실제로 판매되고 소비되는 공간·채널이다. 즉, 자리는 머릿속 분류고, 무대는 그 분류가 구현되는 현실적 장치다.

가령 주류의 경우 맥주는 보통 '일상', 와인은 '격식', 위스키는 '사색'의 자리 배치도가 그려진다. 커피라면 편의점 커피는 '카페인 충전', 프랜차이즈 커피전문점은 '일상적 만남', 고급 카페의 스페셜티 커피는 '정체성 소비'라는 자리에 배치된다. 음식은 라면은 '구원자', 파스타는 '데이트', 오마카세는 '격식'이 연상되기 쉽다. 디저트라면, 편의점 디저트는 '위안', 카페 디저트는 'SNS 무대', 호텔 뷔페는 '이벤트'가 각각의 자리 배치도다.

이처럼 같은 성분을 갖거나 같은 카테고리에 속한 제품이더라도 소비자는 서로 다른 자리에 배치한다. 이것을 정확히 이해해야 그에 알맞은 마케팅 전략을 구사할 수 있다.

왜 수많은 프리미엄 시도가 실패하는가

프리미엄 제품은 "우리 프리미엄이에요!"라고 선언한다 해서 뚝딱 되는 것이 아니다. 정체성과 무대가 받쳐주지 않으면 소비자는 곧장 '이질적 시도'로 분류해버린다. 그러면 브랜드 자산까지 훼손된다.

브랜드 빌더들이 프리미엄화에 실패하는 이유는 크게 세 가지로 요약된다.

①정체성 불일치 : 브랜드 본질과 소비자

기대가 어긋나는 경우다. 예를 들어, 맥도날드는 '빠르고 합리적인 한 끼'라는 정체성 위에 프리미엄 시그니처 버거를 올렸지만, 소비자에게는 낯설고 어색했다. 패스트푸드의 대표 격인 맥도날드 햄버거 '자리' 자체가 프리미엄과는 어울리지 않기 때문이다.

②즉각적 비교 : 소비자는 언제든 상위 종의 원조를 떠올린다. 던킨이 파스타를 내놨을 때 반응은 단순했다. "그 돈이면 레스토랑을 가지, 왜 도넛 가게에서 먹나?"

③자산 훼손 : 억지 프리미엄은 기존 강점까지 회석시킨다. 편의점 커피가 '프리미엄 원두'를 내세워도 소비자는 고민 없이 스타벅스로 간다. 무리한 프리미엄화 시도는 편의점의 강점인 가성비와 접근성까지 흔들 수 있다.

스타벅스가 스키마 이동에 성공한 4가지 비결

물론 소비자의 스키마가 변할 수도 있다. 스타벅스 리저브는 소비자 스키마를 바꿔낸 대표적 프리미엄 외식 전략이다. 이를 위해선 스키마 이동의 4가지 조건이 필요했다.

①브랜드 분리 : 간판을 바꿔야 인식이 달라진다

일반 스타벅스와는 간판부터 다르다. '리저브 바'라는 별도 네이밍과 로고(검은 배경에 R★)를 사용한다. 기존 이름에 '프리미엄'을 덧붙이는 게 아니라, 아예 다른 브랜드처럼 보여야 인식이 달라진다. 소비자가 '그냥 스타벅스'가 아니라, '한 단계 높은 스타벅스'로 인식할 수 있게 했다.

②무대 일치 : 판매 채널과 경험 공간이 격을 증명해야 한다

매장 인테리어, 바 좌석, 조명, 바리스타의 동작까지 모두 다르다. 오픈된 바에서 '사이폰 추출' '클로버 머신' 같은 특별한 장비로 커피를 내려주는 퍼포먼스 무대가 있다. '앉아서 빨리 마시고 가는 카페'가 아니라, '커피를 체험하는 무대'로 연출했다. 아무리 좋은 상품도, 파는 공간·채널이 어울리지 않으면 프리미엄으로 안 보인다.

③비용 신호 : 실제로 돈과 노력이 들었다는 증거가 필요하다

원두가 '리저브 전용 소량 한정 원두'임을 강조하고, 추출 방식도 설명하며 진짜 돈과 노력이 들어간 흔적을 보여준다. 즉, "이건 원두부터 다르고, 바리스타의 기술

스타벅스 더종로R점 리저브바.

이 더 들어간다"는 신호가 가격에 반영된 것이다. 가격은 일반 스타벅스보다 훨씬 비싸다. 하지만 소비자는 납득한다. 고객은 브랜드가 어디에 시간과 돈을 쏟았는지를 보고 '진짜 고급'인지 판단한다.

④**시간 축적 : 일관된 성과와 메시지가 쌓여야 한다**

단발성 캠페인이 아니라, 2010년대 중반부터 꾸준히 글로벌 주요 도시에 리저브 매장을 열고 있다. 한국에서도 서울 청담, 을지로, 압구정 등에 리저브 바가 자리 잡으면서 '프리미엄 커피 경험=스타벅스 리저브'라는 인식이 축적됐다.

프리미엄은 하루아침에 생기지 않는다. 꾸준한 성과와 메시지가 쌓여야 인정받는다.

⑤**종×자리×무대, 세 축의 교차**

프리미엄은 종×자리×무대 세 축이 딱 맞아떨어질 때 비로소 성립한다. 이 셋이 일치하면 소비자는 자연스럽게 "여긴 한 단계 위"라고 인정한다. 하나라도 내려가면 전체 경험이 끌려 내려온다.

-종 : 어떤 제품군의 본질적 속성을 지니는가?

-자리 : 소비자가 기대하는 맥락·상황은 무엇인가?

-무대 : 그걸 소비하는 공간·채널이 상위 경험을 지지하는가?

사례를 들어 설명해본다.

사례1. 스타벅스 리저브
(Starbucks Reserve)

커피라는 종에, 프리미엄 자리, 고급 무대까지 갖춰 '커피 이상의 경험'을 만듦
- 종 : 커피(스페셜티라는 상위 속성)
- 자리 : 비즈니스 미팅, 나만의 휴식, 특별한 순간
- 무대 : 일반 카페가 아닌 갤러리 같은 리저브 로스터리

사례2. 하겐다즈(Haagen-Dazs)

아이스크림을 '일상의 군것질'에서 '럭셔리 기념품'으로 끌어올림
- 종 : 아이스크림(최고급 원료로 '프리미엄 디저트' 속성 부여)
- 자리 : 데이트, 선물, 특별한 날의 디저트
- 무대 : 카페형 라운지 매장, 화려한 패키지, 한정판 플레이버

두 갈래 길
: 기존 브랜드 고급화 vs 정점 창업

프리미엄을 꿈꾸는 브랜드 앞에는 두 갈래 길이 있다.

첫째, 기존 브랜드 고급화다. 이미 자리 잡은 대중 브랜드 안에서 소비자 욕망을 더 정교하게 충족시키는 방식이다. 기존 고객 기반과 브랜드 자산을 활용할 수 있는 장점이 있지만, 본질적 상한선에 부딪힐 수 있다.

성공 사례는 '버거킹 콰트로 치즈 와퍼'다. 소비자의 오래된 욕망은 '치즈 더!'였다. 대개는 치즈 양만 늘린 '더블'에서 멈췄는데, 버거킹은 와퍼의 정체성 위에 체더 · 파르메산 · 아메리칸 · 모차렐라 네 가지 치즈를 조합해 풍미를 크게 확장했고 이름도 '콰트로(Quattro)'로 차별화했다. 소비자는 이걸 낯선 신제품이 아니라 '내가 좋아하던 와퍼의 진화'로 받아들였고, 결과는 코스프레가 아닌 욕망과 브랜드 자산의 진화였다.

반면 '맥카페'는 대표적인 실패 사례다. 2000년대 중반, 스타벅스를 중심으로 '프리미엄 카페'가 이미 자리 잡았을 때 맥도날드는 이렇게 생각했다. "매장 안에 카페 분위기를 만들면, 굳이 스타벅스로 안 가도 되지 않을까?" 그래서 맥카페 코너를 만들고 원두 품질을 높이며 라테 · 카푸치노를 추가했다. 하지만 이는 맥도날드의 본래 정체성인 '빠르고, 저렴하고, 누구나 접근 가능한 한 끼'와 어긋났다. 소비자는 맥카페를 진짜 프리미엄으로 보지 않았고, 오히려 '커피는 스타벅스, 맥도날드는 간단한 식사'라는 인식이 강화됐다. 결국 맥카페는 '프리미엄 코스프레' 사례로 남게 됐다.

둘째, 정점에서 출발한 창업이다. 처음부

터 최상위 카테고리를 선점해 프레임의 고도를 확보하는 방식이다. 고급의 상징성으로 출발하면 이후 합리적 가격대 제품을 추가해도 소비자는 이를 '다운그레이드'가 아니라 '접근성 확대'로 받아들인다.

성공 사례는 여럿 있다. '애플'이 대표적이다. 2000년대 초 휴대폰 시장이 '기능 더, 가격 덜' 경쟁을 할 때, 어떤 소비자는 '내 기기가 나를 표현해줬으면' 하고 원했다. 아이폰은 통신기기가 아니라 디자인·경험·생태계가 결합된 프리미엄 경험이었다. 높은 가격은 '기능'이 아니라 정체성의 차별화를 강조했다. 소비자는 아이폰을 단순 휴대폰이 아닌 새로운 종으로 인식했고, 이후 SE나 아이패드mini 같은 저가 제품도 싸구려가 아닌, '접근성 확대'로 읽혔다.

'스타벅스'도 같은 맥락에서 이해할 수 있다. 한때 커피는 값싸고 빠른 카페인 음료였다. 스타벅스는 원두만 바꾼 게 아니라 공간·서비스·브랜드 언어까지 설계해 커피를 '프리미엄 라이프스타일'로 재정의했다. 매장은 공부·업무·만남이 가능한 제3의 공간(Third Place)이 됐고, 높은 가격은 "경험을 산다"는 감각을 만들었다. 이후 대중화 전략이 시도됐어도 프리미엄 이미지는 견고하게 유지되고 있다.

필자가 운영하는 '헤비스테이크'도 '정점에서 출발한 창업' 성공 사례에 해당한다. 한국에서 스테이크는 오랫동안 '특별한 날의 고급 음식'이었다. 동시에 소비자는 '일상에서도 합리적으로 스테이크를 먹고 싶다'는 바람이 있었다. 헤비스테이크는 그렇게 처음부터 스테이크라는 정점의 종에서 출발했다. 그래서 이후 햄버그스테이크·덮밥 같은 메뉴를 내놔도 소비자는 이를 '스테이크 전문점의 서브메뉴'로 인식했다. 메뉴 확장이 다운그레이드가 아닌 합리적 대안이 된 것. 이 덕분에 헤비스테이크는 일상성과 고급성을 동시에 가진 독특한 위치를 확보할 수 있었다.

자영업자에게 프리미엄은 단순히 '비싼 메뉴'가 아니다. 제품 고급화에 성공하려면 소비자가 자기 삶의 자리에 맞게 끼워 넣을 수 있는 경험을 만들어야 한다.

① 종(種)의 선택이 출발선이다

- 김밥, 치킨, 떡볶이, 햄버거는 기본적으로 '대중성의 종'이다. 이걸 억지로 고급화하면 '코스프레'로 보일 가능성이 크다.
- 스테이크, 오마카세, 디저트처럼 태생적으로 상위 속성을 가진 종을 선택하는 것이 훨씬 유리하다.

② 자리와 무대를 분리하라

- 기존 브랜드 안에 프리미엄을 얹는 방식은 한계가 있다.
- 스타벅스 리저브의 성공이 보여주듯 '별도 간판, 별도 무대'가 필요하다.
- 같은 상권 내에서도 '프리미엄 존(Zone)'을 따로 만들어야 소비자가 인식 프레임을 바꾼다.

③ 비용 신호는 '스토리'로 보여라

- 고급 재료를 쓰는 것만으로는 부족하다.
- 숙성 과정, 산지 이야기, 주방장의 철학 같은 '스토리텔링'이 소비자가 가격을 납득하는 비용 신호가 된다.
- 2026년 소비자는 '비싸지만 납득되는' 경험에 기꺼이 지불한다.

④ 시간의 축적을 계획하라

- 프리미엄은 단발성 이벤트로 만들어지지 않는다.
- 1~2년 단위 유행을 노리기보다 5년 이상 지속 가능한 무대와 메뉴를 설계해야 한다.
- 작은 규모라도 일관된 품질과 메시지가 쌓이면 소비자 스키마가 이동한다.

2) 프리미엄 브랜딩 전략 두 가지

프리미엄 브랜드를 만드는 방법은 두 가지다. 기존의 일반 브랜드를 고급화하거나, 처음부터 프리미엄 브랜드로 포지셔닝하는 전략이다. 각 전략의 장단점은 다음과 같다.

A. 기존 브랜드 고급화
(위험하지만 라인 확장 가능)

- 프랜차이즈, 카페, 치킨집 같은 대중 브랜드가 프리미엄 라인을 시도할 때, 소비자 스키마의 벽에 부딪힐 수 있다.
- 단, 브랜드 자산을 잘 활용하면 버거킹 콰트로 치즈 와퍼처럼 '본래 강점을 확장하는 방식'으로 성공할 여지가 있다.
- 소비자의 욕망을 충족하는 진화여야지, 억지스러운 코스프레여선 안 된다.

B. 정점에서 출발하는 창업
(안전하지만 진입장벽 높음)

- 처음부터 스테이크, 오마카세, 스페셜티 커피, 프리미엄 디저트 같은 상위 종으로 시작하면, 프레임 전환이 훨씬 쉽다.
- 이후 가격대를 낮춘 메뉴를 추가해도 소비자는 '다운그레이드'가 아니라 '접근성 확대'로 인식한다.
- 2026년에는 차라리 '정점에서 출발하는 소규모 창업'이 장기적으로 안전한 투자일 수 있다.

프리미엄 전략 체크리스트

항목	핵심	점검 질문	
종(種)	출발선 점검	내가 선택한 제품군(종)은 태생적으로 프리미엄 속성을 가지고 있는가? (예: 스테이크, 오마카세, 스페셜티 커피 vs 김밥, 떡볶이, 치킨)	
		소비자가 내 종을 들었을 때 '특별함'을 즉시 떠올리는가?	
자리	소비자 머릿속 배치	내 브랜드는 소비자의 머릿속에서 '특별한 순간'에 어울리는 자리로 배치되는가?	
		단순히 배고픔 해결이 아니라, 경험·정체성 소비로 연결되는가?	
무대	공간·채널 설계	기존 브랜드와 간판·무대·채널을 분리했는가?	
		매장 인테리어·조명·서비스가 내 브랜드의 프리미엄 이미지를 지탱하는가?	
		소비자가 들어왔을 때 "여기는 다르다"는 무대 체험을 느낄 수 있는가?	
비용 신호	가격 정당화	내 제품이 비싼 이유를 소비자가 이해할 수 있는가?	
		원재료, 산지, 조리 방식, 스토리 등에서 납득 가능한 비용 신호를 주고 있는가?	
		단순히 "비싸다"가 아니라, "값어치가 있다"는 말이 나오는가?	
시간 축적	일관성 유지	단발성 이벤트가 아니라, 5년 이상 지속할 수 있는 구조인가?	
		메뉴·서비스·메시지가 일관되게 유지되고 있는가?	
		시간이 지날수록 소비자 인식이 강화될 수 있는 축적 메커니즘이 있는가?	
최종 점검		내 전략은 '고양이의 코스프레'가 아니라, '호랑이의 무대'를 설계하고 있는가?	
		억지 프리미엄이 아니라, 소비자 욕망의 진화로 보이는가?	
		내 브랜드는 2026년에도 '가성비'와는 다른 궤도에서 설득력을 가질 수 있는가?	

PART 4

운영

스시머신·튀김로봇·자동 웍질…
사례로 보는 로봇 주방 자동화

민강현
식당성공회 대표

'주방대장민쿡' 유튜브 채널 운영자이자 '식당 운영의 신' 저자다.
현재 국내 최초의 주방 동선 컨설턴트인 '키친 디렉터'로서, 효율적인 주방 설계의 중요성을 일찍이 간파하고 외식업계에 새로운 기준을 제시했다. 약 1000여 개의 외식업 컨설팅을 성공적으로 수행하며 수많은 식당의 성장을 도왔다.
직접 20여 개의 외식업 매장을 성공적으로 개업한 경험을 가지고 있으며, 현재는 '민쿡다시마', '민쿡앞바당', '피쉬투고' 대표와 식당성공회 대표를 겸하고 있다. 특히 '민쿡다시마'는 2024년 백년가게로 선정됐다.

2007년 필자가 처음 사용해본 로봇 형태 조리 도구는 '스시 머신'이었다. 밥을 위쪽에 넣으면 아래쪽으로 초밥을 찍어내는 장비였는데, 구매하고 일주일 만에 창고에 처박아 두게 됐다. 겉으론 제대로 된 초밥을 생산하는 것처럼 보였지만, 초밥을 틀에 찍어내는 방식이라 밥알이 많이 깨져 나왔다. 결정적인 단점은 손님이 뜸한 시간에는 초밥을 만들 수 없기 때문에 틀에 찍히기 직전의 밥이 마르고 식는다는 것이었다.

이후에도 많은 자동화 장비를 구입하고 사용해봤다. 자동화 장비를 효율적으로 다루기 위해서는 실패하더라도 최대한 자주 사용하고 도전해야 한다. 이런 시행착오를 통해 2014년 일본에서 1500만원을 주고 새로운 스시 머신을 구입했고 지금까지 사용하고 있다. 이 스시 머신은 이전에 구매했던 첫 번째 스시 머신의 모든 단점을 보완했다. 보온 기능을 갖춘 것은 물론 밥이 마르지 않게 보완했고, 밥(샤리)의 크기 또한 조절이 가능했다. 이 스시 머신을 사용한 이후 초밥 생산 속도는 3배 이상 빨라졌다. 그 덕분에 시간이 지나면서 초밥을 쥐는 조리사를 4명에서 2명으로 줄일 수 있었다. 이 경험은 로봇이 외식업에 가져올 변화와 그 잠재력을 체감하는 계기가 됐다.

외식업계는 지금 거대한 변화의 물결 앞에 서 있다. 단순한 트렌드를 넘어 생존을 위한 구조적 변화의 필요성이 그 어느 때보다 절실한 시점이다.

현재 외식업이 직면한 가장 큰 문제는 심각한 인력난과 치솟는 인건비다. 최저시급은 주휴수당을 포함해 1만3000원에 육박하지만, 그 금액을 제시해도 지원자가 거의 없다. 과거와 달리 외국인 인력조차 구하기 어렵고 구직자 자체도 눈에 띄게 줄었다. 이제는 단순히 '인건비가 부담스럽다'는 문제를 넘어 아예 '사람이 없다'는 것이 외식업 종사자들의 참담한 현실이다. 더 이상 육체적 노동과 고된 근무 환경을 감수하며 외식업에 종사하려는 사람을 찾기 어려워졌다.

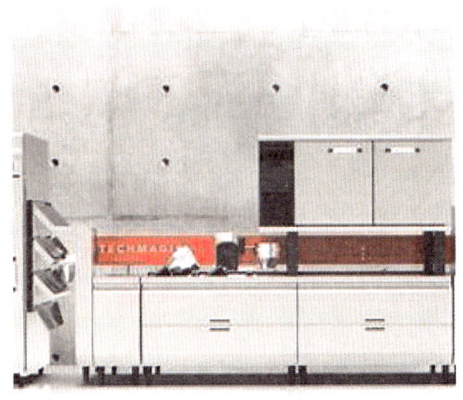

P-ROBO(파스타로봇)

로봇 활용한 외식 창업, 2026년엔 선택 아닌 필수

이런 구조적 인력 공백을 해결하기 위해 전 세계 외식업계는 빠르게 자동화 기술로 방향을 틀고 있다. 로봇은 단순 반복 작업, 정량 계량, 일관된 품질 유지 등 인간에게는 피로하고 오류가 생기기 쉬운 영역에서 놀라운 정확도와 효율을 발휘한다.

감자튀김부터 샐러드, 커피는 물론 타코야키, 국수, 피자에 이르기까지 로봇의 조리 영역은 점점 넓어지고 있다. 이미 일본, 미국, 중국 등 많은 나라는 자동 조리 로봇을 상용화하며 외식 자동화 대중화에 박차를 가하고 있다.

국내에서도 로보아르테, 플레토로보틱

스, 고피자, 스핀쿡 등 다양한 기술 기반 기업이 '외식의 미래'를 구현하기 시작했다. 인건비와 인력난이라는 거대한 벽 앞에서 외식업계는 생존을 위한 새로운 해법을 모색하고 있으며 그 중심에 '로봇'이라는 기술적 대안이 자리 잡고 있다.

외식업계가 마주한 위기는 단순히 사람을 구하기 어려운 것을 넘어 전반적인 운영 구조의 비효율성에 기인한다. 반복적이고 체력 소모가 큰 업무, 인건비 상승, 품질의 일관성 유지, 직원 교육 문제 등은 소상공인부터 프랜차이즈 본사에 이르기까지 모두가 겪는 공통 과제다. 문제해결을 위한 대안으로 주방 자동화 기술은 이제 선택이 아니라 필수로 자리 잡고 있다.

로봇 외식 창업이 유망한 이유

2026년 외식업 시장에서 로봇 외식 창업이 더욱 각광받을 수밖에 없는 이유는 명확하다. 인력난과 비용 상승이라는 구조적 문제를 해결하고 고객 경험까지 혁신하는 핵심적인 역할을 수행하기 때문이다.

1. 심각한 인력난 해소

-로봇, 부족한 손길을 채우는 똑똑한 조력자

현재 외식업 인력 채용은 '지원자 없음'

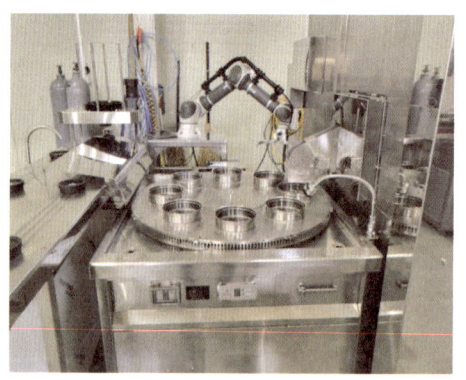
우동로봇

이 가장 큰 문제다. 아무리 높은 급여를 제시해도 야간이나 주말 등 특정 시간대에는 사람을 구하기 어렵고, 잦은 퇴사로 인한 운영 중단도 빈번하다. 이런 상황에서 주방 로봇은 사람의 일을 덜어주고 부족한 인력을 보완하는 중요 역할을 한다. 필자의 주꾸미 볶음집 운영 경험을 돌아보자. 하루 종일 주꾸미를 볶는 것은 정말 고된 노동이었다. 주꾸미 요리사는 하루에도 웍질을 수천 번 해야 한다. 더운 열기와 반복된 웍질은 결국 요리사가 버티지 못하게 만들었다. 그런데 박람회에서 발견한 자동 웍은 그 문제를 한 달 만에 해결해줬다. 일단 불 앞에서 웍질을 하지 않아도 됐고 반복 동작을 로봇이 대신 해주니 요리사는 보조 역할만 하면 됐다. 물론 한 사람이 오롯이 그 자리를 비울 수 있는 것은 아니지만, 생산 속도가

급식실(튀김로봇)

본도시락(웍봇)

빨라지고 노동 강도가 줄어든 것만으로도 800만원이라는 초기 비용을 단 3개월 만에 충분히 회수할 수 있었다.

이처럼 한 시간 내내 뜨거운 불 앞에서 볶음 요리를 해야 하는 주방 직원의 고충을 생각해보자. 반복되는 동작과 뜨거운 열기는 숙련된 요리사에게도 큰 부담이다. 하지만 자동 볶음 로봇은 설정된 레시피에 따라 정확한 온도와 시간, 교반 속도로 볶음 요리를 해낸다. 사람이 직접 할 때보다 훨씬 적은 인원으로 더 많은 양의 음식을 일관된 품질로 생산할 수 있게 된다.

2. 인건비 절감

-고정비의 굴레에서 벗어나는 돌파구-

외식업에서 가장 큰 고정비용은 단연 인건비다. 특히 소규모 자영업자에게 인건비는 '생존을 위협하는 변수'로 작용한다. 주방 자동화 로봇은 초기 도입 비용이 있지만, 장기적으로는 인건비보다 낮은 유지비와 높은 작업 효율을 통해 운영 비용을 획기적으로 절감할 수 있다.

필자의 서빙 로봇 도입 경험을 얘기하겠다. 지방의 한 대형 고깃집에 서빙 로봇 도입을 제안했을 때 '로봇이 사람을 완벽히 대체하지 못한다'는 고정관념 때문에 주저하는 곳이 있었다. 하지만 부족한 인력 탓에 테이블 회전율이 떨어지고 고객 불만이 늘어나는 상황이었다. 서빙 로봇을 도입해 사람이 하기 힘들고 반복적인 '음식 나르기' 업무를 맡겼다. 초기에는 직원들도 어색해했지만, 지금은 로봇이 없으면 업무 마비가 올 정도라고 말한다. 로봇이 한 명의 인력을 완벽히 대체하지 못할지라도, 가장 힘든 업무를 대신 해줘

스파이스(샐러드로봇)

에이트키친

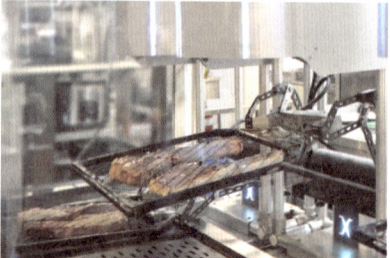

삼겹살 구워주는 로봇

하이디라오 (자동화 로봇)

기존 인력의 업무 부담을 줄이고 서비스 질을 높이는 데 크게 기여한 것이다.

서울 강남의 한 유명 삼겹살 전문점은 고기를 애벌로 굽는 것을 자동화했다. 기존에 애벌로 고기를 구우려면 오롯이 한 명의 조리 인력이 필요했지만, 자동 구이 로봇을 도입하면서 한 명이 두세 가지 업무를 동시에 관리할 수 있게 됐다. 이는 월 200만원 이상 인건비 절감 효과를 가져왔고, 로봇 도입 1년 만에 투자비용을 회수했다. 이처럼 로봇은 단순히 인력 한 명을 대체하는 것을 넘어 인력 재배치를 통해 전체적인 주방 운영 효율성을 극대화해 고정비 부담을 실질적으로 줄여준다.

3. 품질 일관성 유지

'맛'의 편차를 줄이는 과학적인 접근

외식업은 '맛'이 업의 중심에 있다. 하지만 사람마다 조리 숙련도와 감각이 다르기 때문에 맛에 편차가 생기는 문제는 불가피하다. 이는 고정 고객, 즉 단골 확보에 치명적인 영향을 준다. 비좁고 뜨거운 주방 환경은 조리사 피로도를 높이고, 이는 곧 음식 맛의 기복으로 이어질 수 있다.

주방 자동화는 이러한 '사람'이라는 변수에서 오는 맛의 편차를 최소화한다. 로봇은 계량, 시간, 열 조절을 정밀하게 수행해 항상 동일한 품질을 유지할 수 있게 해준다. 고피자 사례가 대표적이다. 고피자는 반죽, 토핑, 오븐 굽기까지 피자 조리 전 과정을 자동화한 '헥사 시스템'을 도입했다. 그 덕분에 매장마다 누가 만들든 맛과 품질이 동일한 피자를 고객에게 제공할 수 있게 됐다. 이는 곧 고객

만족도 상승과 재방문율 증가로 이어져 안정적인 매출을 확보하는 데 큰 역할을 한다.

4. 교육·운영 효율 개선

숙련된 직원이 없어도 돌아가는 주방

숙련된 직원 퇴사는 외식업에서 중역이 빠져나가는 것과 같다. 갑작스러운 숙련자 이탈은 신입 직원 채용과 교육이라는 부담을 안겨준다. 직원이 일정 수준 숙련도를 갖추게 만들려면 상당한 시간과 비용이 필요하지만, 영세한 식당에서는 이직률이 높다 보니 그 투자가 이뤄지거나 지속되기 어렵다.

하지만 주방 자동화 시스템은 '숙련이 필요 없는 운영 환경'을 만들어준다. 매뉴얼화된 작업 흐름과 로봇의 기능 덕분에 최소 인원으로도 빠른 적응과 안정적인 운영이 가능하다. 조리 경험이 없는 시니어 직원이나 아르바이트생도 버튼 몇 개만 누르면 정해진 레시피대로 볶음밥을 만들 수 있다.

100인분 한식 조리를 자동화해 서울 강남역에 문을 연 케이푸드텍의 '로봇밥'이 대표 사례다. 이는 숙련된 조리사 없이도 대량의 한식을 일관된 맛으로 제공할 수 있음을 보여준다.

서빙로봇

5. 고객 만족도 상승
-빠르고 정확한 서비스로 고객을 사로잡다

일관된 조리와 일정한 조리 시간은 고객 대기 시간을 줄여준다. 또 사람의 영역에서 발생하는 잦은 실수로 인한 주문 오류가 나오지 않아 영업 중단 상황을 방지하고 고객 짜증을 줄여준다. 키오스크는 정확하고 빠른 주문 접수를 가능하게 하고, 서빙 로봇은 고객과의 불필요한 마찰 없이 정확히 음식을 전달한다. 로봇을 신기하게 여기며 매장을 재방문하는 고객도 증가하는 추세다. 한 설문조사에 따르면 서빙 로봇을 경험한 고객의 70% 이상이 긍정적인 반응을 보였고, 이는 곧 재방문 의사로 이어졌다.

6. 위생·안전 강화
-깨끗하고 안전한 주방 환경 구축

주방은 위생과 안전이 최우선시되는 공간이다. 사람 실수로 인한 교차 오염이나 화상 등의 사고는 언제든 발생할 수 있다. 하지만 로봇은 정해진 매뉴얼에 따라 움직이므로 위생 사고 발생 가능성을 현저히 낮춘다. 예를 들어 튀김 로봇은 뜨거운 기름 앞에서 일하는 직원의 위험을 없애주고 항상 일정한 온도를 유지해 조리 과정의 위생을 담보한다. 또한 식기세척 로봇은 고온 세척과 건조를 통해 완벽한 살균을 보장하며 사람 손으로 했을 때 발생할 수 있는 위생 문제를 줄여준다. 이는 고객에게 더 신뢰할 수 있는 식사를 제공하고, 직원에게는 더 안전한 근무 환경을 제공하는 중요한 요소다.

7. 공간 효율성 증대·24시간 운영 가능
-제한된 공간에서 최대의 효과

도심의 높은 임차료는 외식업 매장의 공간 활용을 더욱 중요하게 만든다. 주방 자동화 장비는 좁은 공간에서도 효율적으로 배치돼 제한된 주방 공간을 최적화하는 데 기여한다.

예를 들어 모듈형 로봇 시스템은 필요에 따라 기능을 확장하거나 변경할 수 있어 주방을 유연하게 운영할 수 있게 해준다. 또한 무인 운영이 가능한 로봇 시스템(예: 비트 로봇카페)은 24시간 운영할 수 있어 매출 기회를 극대화하고, 인건비가 비싼 야간 시간대 운영 부담을 줄여준다. 이는 특정 시간대에만 집중되던 매출 구조를 다변화하고, 고객에게 언제든 접근 가능한 편의성을 제공한다.

로봇 외식 창업, 고려해야 할 조건

주방 자동화 장비가 모든 외식업 매장에 만능 해법이 되는 것은 아니다. 성공적인 도입을 위해서는 몇 가지 조건을 신중하게 고려해야 한다.

아직까지 로봇은 다양한 형태의 조리 프로세스를 유연하게 구현하기 어렵다. 따라서 로봇을 활용하기 위해서는 메뉴의 조리 프로세스가 단순하거나 특정 로봇이 담당할 수 있는 동일한 조리 프로세스를 가진 메뉴에 집중해야 한다. 필자의 자동 웍 사용 경험을 돌아보자. 자동 웍은 단순히 볶음 요리만 가능했기에 다른 메뉴를 구현하기 어려웠다. 물론 맛은 다양하게 구현할 수 있지만, '볶음 요리'라는 프로세스를 가진 요리에만 적용할 수 있었다. 로봇을 도입하기 전에 어떤 메뉴를 로봇에 맡길지 명확히 설정하는 것이 중요하다.

자동화 장비를 활용하기 위한 충분한 공간 확보도 필수다.

서빙 로봇을 4년간 사용해왔던 필자의 경험을 돌아보면 예전에는 로봇이 다니는 통로가 일반 통로보다 30%는 더 넓어야 사용이 가능했다. 지금은 기술 발전으로 다소 좁은 통로에서도 사용할 수 있지만, 아직까지는 로봇 사용에 적합하지 않은 공간 구조를 가진 매장이 많다. 또한 주방에서 사용하는 기존 조리 도구에 비해 넓은 영역이 필요하다. 사람이 유연하게 활동하는 데 비해 로봇은 특정 동작을 반복하기 위해 고정적인 조리 활동 영역이 필요하기 때문이다. 즉 사람이 동작하는 영역(통로)이 로봇의 행동반경 안에 포함돼야 하므로, 사람과 로봇 모두를 위

크리에이터(버거로봇)

화이트캐슬(튀김로봇)

해 충분히 넓은 조리 영역을 확보하는 것이 중요하다.

고장에 대한 대비책도 마련해야 한다. 사람이 조리할 때는 대체 인력이 있지만, 로봇이 조리하다 고장 나면 곧바로 판매 중단으로 이어질 수 있다. 따라서 신속한 사후관리(AS) 체계나 예비 장비 확보 등 대비책이 필요하다. 로봇 도입 시 사후 서비스 및 유지보수 계약을 꼼꼼히 확인해야 한다.

완전 자동 조리 방식은 아직 한계가 있다. 더 비싼 장비가 요구될뿐더러 아직까지는 시작과 마무리를 사람이 하는 보조적인 조리 방식이 보다 완성도가 높다. 로봇은 단순 반복 작업과 일관된 품질 유지에 강점이 있으므로 복잡하거나 섬세한 마무리 작업은 사람이 담당하는 하이브리드 형태가 주방 최적화에 더욱 효과

적일 수 있다. 사람과 로봇의 강점을 최대한 활용해 시너지를 내는 것이 중요하다.

직원 교육과 인식 개선도 중요하다. 장비에 익숙하지 않은 직원은 처음에 거부감이 심할 수 있다. 직원이 사용하기에 불편함이 없는지 일정 기간을 두고 여러 번 테스트해야 한다. 필자가 컨설팅한 지방한 대형 고깃집에서는 서빙 로봇 도입을 주저했던 직원들 거부감으로 실패로 끝나기도 했다. 사실 장비가 들어갈 때 업주가 힘들어하는 부분은 직원들이 이 장비를 제대로 소화하고 잘 쓸 수 있어야 하는데, 그동안 해왔던 업무에 적응되고 고착화돼 새로운 장비에 대한 거부감이 심하거나 손님의 작은 요청에 반감을 가져 사용하지 못하는 사례도 많다는 사실이다. 따라서 업주는 장비를 몇몇 직원 반대에도 불구하고 반드시 적극적으로

잇사(앱 주문 후 라커 픽업)

줌피자(피자로봇)

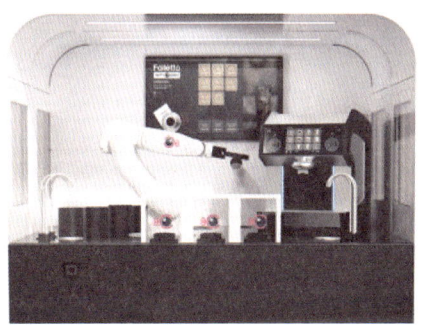
해피본즈(바리스타로봇)

사용할 수 있도록 매뉴얼을 개선하고 대처해야 한다. 장비 도입의 실질적인 효과, 즉 인건비 절감과 노동 강도 저하가 명확한지 충분히 검토해야 성공적인 주방 최적화로 이어질 수 있다.

호가는 다방면 확인, 작은 협상은 양보를
매수자가 권리금 낮추는 6가지 비법

양덕우
스토어디 대표

오프라인 창업을 돕는 회사 '스토어디' 대표다. 16년 동안 대기업 프랜차이즈 본사에서 가맹점 관리, 점포 개발, 영업 기획 등 직무 경험을 쌓았고, 온라인 창업 플랫폼 회사에서 근무했다. 7개 브랜드 16개 점포를 직접 오픈해서 운영했다. 현재도 10개 점포를 운영하고 있다.

"여기 시세 권리금이 몇억 원입니다. 강남 권리금은 보통 2억원 이상입니다."
자영업자나 예비 창업자라면 한 번쯤 이런 이야기를 들어봤을 것이다. 권리금은 얼마에 계약됐는지 실제 가격을 확인할 수 없기에 '호가'를 기준으로 이야기하는 경우가 많다. 그런데 호가는 말 그대로 부르는 가격이지, 실거래가는 아니다. 시세라는 개념이 자영업 시장에서 사실상 무의미한 이유다.
아파트는 평형별로 같은 입지에서 비슷한 시세를 형성한다. 거래된 가격을 확인할 수 있고, 같은 단지라면 구조와 층수 차이 정도만 감안하면 되기 때문에 시세라는 것이 의미가 있다.
그러나 영업을 하는 상가는 모양과 평수가 천차만별이다. 간판을 달 수 있는 길이, 선호하는 업종의 적정한 평수, 노출도, 층고, 또 현재 임차 조건 등이 제각각이다. 이런 요소 하나하나가 수익과 매출에 파격적인 영향을 주기 때문에 개별성이 워낙 큰 부동산이다. 어디가 얼마에

거래됐다 해도 상가마다 모양과 위치가 다르기에 거래 사례를 '시세'라고 보기는 어렵다.

그렇다면 권리금은 실무적으로 어떻게 형성되고, 어떤 과정을 통해 거래되는 걸까. 필자의 경험과 지식을 바탕으로 권리금 협상 시 우위를 점할 수 있는 실무적인 노하우를 이야기해보고자 한다.

권리금, 이론과 실제는 다르다

권리금은 크게 '바닥권리금' '영업권리금' '시설권리금' 등 세 가지로 나뉜다.

바닥권리금은 상권과 위치의 유동·상주인구, 차량 이동 등 매출에 영향을 주는 요소를 감안해 그 자리(입지) 자체가 지닌 가치에 대한 것이다. 영업권리금은 해당 매장을 그대로 승계해 운영했을 때 현재 나오는 매출과 수익의 가치를 인정해주는 것이다. 시설권리금은 기존 점주가 실제 투자한 인테리어나 장비 등의 잔존가치를 인정한 값이다.

권리금이 세분화돼 있긴 하지만, 실제 거래는 그렇게 되지 않는다. 자리에 대한 것, 영업의 가치, 시설의 잔존가치를 따로 나눠 책정하지 않는다.

업종마다 필요한 것이 다르기 때문이다. 편의점과 고깃집이 들어갈 위치가 다르고, 영업 가치는 해당 업종을 승계하지 않으면 의미가 없다. 가령 시설 투자를 많이 한 고깃집을 인수해 베이커리를 하겠다고 하면, 이미 잘돼 있는 고깃집 시설은 모두 철거해야 하므로 원상복구비만 올라가기 때문에 이런 경우에는 시설 권리금이 의미가 없다.

이처럼 권리금에 대한 이론적 정의는 있지만 실무에선 예상과 다르게 거래되는 경우가 많다. 이 때문에 권리금이 어떻게 형성되는지를 잘 이해하고 그 과정에서 매수인이 유리한 협상을 하기 위한 고민이 필요하다.

권리금 호가는 어떻게 나오는가

점포를 매각하려고 처음 마음을 먹었다면, 최소한 '내가 투자한 금액 이상은 받고 나갈 거야'라고 목표를 정하는 경우가 많다. 장사가 잘되는 매장은 '내가 투자한 금액에 더해 연 수익이나 매출의 몇 %를 받아야겠다'고 생각하기도 한다.

하지만 처음에 지급한 권리금과 시설 투자 금액을 더한 액수를 받으려고 한다면 거래가 쉽지 않다. 매수자는 인수한 권리금에 시설 투자까지 추가로 해야 하는 부담을 안게 되기 때문이다. 거래가 안 되면 매도인은 점차 권리금 호가를 낮추게 된다. 특히 매장 운영 수익이 저조하거나 적자를 기록하면, 매도인은 오랜 시간 기다릴 수 없기 때문에 권리금이 기하급수적으로 떨어지기 시작한다.

입장을 바꿔 생각해보자. 하루도 안 쉬고 열심히 일하고 있는데 한 달에 100만 원씩 적자를 보고 있다면 투자한 돈의 회수가 먼저가 아니고, 계속되는 피로와 적자를 탈출하고 싶지 않겠는가. 이런 경우 시간을 두고 기다린다면 권리금 호가가 파격적으로 떨어질 수 있다. 권리금 협상에 나선다면 보통 이런 과정을 겪으면서 매도인과 중간의 조율점을 찾게 된다.

창업 컨설팅 업체와 거래할 경우

권리금 거래를 주로 하는 부동산에서 매각을 제안하는 경우도 있다. '창업 컨설팅'으로 불리는 업체다. 영업이 잘되지 않는, 심리적으로 지친 점포에 찾아가거나 전화 상담을 통해 매각을 제안할 만한 매수자가 있다고 안내한다.

처음부터 권리금을 깎지는 않는다. 하지만 사람이 한번 팔겠다는 마음을 먹으면 시간이 갈수록 이제 그만 포기하고 싶어지는 생각이 강해진다. 2000만원만 내리면 계약하겠다는 의뢰인이 있다고 안내를 받으면 그렇게라도 하고 싶어서 동의하기 쉽다. 그러나 계약은 성사되지 않고(매수자가 진짜 있었는지 모르겠지만), 권리금 호가는 2000만원이 하락해 시장에서 다시 매수자를 찾게 된다. 이런 과정이 몇 번 반복되다 보면 권리금 호가는 나도 모르는 새 처음보다 상당히 떨어져 있기 십상이다.

특수한 경우로 영업을 중단한 점포는 권리금이 없거나 오히려 웃돈을 주는 '마이너스 권리금'도 있다. 영업을 중단하면 월세와 관리비를 그대로 안고 가야 하는 절박한 상황에서 버틸 수 있는 힘이 없기 때문이다.

실제보다 부풀려지기 쉬운 권리금 호가

권리금 호가는 매도인이 시장 상황과 관계없이 받고 싶은 금액일 경우가 많다. 그리고 매수자가 나타나 협상할 때 일정 금액을 조정해줄 생각으로 높게 부르기도 한다. 전술했듯 초기에 나오는 금액은 거래가 안 되는 현실의 벽을 생각하지 않고 부르는 가격인 경우가 대부분이다. 창업 컨설팅을 통한 매물이라면 컨설팅 업체의 권리금 차이 마진을 고려한 가격일 수 있다. 싸게 불렀다 비싸게 올릴 수 없는 게 권리금이라서 먼저 비싸게 부르고 보는 것이 일반적이다.

세상에 '매수인의 편'은 없다

매도인은 당연히 권리금을 많이 받으려고 노력한다. 만약 매수자가 매도 물건 인근 지역의 부동산을 방문해 권리금을 문의한다면, 과연 부동산이 매수자 입장

에서 노력해줄까. 절대 그렇지 않다.

생각해보자. 매물로 나와 있는 매장 사장님은 이미 해당 부동산과 안면도 있고, 사정 이야기를 하면서 부탁했을 것이다. 일정 금액 이상을 받게 해준다면 임대차 중개 수수료 외에 권리금 수수료 10%를 주겠다고 약속했을 수도 있다. 만약 매도자가 최초 임차할 때 중개했던 부동산이라면, 중개인이 매도인 실패에 일말의 도의적 책임을 느껴서 최대한 손해를 덜 보게 해주고 싶을 수도 있다. 그것이 인지상정이기 때문이다.

창업 컨설팅 업체는 매도인이 인정한 권리금과 매수인이 인정한 계약 가능한 권리금의 격차를 최대한 벌려 계약 마지막에 매도인에게 '1000만원을 더 받게 됐으나 그것은 해당 업체 수익이므로 계약

권리금 계약 시 체크리스트

기존 임차 조건을 동결하는 계약 조건인가	
임대차 계약 부결 시 원인 무효로 계약금을 반환하는 조건인가	
시설 권리금에 포함된 사항들을 명확히 합의하고, 사진을 남겨놓았는가	
혹시 권리금에 대한 중개 수수료가 계약서에 담기진 않았는가	
양수 일정이 내가 사용하는 데 현실적인 일정인가	
건축물 대장에서 불법건축물 및 특이사항을 확인했나	
(불법 건축물 등재되어 있을 시 영업신고 안될 수 있음)	
등기부등본에서 내 보증금에 대한 채권 확보가 가능한가	

후보지 수익 예측 방법

항목	예측 방법
매출	'오픈업' 매출의 1.2~2배
	객수(마지막 영수증, 객수 카운트) X 객단가(평균 예측 or 업종 평균 적용)
	배달(배달의민족 최근 주문수), 라이더 들어가는 수 카운트
원가율	인터넷 검색, 홈페이지 참고, 점주에게 문의, 업종 평균
인건비	시간대별로 총인원수 X 1만4000원 – 점주 인건비
임대료	네이버 부동산 호가, 신축·구축 여부
잡비	실평 기준 : 전기수도세 X 6만원, 고정관리비 X 2만원, 대형 건물은 예외
	세무, 인터넷, 보험료 등 월 20만원 안팎

직후 보내달라'고 말한다. 그것에 동의가 안 되면 계약을 진행시키기 어렵다고 한다. 결국 매수인이 높은 권리금을 수긍하면 이는 창업 컨설팅 수수료까지 내는 셈이나 다름없다.

이런저런 상황을 감안하면, 결국 권리금 협상에서 매수인 편은 없다. 본인이 많이 알아보고 지식을 쌓으며 의심하고 협상하는 과정을 신중하게 진행해야 한다.

그렇다고 위에서 언급한 매도자와 중개인들을 마냥 적대시하면 계약을 진행하기 어렵다. 상대방 입장을 고려하면서 신뢰 있고 매너 있는 태도로 내가 원하는 부분을 관철해야 한다.

권리금 협상 노하우 6가지

1. 권리금 호가를 다방면으로 확인하라

권리금 호가를 한 채널로만 확인해서 협상에 임한다면 처음부터 높은 가격에서 협상이 시작될 수 있다. 권리금을 조회할 수 있는 각종 플랫폼을 모두 확인하고, 매물을 올린 부동산 업체도 모두 조사해 가장 낮은 호가를 확인하고 협상을 시작하자.

2. 점포 운영 손익을 파악해 매도인이 현재 어떤 심리인지 확인하라

전술했듯 매일 쉬지 않고 일하는데 수익

이 없거나 적자라면, 또 매도를 마음먹고 오랜 시간이 지났다면 높은 호가의 권리금을 고집하기 어렵다. 수익 예측은 초보 창업자에게는 조금 어려울 수 있지만, 노력하면 현재 매도인의 예상 수익을 추산할 수 있다. 예상 매출을 보여주는 플랫폼을 활용하거나, 점포의 결제 건수를 파악하고 업종에 맞는 객단가를 곱하면 매출을 예상할 수 있다.

프랜차이즈라면 판매가와 원가율을 고려한 재료비를 구하고, 직원 상주 시간을 파악하며 인건비를 계산하자. 여기에 업종과 평수에 맞는 관리비를 더하면 정확하지 않아도 어느 정도 예상 수익을 산출할 수 있다. 이를 통해 현재 매도인이 충분히 수익이 나지만 장기적으로 높은 호가를 유지하며 매도할 것인지, 심리적으로 더 이상 버티기 힘든 상황인지 가늠할 수 있다.

3. 특정 물건을 꼭 계약하지 않아도 되는 상황을 만들라

마음이 급하면 협상에서 우위를 점할 수 없다. 필자도 오랜 기간 고민한 물건을 계획한 일정 안에 오픈하지 못한다고 생각하면 마음이 급해져 상대의 무리한 요구를 수용하는 경우가 생긴다.

가급적 희망 매수 물건을 꼭 계약하지 않

아도 되는 상황을 만들자. 생계비에 압박을 받을 수 있기 때문에 하던 일을 지속하면서 임장 및 협상에 임하거나, 많은 조사와 임장을 통해 계약할 만한 많은 매물을 염두에 두고 있다면 특정 물건에만 집착하지 않아도 된다. 지금은 권리금을 많이 주더라도 빨리 돈을 버는 것이 더 나아 보이지만, 지나보면 후회할 수도 있다.

4. 호가의 반값으로 협상을 시작하라

앞서 설명한 것과 같이 권리금 호가는 여러 가지 사정에 의해 실제 계약 금액보다 높을 확률이 매우 크다. 계약 가능한 최저 가격을 알려면 상당히 낮은 금액으로 매수인 호가를 전달해봐야 한다. 협상 경험이 많지 않은 분들에게 단순하게 현재 호가의 반값으로 사정 이야기를 드리고 조심스럽고 정중하게 제안해봄을 추천한다. 다만 희망 가격이 너무 맞지 않으면 상대가 기분이 상해서 계약이 진행되지 않을 수도 있다. 그래서 매도인의 손익과 상황을 먼저 알고 접근해야 하고, 꼭 계약하지 않아도 된다는 마음가짐이 필요하다.

5. 원하는 가격대에 근접했을 때 '이 금액에 합의하면 바로 계약금을 송금하겠다'고 제안하라

괜찮은 매물이 나온 지 오래됐다면 많은 매수인과 문의하고 협상하는 과정을 겪었을 것이다. '권리금을 조금 깎아주면 긍정적으로 검토해보겠다'는 제안을 많이 받았을 테고 그 과정을 반복하다 보면 매도인 입장에선 호가만 낮아지는 제안이 불만이다.

하지만 '당장 계약하겠다'고 하는 사람은 다르다. 금액이 매도인 희망가에 조금 못 미쳐도 당장 계약하겠다는 사람을 만나긴 어렵기 때문에 상당한 고민을 할 수밖에 없다. 중개인도 당장 계약하겠다는 사람이기 때문에 매도인을 설득할 논리가 생긴다. 꼭 그 매물을 인수하지 않아도 되는 상황일 경우 "이 금액 이상이면 더 이상 협상은 진행하지 않겠다"는 의사를 내비치면 더 강력하다.

물론 이는 사실상 '최종 제안'이므로 매수인도 마음의 준비를 마친 후에 신중하게 이야기해야 한다. 이후에 금액을 더 깎으려 들면 계약이 깨질 확률이 높다.

6. 큰 협상을 이기고 작은 협상은 양보하라

권리금 협상 시 최종 단계에서 작은 금액 차이로 실랑이하게 될 때가 있다.

가령 매도인이 마음속으로 권리금 최저가를 마지노선으로 정해놓았다면 여기에서 100만원도 깎기 어려울 수 있다. 양쪽 다 계약할 의사가 있다면 가급적 매도인이 원하는 금액에 맞춰주고, 매수인은 다른 작은 부분을 챙기는 것이 현명하다. 임대차 종료 10일 전에 인테리어 공사를 할 수 있도록 가게를 먼저 비워달라거나, 매도인에게 렌트프리(rent-free·월세 보조)를 받거나, 매도인이 임대인에게 부탁해 공사 기간에 렌트프리를 유치하도록 하는 식이다.

아직 철거 문제를 협상하지 않았다면 철거를 매도인이 해주는 조건을 달거나, 매수인이 철거하고 철거 예상 금액의 일정 부분을 매도인이 부담한다는 식의 논리로 우회해 권리금을 낮추는 방법도 있다. 중개인과의 협상도 가능하다. 매도인과 권리금 조율이 안 됐으니 중개 수수료에서 일정 금액을 할인해주면 계약하겠다고 제안해봄 직하다.

치열한 협상 끝에는 서로 기분 좋은 계약으로 마무리되는 것이 바람직하다. 권리금 계약을 진행한 이후에도 매수인은 매도인과 중개인 사이에서 여러 가지 협조를 구하거나 조율할 부분이 많기 때문이다. 큰 협상을 이기고, 작은 협상은 양보하는 식으로 정리하자.

권리 계약 시 체크할 사항

권리금 계약은 상가 임대차 계약이 체결 돼야만 유효하다. 임대인(매도인)과 임차인 간 임대차 계약 조건 협의는 임차인 간 권리금 계약서를 쓰기 전 완료되는 것이 가장 좋다. 필자는 권리금 계약서에 원하는 임대차 계약서를 첨부해 '이 조건이 수용되지 않으면 권리금 계약은 무효로 하고, 권리금 계약금은 조건 없이 반환한다'는 조항을 넣는다.

중개인에 따라 임대차 계약 수수료 외에 '권리금 수수료'를 계약서에 넣는 경우가 종종 있다. 사전에 협의되지 않은 권리금 수수료를 지급하는 계약서라면 사인하지 말고 먼저 문제를 제기해야 한다. 물론 대부분은 양수인에게 권리금 수수료를 받으려 하지 않는다. 그러나 계약서에 한번 서명하면 협상 우선권을 뺏기니 주의해야 한다. 이외에 임대차 계약 전 건물의 부채 문제나 계약 조건 등도 꼼꼼히 따져보길 바란다.

필자의 계약 사례①
**투자 유치 급한 법인 점주에게
마이너스 권리금 1000만원을 받다**

서울 강남의 좋은 위치에 비교적 평단가도 낮은 자리를 무권리금으로 임차를 제안받은 적이 있다. 속으로 '계약하겠다' 고 마음먹고 업종과 진행 일정에 대해 고민하면서 시간을 좀 보내고 있었다. 그런데 '계약하면 총 1000만원을 매도인이 매수인에게 지급하겠다고 했다'는 연락이 왔다. 왜 이런 경우가 일어날까.

알고 보니 매도인은 법인이고, 투자를 받은 회사였다. 식음료를 판매하는 점포인데, 매출이 너무 낮아 월 적자 금액이 1000만원을 넘어가는 것 같았다. 해당 물건 제안을 12월에 받았는데, 해당 매장 적자를 당해로 정리하고 새해에는 회사가 투자 유치를 위해 보다 안정된 손익 구조를 투자자에게 보여줘야 하는 상황이었던 것이다. 그래서 12월 31일에 계약을 마무리 짓고, 해당 법인에서 1000만원의 마이너스 권리금을 받을 수 있었다. 이렇듯 각자 사정이 다르기 때문에 마이너스 권리금도 나올 수 있다.

필자의 계약 사례②
**오랫동안 기다리다 기회가 오면
바로 계약할 준비**

서울의 핫한 상권을 임장 다니다 '만약 어떤 업종을 한다면 저 입지에 해야겠다' 고 점찍어둔 물건이 있었다. 그런데 자리가 너무 좋아 절대 매물로 나올 것 같지 않았다. 1년 후 우연히 차를 타고 지나가다 그중 한 점포가 문을 닫은 것을 확인했다. 알고 보니 프랜차이즈 직영점이 었다.

인근 부동산에 전화해보니 권리금 7000만원을 요구했다. 영업을 중단한 점포에는 결코 줄 수 없는 금액이다. 프랜차이즈 본사에 직접 전화해 담당자에게 물어보니 뜻밖에도 권리금이 1000만원이라는 것이 아닌가. 즉시 계약서를 작성해 바로 다음 날 계약하러 갔다. 계약 당일 "너무 좋은 자리라서 2000만원을 주겠다는 다른 매수인이 있다"는 말을 듣고 "여기까지 왔으니 바로 진행하자"고 해서 1500만원에 체결했다. 해당 물건은 9평인데, 5년 전에는 권리금 2억5000만원에 거래됐던 자리다.

장사가 잘되는 자리를 억지로 빼려면 많은 권리금을 줘야 한다. 상권도 변하고 매도인 상황도 변한다. 시간을 기다리되 언제든 바로 계약할 수 있는 마음의 준비와 함께 투자금과 운영 능력을 갖춰놓는다면 기회가 왔을 때 원하는 위치에 생각보다 저렴한 권리금으로 출점할 수 있다.

권리금은 '시세'가 없다

권리금은 정찰제가 아니다. 상가 생김새, 위치, 임대차 조건의 유리한 정도, 매도인 상황 등을 모두 종합적으로 고려해 형성되는 가격이다. 또한 정보 비대칭이 작용하는 데다 경험이 일천한 초보 창업자가 높은 금액으로 계약하는 등의 문제로 인해 엉뚱한 금액이 마치 시세인 것처럼 얘기되기도 한다.

필자는 '권리금은 시세가 없다'고 생각한다. 점포와 매도인 상황을 정확히 인지하고 지나치게 서두르지만 않는다면, 얼마든지 권리금을 낮출 수 있다. 장사를 해서 1년에 5000만원을 더 벌기가 얼마나 힘이 들지 생각해보자. 권리금 5000만원을 줄일 수 있다면 5000만원의 추가 수익을 내는 효과를 거둘 수 있다.

물론 이 글이 교과서 같은 정답은 아닐수도 있다. 다만 지금까지 수십 건의 계약 경험을 통해 체득한 노하우를 가감 없이 공유한 것인 만큼 초보 창업자에게 도움이 됐으면 한다. 매수인 입장에서 쓴 글이지만, 매도인도 참고하면 협상의 우위를 점하는 데 도움이 될 것이라 믿는다.

푸드테크 '강제 구독' 시대
매장에 맞는 '적정 기술' 따져야

이만재
고반파트너스 대표

30여 년간 프랜차이즈 업계에 종사한 외식 전문가다. '놀부' '남다른감자탕' 대표(CEO)를 거쳐 현재 고반파트너스 대표를 맡아 '고반식당' '김치옥' '몽롱주점' '노마진푸줏간' 브랜드를 총괄 운영하고 있다.

최근 외식업은 디지털 전환과 인건비 상승, 소비자 주문·결제 습관의 변화가 메가트렌드다. 이런 상황에서 푸드테크 디바이스(기기) 도입은 '선택이 아닌 필수'를 넘어 거의 '강제'가 되어가고 있다.

단 무조건 기기 도입이 능사는 아니다. 매장 공간 형태, 운영 메뉴, 주 고객층, 자금 여력에 맞는 '전략적 도입'이 관건이다. 비용이나 매장 상황에 따라 푸드테크 디바이스의 효과성이나 만족도가 제각각이기 때문이다.

일례로 2023년 외식업체를 대상으로 푸드테크 디바이스 활용 만족도를 조사한 결과 '키오스크 주문 결제'가 47.2%(매우 만족 16.1%, 만족 31.1%)로 가장 만족도가 높은 것으로 나타났다. 서빙·조리 로봇도 있지만 이들은 '운영비 부담'(서빙 24.1%, 조리 21.5%), '로봇 활용을 위한 기본 공간 필요'(서빙 20.9%, 조리 17.1%) 등이 애로사항으로 조사됐다.

푸드테크 사용 여부 종류별 만족도

단위: %

구분	매우 만족한다	만족한다	보통이다	불만족한다	매우 불만족한다	비해당
온라인 사전 예약	9.3	33.5	34.9	0.8	3.1	12.4
모바일 대기 관리(캐치테이블 등)	5.0	26.1	34.8	6.8	5.6	21.7
스마트 대기 관리(테이블링)	7.5	22.5	31.2	12.5	6.3	20.0
키오스크 주문 결제	16.1	31.1	22.4	15.5	2.5	12.4
태블릿 주문 결제	8.1	29.8	28.0	8.1	2.5	23.5
앱 주문 결제	14.3	30.4	31.1	7.5	2.5	14.2
서빙/안내로봇(고객 서비스용)	5.6	19.3	23.6	12.4	3.1	36.0
조리로봇 (음식, 커피/음료 등 생산용)	2.5	17.4	22.4	16.1	4.3	37.3
AI 푸드 스캐너 (잔식/잔반 양 측정)	3.7	1.8	26.7	10.6	4.3	37.9
스마트 자판기	2.5	16.1	29.8	10.6	4.3	36.7
식재 관리 솔루션	3.7	18.6	29.8	11.2	5.0	31.7
아르바이트 등 인력 운용 관리 솔루션	4.3	17.4	29.8	14.9	6.8	29.8

자료 : 한국농수산식품유통공사, 국내외 외식트렌드조사

서빙·조리 로봇 이용 시 애로사항

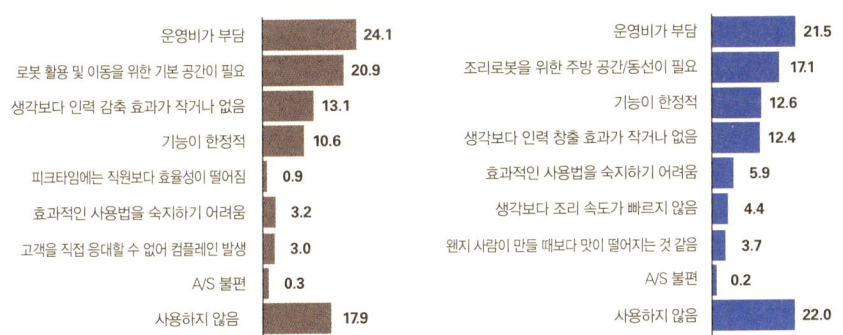

서빙로봇 이용 시 애로사항

항목	값
운영비가 부담	24.1
로봇 활용 및 이동을 위한 기본 공간이 필요	20.9
생각보다 인력 감축 효과가 작거나 없음	13.1
기능이 한정적	10.6
피크타임에는 직원보다 효율성이 떨어짐	0.9
효과적인 사용법을 숙지하기 어려움	3.2
고객을 직접 응대할 수 없어 컴플레인 발생	3.0
A/S 불편	0.3
사용하지 않음	17.9

조리로봇 이용 시 애로사항

항목	값
운영비가 부담	21.5
조리로봇을 위한 주방 공간/동선이 필요	17.1
기능이 한정적	12.6
생각보다 인력 창출 효과가 작거나 없음	12.4
효과적인 사용법을 숙지하기 어려움	5.9
생각보다 조리 속도가 빠르지 않음	4.4
왠지 사람이 만들 때보다 맛이 떨어지는 것 같음	3.7
A/S 불편	0.2
사용하지 않음	22.0

2026년 주목할 만한 푸드테크 6가지

2026년 주목하거나 도입할 만한 푸드테크 서비스 또는 기기는 다음 6가지다.

① 테이블오더(태블릿·QR·앱 기반)

고객이 테이블에서 주문부터 결제까지 할 수 있게 해주는 시스템. 테이블 회전율 향상, 인건비 절감, 주문 오류 감소 등이 장점이다.

② POS(판매시점관리시스템)

결제 · 매출 · 재고 · 프로모션 · 데이터 분석의 중앙 허브. 클라우드형과 전통형(직접 설치)이 있다.

③ 인공지능(AI) 그릴 로봇·주방 로봇

반복 작업(그릴, 분배 등)을 자동화. 렌탈을 활용하면 초기 비용이 덜 든다. 인건비 절감 · 품질 일관성 유지가 장점이다.

④ 서빙 로봇

대형 매장, 무거운 음식류, 홀 서빙 · 퇴식 지원, 피크타임 인력 부족 보완, 직원 피로도 감소와 서비스 품질 유지에 도움이 된다.

⑤ CCTV(영상 분석 포함)

보안 목적뿐 아니라 고객 동선, 혼잡도, 서비스 모니터링, 위생 점검에도 활용한다.

⑥ 방역 서비스(정기 방역+IoT 센서 연계)

소독 이력 및 공간 환경(냄새 · 해충)을 관리한다.

소상공인을 위한 '전략적 선택 기준'

푸드테크를 도입할 때는 아래 7가지 요소를 높음 · 중간 · 낮음으로 사전 평가한 뒤 우선순위를 정하는 것이 좋다. 이른바 푸드테크 도입 의사결정 체크리스트다.

1) 우리 가게 고객에게 편의성을 제공할 수 있는가
2) 우리 가게의 고객 동선이나 조리 동선상 도입하기에 공간이 적절한가
3) 기술이나 기능이 직원 편의성을 높여주는가[*]
4) 기존의 비용 상승을 억제하거나 절감할 수 있는가[**]
5) 매장 환경이 기기·설비 운영을 위한 추가 기기 설치나 전력 도입에 적합한가
6) 고객 만족도를 높이기 위한 지출(운영비)이 적정한가
7) 운영 효익을 만들 수 있는가[***]

---

[*] 특히 테이블오더의 번역 기능은 외국인 근로자나 외국인 고객 주문 편의성에 도움을 줄 수 있다.

[**] 시간, 인력, 판매 채널에 대한 점검을 의미한다.

[***] 데이터 모니터링(인력 배치), 밀키트 등 추가 매출 가능성을 검토한다.

도입을 결정했다면 비용 요소 9개 항목을 사전에 비교 평가한 뒤 업체를 선정한다.

디바이스별 실무 적용 팁

① 테이블오더

· 활용 포인트 : 점심 · 저녁 피크타임에 도입 시 회전율 개선(테이블당 주문 시간 단축), 업셀링(추천 메뉴 팝업), 고객 리뷰 · 데이터 확보, 시즌 이벤트 홍보

· 도입 팁 : QR+간단한 메뉴 비주얼(사진)로 시작. 결제는 카드 · 간편결제 연동. POS와 주문 데이터 연동 확인 필수

· 활용 사례 : 고반식당블랙 · 김치옥 매장 내 업셀링 팝업(메뉴 세트 업셀, 객단가 상승), 유통 · 밀키트 상품 연계 판매, 메뉴 노출(점심 '빠른 식사', 저녁 '육류+주류+안주' 카테고리 전환), 메뉴의 추가 옵션 선택(찌개류+햄사리 · 계란 추가), 쿠폰 · 멤버십(재방문 유도 및 고객 데이터 확보), 주방 운영(주문 우선순위 · 조리 시간, 홀조리 개선)에 활용

· 주의사항 : 주문 누락을 대비해 알림(푸시)과 주방 프린터 연동 여부를 확인

② POS

· 활용 포인트 : 매출 분석 · 재고 관리 · 직원별 시간 관리, 배달 · 포장 · 홀 매출을 통합해 효율적 프로모션 설계

· 도입 팁 : 클라우드 POS는 초기 비용 낮음. 자동 업데이트와 지점 관리에 유리. 회원 관리 프로그램도 활용

· 활용 방안 : 통합 운영(테이블오더 +POS+배달 플랫폼)을 통한 메뉴 분석, 고객 데이터베이스(DB) · 리뷰 수집, 마케팅 연계에 활용

· 주의사항 : 결제사 · 카드수수료 확인, 정기 백업과 AS 대응 점검

③ AI 그릴 로봇 · 주방 로봇

· 활용 포인트 : 인력 부족 시 표준화된 조리 제공. 장기적으로 인건비 절감 및 AI 그릴에 대한 고객 경험을 제공

· 도입 팁 : 메뉴 자동화 적합성(반복, 표준 조리 시간, 온도 규칙)을 먼저 테스트. 파일럿 운영 후 점진적 확장 적용. 고깃집의 경우 커스터마이징된 그릴링 솔루션 정도를 테스트하고 고기에 따라 70~80% 수준까지 굽는 방법의 테스트를 반복해 매장 기준을 수립

· 주의사항 : 초기 비용과 유지보수 · 수리 인프라 준비. 메뉴 변경이 잦으면 비효율적임

④ 서빙 로봇

· 활용 포인트 : 넓은 공간에서 주문 음식 전달, 식기 회수 등 반복 이동 작업을

대체. 직원이 고객 응대와 부가 판매에 집중하도록 하거나 운행 건수를 파악해 인력 재배치에 활용

· 도입 팁 : 동선이 직선이거나 단순한 매장에서 효율 극대화. 다층 구조나 복잡한 통로는 사전 매핑 · 센서 테스트 시 운

푸드테크 약식 투자수익률(ROI) 계산

테이블오더 도입 시 주문 정확도·업셀링 등으로 월 매출 3% 향상(90만원), 인건비 절감(0.5명) 가정(155만원)

⇒ 합계 245만원 증가. 모든 도입 비용(월 218만원) 대비 순이익 기대 가능. 단, 고깃집이 아닌 경우 그릴·서빙 로봇은 제외하고 판단하면 된다. 실제 수치·효과는 매장별로 차이가 클 수 있다. 도입 초기 비용은 미반영한 계산이다.

30평 매장 기준
푸드테크 도입 비용 얼마나 들까

월 매출 3000만원 매장의 경우

· 테이블오더 : 월정료 약 1만6000원 × 8대 = 12만8000원
· POS : 월정료 약 4만원(주문 POS 포함)
· CCTV : 월 저장비·모니터링 약 6만원 × 기본 4대 = 24만원
· 서빙 로봇 : 월 리스·렌탈료 약 30만원(단, 50평형에서 1대가 운영 효율 있음)
· AI 그릴 로봇 : 월 70만원 × 2대, 유지비·소모품비 별도 = 140만원
· 방역 서비스 : 월정료 약 8만원(주기·서비스 범위에 따라 상이)

행 방식, 테이블 방문 횟수, 터치감, 장애물 반응 속도, 배터리 운영 기간 등 확인 필요. 노마진푸줏간 당진점은 서빙 로봇 3대 도입 후 직원 업무 동선이 3만보에서 1만보로 감소

· 주의사항 : 속도 · 안정성 · 배터리 지속 시간 확인 필수. 초기 적응 기간 직원과 역할을 분담하는 방안이 좋으며 50평부터는 운영 효율이 나타남. 서빙 로봇 안전사고에 대한 렌탈 보험과 별도 가입 보험(영업배상책임보험, 제조물배상책임보험)도 확인

⑤ CCTV & 영상 분석

· 활용 포인트 : 안전(도난 · 사고)과 서비스 품질(서빙 속도, 고객 동선) 개선, AI 기반으로 혼잡도 · 이상 상황 알림 가능 활용

· 도입 팁 : 개인정보보호법 준수(촬영 고지). 저장 기간 · 접근 권한에 대한 정책 수립 필요. 매장 내 안전사고, 사후 검증관리에 도움

· 주의사항 : 영상 저장 비용, 네트워크 통합 관리

⑥ 방역 서비스(정기 계약+센서)

· 활용 포인트 : 위생 · 안전 이미지는 고객 신뢰로 이어짐. 센서 연계로 환경 · 온

도 · 습도 관리 가능

· 도입 팁 : 냉장 · 주방 주변, 화장실 등의 우선순위 설정. 방역 인증마크를 마케팅에 활용

· 주의사항 : 비용 대비 위생과 안전에 대해 효과적인지 정기 모니터링

소형 매장의 푸드테크 도입 가이드

푸드테크 디바이스를 도입할 때는 다음 사항을 유의해 진행해보자.

1. 테이블오더는 고객 회전율과 주류 매출이 높은 매장에서 활용도가 높다. 소형 매장의 메뉴 변경, 가격 변동 등을 반영하기도 유리하다. 고령층이 비교적 많거나 테이블이 적은 작은 매장에서는 설치를 권장하지 않는다.
2. CCTV(안전 · 서비스 품질 관리), 방역 서비스(정기 계약, 센서 연동) 등은 기본적으로 구독 이용하는 것이 좋다.
3. AI 그릴&협동 · 서빙 로봇은 매출과 매장 규모, 운영 표준화 요건 등이 먼저 충족된 후에 검토하는 것이 바람직하다. 공간이 작거나 턱이 많은 매장은 이용을 고민해야 한다.

소형 매장의 경우 한 번에 모든 것을 도입하지 말고 작은 것부터 검증하고 계약서를 꼼꼼히 확인한다(특히 렌탈 · 이용 수수료 데이터 소유권, 과도한 해지 수수료). 필요시 파일럿(실험)으로 잠시 사용해보고 결정하는 것이 좋다.

푸드테크 디바이스 도입 초기에는 고객에게 변화된 내용을 포스터나 영상 설명을 통해 명확히 안내하는 노력이 필요하다. 직원 교육과 운영 매뉴얼도 만들어 운영해야 한다.

'무조건 최신'보다 우리 매장에 맞는 '적정 기술'이 중요

외식업에서는 무엇보다 맛에 대한 기본이 돼 있는 상황에서 균일화된 품질 · 서비스 제공과 안정화를 위한 푸드테크로 접근해야 한다. '무조건 최신'이 아닌 '우리 매장에 맞는 적절한' 기술을 골라 적용할 때 비로소 운영 효율과 인건비 절감, 서비스 개선의 힘이 발휘된다는 것을 꼭 기억해야 한다.

채용 매뉴얼부터 업무 체크리스트까지 인건비 효율화 위한 직원 관리 시스템

이민우
샤브지오 대표

외식업 경력 20년 차. 횟집 막내에서 시작해 오빠초밥, 쿠로식당, 보스커피 등을 창업해 8개 매장을 운영했다. 배달의민족 배달대상을 4회 연속 수상했으며 배달 초밥 가게 베테랑이자 전문가로 손꼽힌다. '세바시'에 출연했고 '클래스101' '배민아카데미' 강연 및 다수의 가게 컨설팅도 진행했다. 13년 전 김태완스시에 입사해 1년 만에 최연소 점장이 됐다. 2022년 김태완스시로 돌아와 6개 직영매장 운영을 총괄하고 있다.

"직원 구하는 게 제일 어려워요."

요즘 많은 외식업·식당 사장님들이 공통적으로 하는 말이다. 2026년 최저임금이 시간당 1만320원으로, 2025년 대비 약 3% 오른다. 식재료 비용 상승률이 인건비 상승률보다 더 높아서 식당 마진율은 갈수록 악화하고 있다.

그럼에도 불구하고 가게를 운영하려면 직원이 필요한 상황. 많은 식당 대표가 일 잘하는 직원, 오래 일하는 직원을 뽑고 싶어 하지만, 현실은 너무나도 어렵다. 최저임금 인상으로 직원 뽑는 것이 수월하지 않을까 싶지만, 구직자를 유인할 동기가 되지는 못하고 있다. 어떻게 해서든지 직원을 채용하고 싶어 섣불리 높은 시급으로 뽑았다가, 가게 운영상 손실로 이어져 후회하는 이도 많다.

2024년 외식업 종사자 수는 약 108만 명. 전년 대비 약 1.6% 줄었다. 2025년과 2026년에도 감소세가 이어질 것이란 예

측이 지배적이다. 안정적 인력 확보가 점점 어려워지는 상황에서 효율적인 직원 관리 시스템은 선택이 아닌 필수다.

'좋은 직원'을 뽑는 것도, 오래 함께 가는 것도, 효율적으로 운영하는 것도 모두 전략이 필요하다. 기업처럼 별도 인사 조직을 두거나 인사 담당자를 둘 순 없더라도 내 가게 규모에 맞는 '작지만 실속 있는 직원 관리 시스템'이 중요한 이유다. 그리고 이 시스템은 직원의 업무 내용을 속속들이 잘 파악하고 있으며 모든 책임을 맡고 있는 대표가 직접 고민하고 구상해야 한다. 번거롭고 막막해서 어떻게 시작

해야 할지 두렵더라도 피하거나 미루지 말자. 한 번만 체계를 잘 잡아두면 인건비도 아끼고 가게 운영 효율도 높아진다. 20여 년간 외식업에 종사하며 직원으로서 관리자로서 대표로서 직접 보고 느끼며 체득한 직원 관리 노하우를 하나씩 소개해본다.

체계적인 직원 관리, 현장에 답이 있다

4년째 부대표를 맡고 있는 김태완스시는 2012년 성신여대 앞에서 22평 규모로 시작된 브랜드다. 현재 대치본점, 송파본점 등 6개 매장 모두 직영으로 운영한다. 모

든 매장을 합쳐 하루에 정규직과 단기직 70여 명이 일하고 있고, 이 매장의 연간 총매출은 약 200억원에 달한다.

작지 않은 규모에 직영점이기 때문에 체계적이고 안정적인 관리가 가능한 것 아닐까 하는 생각이 들 수 있다. 하지만 김태완스시도 처음부터 이렇게 체계적으로 운영한 것은 아니다.

김태완스시 각 매장의 중간관리자가 모여 있는 오픈채팅방에는 매일 각 매장 오픈부터 마감까지 상황들이 실시간으로 올라온다. '○○매장에서 ○시부터 ○시까지 건물 급수시설 점검으로 단수가 예고돼 있다' '○○매장에서 주방 보조 1명이 결근해 긴급 인력 충원이 필요하다'와 같이 다양한 현황과 이슈를 공유한다. 대체 인력 파견 등 문제 해결과 대안을 위한 의견도 활발하게 오고 간다.

하루에도 한 매장당 수십 건, 많게는 100건이 훌쩍 넘는 잦은 알람 때문에 '이런 방식이 과연 효율적일까' 고민하기도 했다. 하지만 매장의 사소한 일들을 해결해 나가다 보니 직원 관리에도 유용하다는 사실을 어느새 체감하게 됐다.

직접 가보지 않더라도 매장 상황을 실시간 파악하고 있다는 것, 또 현장에서 일어나는 일을 책임자가 분명하게 파악하고 원활하게 운영하기 위해 관심을 쏟고 있다는 사실은 현장 직원에게 안정감을 준다. 물론 직접 매장 현장을 찾아가 확인하고 점검하는 일도 반드시 병행해야 한다. 직원 관리를 잘하려면 대표자이자

5월 26일 본부 회의

<여름철 주력 메뉴인 메밀 및 점심 메뉴들을 부각할 수 있도록 포스터 제작>
<매장 내부가 시원하다는 걸 강조>

<팀장 업무 분담>
실장 교육 : 이주한 팀장 → 직원 교육
- 사원급부터 첫 교육 담당(반타임 혹은 하루), 교육 후 각 매장 실장들에게 피드백 주기

- 매장(주방 점검) : 김정환 팀장 → 식자재 관리, 메뉴 개발

<한상차림과 오마카세 스시 메뉴 분리가 필요>
- 오마카세 스시 및 vip 오마카세 스시 두 메뉴가 주력 상품이 될 수 있도록

<인원 채용에 더욱 신경 쓰면서 직원 관리에 집중>
성신 : 내일 새로운 주방 직원 출근
방배 : 다음주 새로운 주방 직원 출근
대치 : 실장급 교육생 근무 중. 이번주까지 보고 직급 정하기. 홀 직원 1명 퇴사
송파 : 새로운 직원 1명 출근. 다음주까지 2~3명 정도 출근 예정. 이주한 팀장이 새로운 직원 교육할 예정

책임자가 누구보다도 '현장 전문가'가 돼야 한다는 사실을 잊지 말자.

채용 첫 단계, 꼭 지켜야 하는 3가지

직원 관리의 시작은 '채용'부터다. 많은 사장님이 '급해서' 사람을 뽑지만, 몇 번의 경험을 통해 깨닫는다. 급하게 뽑은 직원은 오래가지 않고, 결국 다시 구인해야 하며, 직원 교육 또한 반복해야 한다는 사실을. 구인과 교육을 반복하다 보면 사장은 많은 시간을 허비하게 되고 이는 곧 관리 비용 상승으로 귀결된다. 멀티플레이어가 돼야 하는 사장의 소중한 시간이 한 가지 일에 매몰돼서는 안 된다.

그렇다면 직원을 어떻게 뽑아야 손실을 줄일 수 있을까. 아래 3가지는 꼭 지키도록 하자.

① 구인 공고에 근무조건을 명확하게 기입하라

많은 채용 공고에 '근무시간 협의'라는 표현이 마치 만국 공통어처럼 적혀 있다. 이런 표현은 수많은 공고 속에 묻혀버리게 마련이다. 근무시간, 휴게시간, 급여 등 기본적인 근무조건을 명확하게 작성해두자. 사장에게 '시간이 금'이듯, 구직자에게도 매 시간이 소중하다. 짧은 근무시간이더라도 자신의 소중한 기회비용을

투자하는 일이다. 근무조건을 명확하게 기입해두면 '구직자의 시간을 소중하게 여기는 가게'라는 긍정적인 인식 또한 심어줄 수 있다. 그리고 실제로도 그런 마음가짐으로 직원을 대해야 한다.

② 나만의 채용 기준을 최소 3가지 이상 세우라

기본적으로 근무조건이 상호 잘 맞아떨어지더라도 가게 특성이나 규모, 하는 일과 관련해 직원에게 기대하는 각자의 기준이 분명히 있을 것이다.

20여 년간 외식업에 몸담으며 동료로서 관리자로서 경험한 '좋은 직원'에 대한 나만의 기준은 '성실성' '위생적인 습관' '친절함'이다. 칼질을 잘하거나 조리를 잘하는 등 기술은 시간을 들여 숙달되면 누구나 잘할 수 있다. 하지만 칼질을 잘하는데 비위생적인 습관이 몸에 배어 있다면 이를 바꾸는 데 시간이 더 들 수 있다. 식당에서 위생은 가게의 안정적인 운영과 고객과의 신뢰 형성에 매우 중요한 요소다. '성실하게 맡은 일에 임하는가' '위생에 대한 올바른 관념과 습관이 잘 형성돼 있는가' '고객이나 동료 직원에게 친절하게 대할 수 있는가'를 확인하는 것. 이것은 필자만의 꿀팁 기준이다.

한 가지 더 강조하고 싶은 것은 사장으로

서 자신이 세운 기준을 몸소 실천하며 직원에게 보여주는 것도 중요하다는 사실이다. 직원을 채용할 때 첫 면접에서부터 이런 마음가짐을 보여주는 것도 좋다. 면접 시간을 정했다면 무슨 일이 있더라도 꼭 지키고, 면접 장소를 깨끗하게 정돈해두며, 단정한 차림으로 면접 참여자를 맞이하는 것이 중요하다. 직원의 친절성을 확인하는 과정에서 무뚝뚝하거나 불친절한 인상을 보여줘서는 안 된다. 앞으로 긴 시간 함께 일하게 될지 모를 직원과의 첫 만남을 꼼꼼히 준비해보자.

③ 정식 채용 전,
하루라도 먼저 같이 일해보라

단 하루라도 실제로 함께 일해보면 말로는 알 수 없는 것을 파악할 수 있다. 앞으로 일하게 될 근무지에 대해 미리 체험해보고 선택할 수 있는 기회를 직원에게 주는 것 또한 중요하다. 그래야 교육까지 모두 마치고 한창 일하던 도중에 직원이 갑자기 그만두는 사태를 줄일 수 있다. 단, 하루를 일하더라도 1일 근로계약서를 작성한 뒤 일을 시작해야 한다는 점은 명심할 것.

매뉴얼이 없으면 결국 사장이 고생한다. 직원이 바뀔 때마다, 새로운 업무를 맡길 때마다 업무 배정이나 소통이 원활하지 않다면 "그건 전에 일하던 사람이 하던 일이에요" "저는 처음 해보는 일이라 할 줄 몰라요" 같은 대답이 돌아올 뿐이다. 이는 '시스템'에 문제가 있는 것이다. 이를 결코 융통성 없는 '직원' 탓이라고 생각하면 안 된다.

작은 가게라도, 직원이 한 명이라도 반드시 업무 매뉴얼이 필요하다. 많은 고객이 오가고 다양한 특성과 니즈의 고객을 맞이해야 하는 식당에서는 언제나 돌발 상황이나 예상치 못한 일이 생길 수 있다. 사장이나 관리자가 가게에 없을 때 이런 상황이 생기는 일도 부지기수다. 긴급 상황에서 직원이 당황하지 않도록 매뉴얼을 미리 잘 만들어둬야 한다.

가게 오픈 전부터 마감 후까지 모든 순간을 체크리스트로

하루 장사를 시작하는 준비 시간부터 마감 후 뒷정리 업무까지, 모든 업무를 체크리스트로 작성해두자. 오픈 준비를 담당하는 직원이 갑자기 결근할 때, 해당 업무를 다른 직원도 파악하고 있다면 오픈 시간을 늦춰야 하는 손실을 막을 수 있다. 홀에 갑자기 고객이 몰려 신속하게 고객을 응대해야 할 필요가 있다면 주방에서 보조 업무를 수행하며 잠시 대기하던 직원이 이를 맡아줄 수도 있을 것이다.

김태완스시 홀 서비스 평가서(체크리스트)

김태완스시 홀 서비스 평가서	지점	성신			
평가점수		1(미달) 2(보통) 3(우수)			
평가 날짜		2025.7.28			
평가자					
1) 기본적인 서비스 태도	이름	이름	이름	이름	이름
밝은 표정과 부드러운 말투를 사용했는가?	3	2	2	3	3
고객 요청에 빠르고 친절하게 응대했는가?					
고객이 불편해 하지 않도록 자연스럽게 행동했는가?					
2) 고객 맞이 & 인사					
고객 입장 시 밝은 인사와 환영 멘트를 했는가?					
고객이 자리에 앉을 때 편안하게 안내했는가?					
주문 후 친절한 멘트를 사용했는가?					
3) 복장 단정 및 청결 상태					
유니폼이 단정하고 깨끗한 상태였는가?					
개인 위생(손 청결, 머리 정돈 등)이 유지되었는가?					
매장 내 청결 상태를 유지하는데 신경 썼는가?					
4) 빈 접시 정리					
고객이 불편해하지 않도록 자연스럽게 접시를 치웠는가?					
고객에게 먼저 확인한 후 치웠는가?					

이때 체크리스트는 누구나 업무를 쉽게 이해하고 해볼 수 있도록 만드는 게 중요하다. 긴급 상황 시 어떠한 업무에도 투입될 수 있다는 가능성을 직원들에게 미리 알려주고 합의하는 것도 필요하다. 단 긴급 상황일 때 필요에 따라 배정될 수 있다는 사실을 기본으로 하되 직원에게 익숙하지 않은 업무를 수시로 맡기는 일은 없어야 한다.

긴급 상황 시 대처할 매뉴얼 만들기

식당은 물, 불, 전기, 가스 등을 다루는 특성으로 인해 사소한 부주의 하나로 언제든 안전사고가 발생할 가능성이 도사리는 공간이다. 갑자기 발생한 사고에 직원이 당황하지 않고 대응할 수 있도록 안전사고 매뉴얼을 만들어두자.

갑자기 단수·단전이 되거나 포스가 갑자기 작동하지 않는 일 등도 자주 발생한다. 고객이 식중독에 걸렸다고 연락이 오거나 피해 보상을 요구하는 일도 있다. 이때 직원들이 당황하지 않고 매뉴얼에 따라 응대한다면 더 큰 손실을 막는 데 도움이 될 것이다. 어렵고 당황스러운 순간은 언제든 예고 없이 찾아올 수 있다는 사실을 기억해야 한다.

인건비 아끼는 진짜 방법은 '효율적인 업무 배분'

시간당 임금을 줄이거나 인력 자체를 줄인다고 해서 인건비가 줄어든다고 생각하면 안 된다. 단기 처방으로 줄인 임금으로 인해 가게 운영상 문제가 생겨 결국 비용이 늘어나는 일이 발생한다. 전체 비용 중 인건비를 줄이고자 한다면 일하는 상황을 정확하게 파악한 뒤 불필요한 대기 시간이나 이중 작업을 줄여 일을 효율적으로 분배함으로써 해결책을 찾아야 한다.

6개 직영매장을 관리하며 70여 명의 직원을 편차 없이 꾸준히 관리하고 매출 중 인건비 비율을 20%로 유지할 수 있었던 것은 바쁜 시간과 안 바쁜 시간을 구분해 인력을 효율적으로 운영했기 때문이다.

같은 메뉴, 같은 업종이라도 상권과 입지에 따라 피크시간대, 피크가 유지되는 시간은 매장마다 모두 다르다. 한 가게에서도 계절이나 시즌에 따라 다를 수 있다. 지금이라도 내 가게의 피크시간대가 언제인지, 시즌마다 평균적으로 얼마나 다른지 기록해보자. 매장이 2개 이상이라면, 매장마다의 특성을 비교해봐야 한다. 데이터를 확보했다면 직원을 적재적소에 배치해야 한다. 피크시간대에 최대한 많은 인력을 집중시키고, 한가한 시간대

주방 위생 매뉴얼 체크리스트

주방 위생 매뉴얼 1 (불시점검 리스트)	
오픈 시 식자재 컨디션 체크 (일일이 냄새, 상태 확인 / 작업된 날짜 확인)	○ / ×
오픈 시, 클린콜 사용하여 벤치탑, 및 주방 선반 소독 및 주방 환기	○ / ×
오픈 시, 냉장고 온도 체크(냉장 0~5도, 냉동-18도) / 디지털 아날로그 더블 체크	○ / ×
개수대 혹은 세면대 손 씻는 제품 구비(비누, 손 소독제 등등)	○ / ×
냉장 보관 시 오염도가 낮은 순부터 위에서 아래로 보관 ex)생선, 닭은 냉장고 제일 아래 칸	○ / ×
냉장, 냉동 보관 시 박스째로 보관하지 않기 (박스 내에 해충이 있을 수 있음)	○ / ×
모든 식품은 덮개나 래핑을 하며, 모든 조리 식품에 조리 날짜 기재(라벨링) / 신입 선출	○ / ×
작업 시 식재가 다른 경우 그 식재에 맞는 도마 색깔 구분하여 사용	○ / ×
작업 시 식재가 다른 경우 반드시 칼, 도마 세척 후 사용 (칼, 도마가 1개라면 채소, 육류, 어류, 가금류 순 사용)	○ / ×
식자재 혹은 식기는 바닥에서 위로 60cm 이상 떨어진 곳에서 작업, 또는 보관 (바닥에 절대 두지 않음)	○ / ×
가급적 유수 해동 금지, 유수 해동 시 21도 이하의 찬물로 두 시간 이내 해동 (상온 해동 금지)	○ / ×
해동된 식자재 재냉동 금지 및 24시간 안에 사용	○ / ×
가열 조리된 음식은 재냉장하거나, 냉동하여 사용하지 않음. 남을 시 전량 폐기 (유해미생물 번식에 유리하여 위험)	○ / ×

주방 위생 매뉴얼 2 (불시점검 리스트)	
조리 후 서비스 되기 전까지 보관온도 준수 10-60도 사이 기피 (10~60도 가장 유해 미생물이 활발한 온도)	○ / ×
서비스 전 준비된 음식 상온에서 4시간 지난 후 전량 폐기	○ / ×
주기적인 도마 및 조리도구 살균 소독	○ / ×
2차 오염 방지를 위해 일회용 장갑 사용, 다른 작업으로 넘어갈 시 작업대 및 도마 필수 세척	○ / ×
매일, 매주, 매월 주기별 각각 청소 스케줄 정하여 관리	○ / ×
식자재별 유통기한 및 사용기한 엄격 준수	○ / ×
작업 시 위생장갑 필수 착용	○ / ×
유통기한이 도래되지 않았더라도 원료 및 식품 수시로 부패 변질되었는지 확인하고 사용	○ / ×
마감 시에 식기 세척기 내부에 스케일이 쌓이거나 오염되지 않게 매일 세척하여 사용	○ / ×
배수구에 덮개가 상시 덮어 있는지 확인	○ / ×
마감 후에 음식물 쓰레기통 비웠는지 확인	○ / ×
음식물 쓰레기통 주변 및 구석마다 음식물 여부 확인 및 청소	○ / ×
수족관 물 적정 시기 교체 및 내외부 관리	○ / ×

자료: 필자 제공

에는 유휴 인력이 없도록 배치하는 운영 전략을 짜야 한다. 모든 직원이 00시부터 00시까지 일하는 천편일률적인 근무시간을 지양하고, 근로계약서에 요일별 근무시간이 다른 점을 명확하게 기재한 뒤 계약을 체결하는 것도 잊지 말자.

QR 주문, 셀프 결제 등 자동화 시스템 적극 활용하기

요즘은 고객도 QR코드 주문이나 셀프 결제 등을 간편하고 편리하다고 인식한다. 매장 상황에 따라 착석하기 전 키오스크 등으로 주문과 결제까지 마치는 것이 더 효율적일 수 있다. 추가 주문이 빈번한 업종이라면 고객이 추가 주문 때마다 직원을 호출하는 것을 번거롭게 여기기도 한다.

나날이 늘어나고 발전하고 있는 셀프 주문 단말기, 키오스크 등을 어떻게 하면 도입할 수 있을지 대안을 적극적으로 모색해야 한다. 한때 장년층이나 노년층이 디지털 기기에 익숙하지 않아 디지털 소외계층으로 불린 적이 있다. 하지만 불과 몇 년 사이 주요 고객 연령대가 높은 국밥집에도 키오스크가 늘어나고 있고, 이들의 무인매장 이용률 또한 높아지는 추세다. 숙련된 조리사의 손기술이 중요하게 여겨졌던 일식 주방에서도 불문율이

깨진 지 오래다. 김태완스시도 초밥 제조 기계를 부분적으로 활용하고 있고, 사용 범위를 점차 늘려갈 예정이다.

일 잘하는 직원, 장기근속하게 만드는 3가지 꿀팁

일 잘하는 한 명의 직원이 열 명 안 부러운 순간이 있다. 믿을 수 있는 직원은 긴급한 순간에 신속하게 문제를 해결하기도 한다. 문제는 그 직원도 갑자기 가게를 떠날 수 있다는 사실이다. 직원들이 맡은 일에 보다 책임감을 갖고 집중할 수 있도록 하는 팁 3가지를 공개한다.

① 칭찬은 모든 직원을 춤추게 한다

맡은 일을 정확하게 잘 해내고 있는 직원에게 적절한 보상과 격려를 아끼지 말자. 칭찬 한마디는 직원에게 소속감과 보람을 함께 느끼게 해 일의 원동력을 줄 수 있다. 이러한 좋은 원동력은 다른 직원에게도 본보기가 된다.

② 적절한 위임으로 주도성을 키우라

대표로서 직원 채용을 결정하는 중요한 기준을 세웠다면, 그 기준을 '인사' 권한을 맡은 중간관리자에게도 정확하게 알려줄 필요가 있다.

김태완스시 모든 매장에는 중간관리자인

'실장'이 있다. 최소 12개월 이상 근무한 직원 중 실장 직책을 부여하고, 매장 오픈과 마감을 총괄하며 보고하는 임무를 준다. 실장 직책자에게는 매장의 인사 권한 중 일부도 부여한다. 인사 권한을 위임받은 실장은 직원 채용 공고를 올리고 면접 참여자를 1차로 선별하는 업무를 수행하고 면접자로 참석하기도 한다. 함께 일하는 직원을 채용하는 과정에서 의사결정자로 참여했다는 사실은 막중한 책임감과 소속감을 들게 한다. 중간관리자가 직원 채용에 적극적으로 참여하며 꼼꼼하게 임무를 다할수록 좋은 직원을 뽑을 가능성이 더 커진다.

③ 모든 직원이 적절한 호칭과 경어를 사용하게 하라

대표가 직원에게 반말을 하거나 친한 직원끼리 말을 놓지 않도록 하자. 식당도 경력이나 역할에 따라 체계와 시스템이 있음을 분명하게 하려면 사용하는 호칭이나 언어를 지정하는 것이 도움이 된다. 직책이나 직급이 있다면 '주방장님' '매니저님' '실장님' 등 호칭을 반드시 사용하도록 하고, 나이가 같거나 직급이 같아도 말을 놓지 않고 '○○님'이라고 부르도록 하자. 직원끼리 주고받는 말을 고객이 언제나 듣고 있음을 주지시키는 것도

중요하다. 한 식당에 갔을 때 대표가 직원에게 "○○야, 주문받아야지"라고 말하는 것을 들은 적이 있는데, 직원이 존중받지 못하고 있다는 생각과 함께 고객 입장에서 편치 않은 기분이 들었다. 식당에서 직원 간에 형성된 배려와 존중이 고객에게도 이어질 수 있다는 사실을 잊지 않길 바란다.

'박리다매' 영업은 이제 불가능
식자재 공급업자의 '경고'

김명진
링크업비즈 대표

식자재 유통·식품 제조 영업 18년 경력. 20여 개 프랜차이즈 물류 구축을 통해 1500여 개 오프라인 매장 식자재 공급 관리 및 30여 개 식품 OEM 개발 업무를 경험했다. 코로나 시기 한식 배달 매장을 운영했으며, 현재는 링크업비즈 대표로 '프랜차이즈 물류 구축 및 OEM 상품 개발' 컨설팅 및 다수 교육기관에서의 '식자재 유통 및 OEM 상품 개발 노하우' 관련 강연 활동 중이다.

2025년 대한민국 외식업계는 고물가, 인건비 상승, 경기 침체라는 삼중고에 시달리고 있다. 이런 환경 속에서 '가성비'를 내세우는 프랜차이즈 브랜드가 창업 시장의 중심이 됐다.

필자 또한 지인들과 외식을 하고자 마음먹으면 무한리필 고깃집, 초저가 한우 전문점, 저가 커피 같은 가성비 프랜차이즈 브랜드를 찾는다. 수요가 워낙 몰리다 보니 예비 창업자가 초저가 시장 창업에 관심을 갖는 것도 어쩌면 당연하다는 생각이 든다. 하지만 실제 매장을 운영하는 입장에서 보면 현실적인 어려움이 크다. 겉으로 보이는 인기나 높은 매출과는 별개다. 특히 '원재료비(식자재비)' 부담이 너무나도 크다.

필자는 현재 프랜차이즈 본사나 다이닝 매장을 대상으로 일반 식자재와 전용 상품(OEM) 등을 공급하는 일을 하고 있다. 공급자 입장에서 봐도 이렇게 단가가

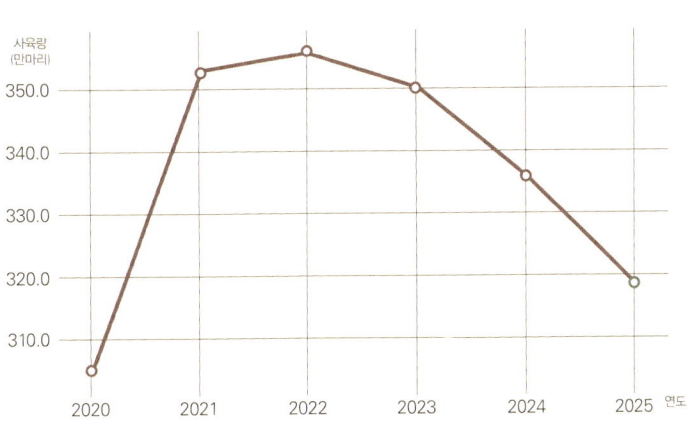

한우 사육량 추이

● 사육량   ○ 2025예측

사육량
(만마리)

350.0

340.0

330.0

320.0

310.0

2020   2021   2022   2023   2024   2025 연도

자료: 한국농촌경제연구원

오르면 최종 소비자인 일반 식당이나 프랜차이즈 가맹점은 과연 수익을 낼 수 있을지 걱정이 되곤 한다.

원재료비 상승으로 어려움에 직면한 세 개 업종의 현재 분위기를 살펴보고 앞으로 생존 전략을 모색해본다.

1. 초저가 한우 프랜차이즈의 한계

2025년 초저가 한우 프랜차이즈 등장이 가능했던 이유는 코로나19 팬데믹 시기로 거슬러 올라간다. 팬데믹에 정부는 해외여행 금지, 제로금리, 재난지원금 등

조치를 취했고 이는 국내 여행 활성화, 유동성 확대, 소비 촉진으로 이어졌다. 한우 소비가 증가하고 가격이 상승하자 이에 고무된 한우 농가들은 송아지 입식(번식)을 대폭 늘려 사육 마릿수를 확대했다. 2022년에는 한우 사육량이 355만 마리로 역대 최대치를 기록했다.

그런데 소는 닭처럼 금방 크는 것이 아니다. 성체 한 마리를 키우는 데 2년 반에서 3년 이상이 걸린다. 팬데믹 시기에 입식된 송아지들은 2~3년 뒤 대거 도축되면서 2024~2025년 시장에 쏟아져 나왔다.

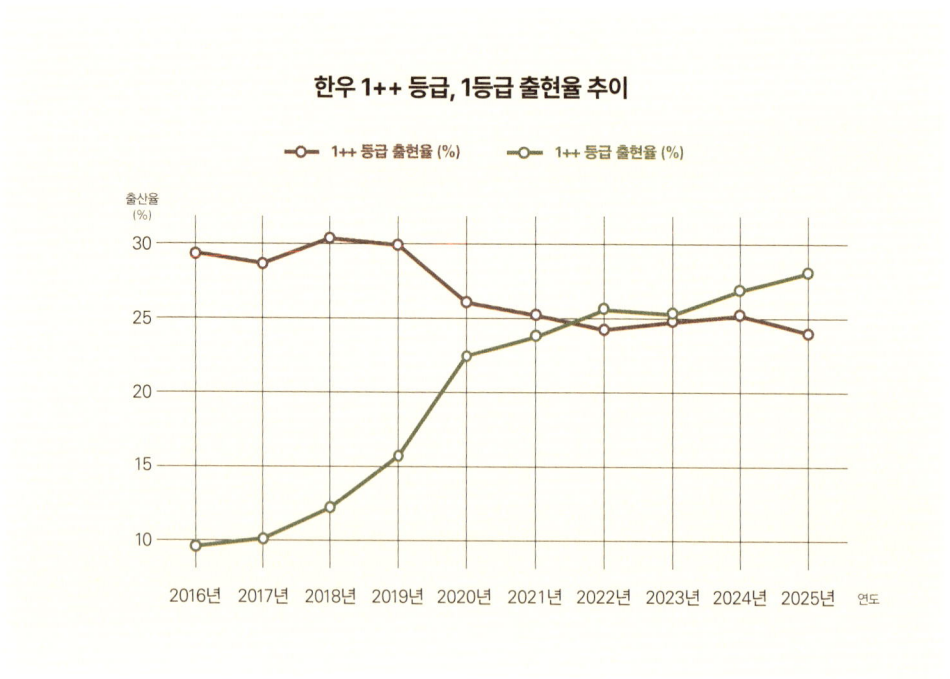

한우 1++ 등급, 1등급 출현율 추이

─●─ 1++ 등급 출현율 (%) ─○─ 1++ 등급 출현율 (%)

출산율
(%)

30

25

20

15

10

2016년 2017년 2018년 2019년 2020년 2021년 2022년 2023년 2024년 2025년 연도

자료: 전국한우협회 정책지도국 '한우 동향 분석'

문제는 엔데믹과 물가 상승으로 인해 국내 외식 수요가 감소한 상황에서 앞서 입식된 소들이 한꺼번에 출하되며 '한우 공급 과잉' 상태가 발생한 것이다. 2024년 7월 한우 산지 가격이 암소 기준 442만원으로 최저치를 기록했을 정도다. 1년 전 645만원이었던 것에 비해 약 30% 하락한 수치다. 한우 100g을 7800~9800원에 파는 초저가 한우 프랜차이즈는 이런 비정상적인 가격 하락 구간을 이용해 등장했다. 본사가 한우를 싸게 매입하고 유통비를 최소화해 최대한 저렴하게 판매하는 구조다.

사육 마릿수 감소 시작?
저가 전략 유지 어려워

2023년 357만마리를 고점으로 국내 한우 사육 마릿수는 이미 감소 추세에 접어들었다. 2025년 2월 기준 321만마리까지 줄었다. 한우 가격이 하락하자 농가들이 의지를 잃었기 때문이다.

이런 상황에서 초저가 한우 매장이 우

후죽순 생겨나고 카페 브랜드가 난립하면서 아이러니하게도 이들 매장이 한우 소비를 다시 늘렸고, 한우 가격도 조금씩 상승하고 있다. 1등급 한우 도매가격은 2025년 2월 기준 kg당 1만6151원으로, 이미 전년 동월 대비 6% 정도 오르며 상승 추세로 전환했다.

1등급 한우 생산량이 갈수록 감소하는 추세라는 점도 저가 한우 사업 모델이 지속되기 어려운 요인이다. 한우 소비가 고급화됨에 따라 1++ 등급 판정 마릿수는 2016년 이후 약 3배(9.6%→28.9%) 늘었다. 반면 1등급 판정 마릿수는 같은 기간 29.4%에서 23.3%로 20% 이상 감소했다. 어떤 초저가 한우 프랜차이즈는 6개월 만에 200개 이상 매장을 출점하며 상당한 점포 개설 수익을 거두고 있다는 전언이다. 본사는 "직접 공장을 운영해 저렴하게 공급할 수 있다"고 강조하지만, '육가공 공장'일 뿐이다. 육가공 공장에서 소를 키우는 것은 아니니 얼마나 저렴하게 장기적으로 단가를 유지할 수 있을지는 의문이다.

원가율 65% 이상 '저마진' 정육식당과 차별점도 의문

국내 적정 한우 사육 마릿수는 300만마리 수준으로 알려져 있다. 이번 한우 감소기에 300만마리 이하로 줄어들 가능성도 있어 현재 공급 과잉 현상은 자연스럽게 해소될 것으로 본다. 향후 몇 년 동안 지속적인 사육 마릿수 감소로 한우 가격은 상승 추세를 유지할 것으로 전망된다. 1등급 한우 도매가격은 2021년 기록했던 kg당 2만1000원까지 오를 수 있다. 이는 현재 가격에서 약 30% 상승한 수준이다. 현재 초저가 한우 매장 원가율은 평균 65% 이상으로 분석된다. 65% 기준으로 한우 공급 가격이 10%만 올라도 원가율은 70%가 넘어간다. 이렇게 높은 수준 원가율로는 매장을 유지하기가 매우 어렵다.

초저가 한우 전문점은 100g에 1만원 이하라는 가격이 유일한 경쟁력이었다. 하지만 한우 가격이 상승해 부득이 판매 가격이 올라가면 소비자들은 더 이상 초저가 한우 매장을 찾을 이유가 없어 매출이 감소할 것이다. 같은 등급 한우를 더 저렴하게 먹는 것이 아니라면 더 높은 등급 한우를 파는 정육식당과 어떤 차별점이 있는지 의문이다.

현재 저렴한 한우 가격이 지속될 수 있는 기간은 그리 길지 않아 보인다. 과거 '연어 무한리필' 전문점처럼 단기적 유행으로 끝날 가능성이 높다고 판단한다.

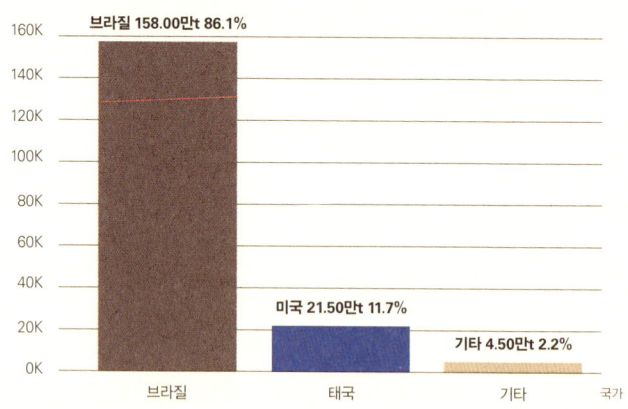

닭고기 국가별 수입

브라질 158.00만t 86.1%

미국 21.50만t 11.7%

기타 4.50만t 2.2%

브라질 　태국 　기타 　국가

자료:한국육계협회. 2024년

미국산 쇠고기 수입 허가 가능성도 불안 요인

한우 시장에 악재는 더 있다. '30개월 이상 미국산 쇠고기 수입 허가'가 이뤄질 수도 있다는 전망이다. 2008년 광우병 사태 이후 막혔던 수입이 다시 열리면 지금보다 한우 단가 경쟁력은 더 떨어질 수밖에 없다. 즉 초저가 한우 프랜차이즈는 일시적인 한우 공급 과잉으로 인한 저점 구간을 활용한 사업 모델이며 사육 마릿수 감소와 함께 한우 가격이 빠르게 상승할 것으로 예상되는 만큼 지속하기 힘들

것으로 판단한다.

2. 치킨 프랜차이즈의 눈물

우리나라 닭고기 공급은 수입에 상당 부분 의존한다. 그중 브라질산 닭고기 비중이 압도적이다. 2024년 기준으로 국내 닭고기 수입 물량 중 브라질산은 무려 86.1%에 달한다.

수입 닭고기 10마리 중 9마리가 브라질산이라는 의미다. 전체 국내 닭고기 소비량으로 확대하면 약 20%, 즉 닭고기 5마리 중 1마리가 브라질산이다.

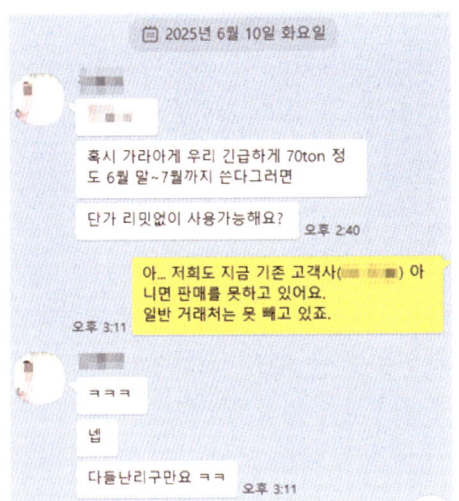

브라질산 닭은 주로 뼈를 발라낸 순살 형태 냉동육으로 수입된다. 닭강정, 닭꼬치, 순살 치킨, 일부 닭갈비 메뉴 등 다양하게 활용된다. 국내산 닭보다 크기가 커서 순살 가공 시 생산 수율이 높다는 게 장점이다. 또한 국내산보다 가격 경쟁력이 뛰어나 원가 부담을 줄이려는 많은 제조 공장, 외식 업체, 특히 중소 치킨 프랜차이즈나 개인 자영업자가 선호하는 식재료였다.

그런데 브라질산 닭고기 수입이 2025년 5월 갑작스럽게 중단됐다. 브라질 현지 가금 농장에서 발생한 고병원성 조류 인플루엔자(AI) 때문이다. 브라질 전역으로 조류 인플루엔자가 확산되면서 농림

축산식품부는 브라질산 종란, 식용란, 초생추(부화한 지 얼마 되지 않은 병아리), 가금류와 관련 생산물 국내 반입을 전면 금지하는 강경 조치를 내렸다.

수입 재개 소식에도 공급 불안은 여전

브라질산 닭고기 수입 중단 소식이 전해지자마자 국내 닭고기 유통 시장은 즉각 반응했다. 유통업체들은 선제적으로 가격을 인상했고 동시에 공급 물량을 급격히 줄였다. 그 결과 기존 kg당 4000원대 초반에 거래되던 제품 가격이 일주일 만에 8000원대를 훌쩍 넘어섰고, 2025년 6월 말에는 9000원대까지 치솟아 거의 두 배 가까이 폭등했다.

닭고기 가격 상승은 단순한 원가 인상을 넘어 치킨집 사장님들의 '생존' 문제가 됐다. 특히 평소 재고를 많이 확보해두기 어려운 중소 브랜드와 개인 매장의 타격이 컸다.

언제, 얼마에 닭고기가 다시 수입될지 아무도 확실히 말하지 못하는 불확실한 시장 상황이 이어지고 있다. 단순히 물량 부족을 넘어 유통업체, 가맹본사, 심지어 대형 프랜차이즈까지 물량 확보를 두고 눈치 싸움을 벌이고 있다.

브라질산 닭고기 수입 중단 당시 한 치킨 브랜드 구매팀장과 나눈 카톡 내용이

다. '치킨 가라아게'를 월 100t 이상 쓰는, 누구나 들으면 알 만한 브랜드다. 단가에 상관없이 물량을 달라고 했지만 공급이 불가능했다. 대형 브랜드 상황이 이랬으니 개인 매장은 안 봐도 뻔했다.

2025년 7월 기준 정부가 브라질 일부 지역 닭고기 수입을 재개하겠다는 발표가 있었다. 그러나 이는 전체 수입량의 약 60%를 차지하는 브라질 남부산 닭고기 물량을 제외한, 나머지 40%에 불과하다. 공급 충격을 흡수하기에는 역부족이며 정식 수입 재개가 아닌 일부 허용 수준에 그친 상태다. 일부 물량이 들어오더라도 국내 도착까지 최소 45일 이상이 소요된다.

태국, 폴란드, 칠레산 닭고기도 소량씩 들어올 것이라고 하지만, 이들은 원가 자체가 브라질산보다 비싼 만큼 상황을 크게 바꾸기는 어려울 것으로 보인다.

이전 가격으로 회복 어려워
-새로운 가격 기준선 생길 것

닭고기 가격이 오르는 것은 순식간이지만 내리는 것은 천천히, 단계적으로, 공급자 판단에 따라 아주 신중하게 이뤄진다. 과거 사례로 보건대 공급업체들은 시장에 재고를 한꺼번에 풀지 않고, 필요한 양의 80~90% 정도만 공급하면서 시장

가격을 서서히 조정할 것이다.

따라서 이번 사태가 끝난 뒤에도 닭고기 가격이 수입 중단 이전으로 회복되기는 어려울 것이라는 게 업계 중론이다. 새로운 가격 기준선이 만들어질 가능성이 높다는 얘기다.

사실 이 정도 파동이면 공급자 입장에서는 계약이 돼 있다고 하더라도 인상 요구를 하든가, 공급을 중단하는 게 일반적이다. 결국 프랜차이즈 본사는 회사 유지를 위해 인상된 납품 가격에 본사 마진을 붙일 수밖에 없고, 가맹점도 소비자 판매가를 올릴 수밖에 없다.

혹자는 '브라질산 닭고기를 정말 많이 쓰는 업체라면 직접 수입하면 되지 않을까?' 하는 생각을 할 수도 있다. 물론 원물마다 차이는 있겠지만, 직접 수입할 때는 원가 협상부터 환율, 보관 비용에 이르기까지 고려해야 하는 것이 한두 가지가 아니다. 게다가 닭고기 수입업은 그 업계만의 관행과 룰이 있다고 하니 신규 업체가 쉽게 진입하기 어렵다.

3. 식자재 유통업체도 도미노 위기

지금까지 특정 원재료를 예시로 들어 설명했지만, 한 가지 더 고려해야 할 부분이 있다. 외식 매장들이 어려워지면서 식자재 유통회사 또한 매우 힘든 시기를 겪

고 있다.

한국식자재유통협회에 따르면 국내에는 식자재 유통회사가 약 1만개 있다. 이 중 약 90%가 영세한 개인 사업자다. 지금 이들 또한 매우 어려운 시기를 맞고 있다.

최근에는 프랜차이즈 전문 물류를 하던 모 중견기업조차 자금 악화로 휘청였다. 2023년 연매출이 3000억원을 넘었던 이 기업은 2024년 하반기부터 심각한 자금난을 겪었다. 그로 인해 해당 기업과 거래하던 다수 프랜차이즈 본사가 급히 새로운 물류사로 전환해야만 했다. 이 회사는 결국 다른 기업에 인수됐는데, 그 과정에서 프랜차이즈 본사와 가맹점들은 큰 혼란을 겪어야 했다. 인력 이탈로 인해 기본 업무인 가맹점 공급이 정상적으로 이뤄지지 않았고, 일부 브랜드는 대금 결제 지연이라는 심각한 문제까지 겪었다.

이제 식자재 유통회사들도 예전처럼 '마진을 포기하고, 일단 거래부터 트자'는 전략은 쓰지 않는 분위기다. 오히려 요즘 같은 시기에는 단가를 인상하기가 수월하다. 환율 인상, 물가 상승, 수급 불안 같은 요인들로 굳이 자세한 설명이 없어도 모두가 눈치로 이해하는 시기가 됐기 때문이다.

이런 상황에서 막연하게 '식자재를 저렴하게 구매해 손님에게도 가성비로 무조건 저렴하게 판매하겠다'는 식의 접근은 현실과 동떨어진 생각이다.

그래서 필자는 프랜차이즈 창업을 고민하고 있는 예비 창업자에게 '박리다매' 영업 방식 브랜드는 피하라고 조언한다. 물론 지금도 앞에 언급한 브랜드 매장을 운영하며 많은 수익을 올리는 사장님도 있겠지만 확률적으로는 그리 많지 않을 듯하다.

성공적 재창업 시작은
'나는 왜 망했나' 성찰

정예희
어게인 대표

2015년부터 소상공인시장진흥공단(소진공)의 사업정리 컨설팅을 시작하여 지역신용보증재단의 소상공인 컨설턴트로 활동하고 있다. 2016년, 2017년, 2021년 소진공 이사장상을 받았다. 흔들리는 창업 시장 속에서 창업자들이 다시 일어설 수 있는 기회를 만들 수 있도록 다양한 컨설팅 사례와 분석을 기반으로 코칭과 경영 전략 컨설팅을 하고 있다.

자영업자는 대한민국 경제의 뿌리다. 골목상권을 살리고, 지역 일자리를 만들며, 국가 경제를 떠받치는 중요한 존재다. '자영업자 표심을 얻지 못하면 대통령이 될 수 없다'는 말이 있을 정도다. 그러나 정작 당사자인 자영업자 삶은 녹록지 않다.

중소기업기본법은 창업 후 7년 미만은 '창업자', 7년 이상은 '기업가'로 구분한다. 이 구분에는 단순한 연한 이상의 의미가 담겨 있다. 7년을 넘긴다는 것은 단순히 버틴 것이 아니다. 사업을 안정적으로 운영할 수 있는 구조와 시스템을 갖춘 진정한 사업가로 성장했다는 증거다.

최근 통계에 따르면 음식점 업종은 1년 내 폐업률이 35%, 3년 내 폐업률은 60%에 육박한다. 자영업 전체로 보면 3년 생존율은 50%, 5년 이상 생존하는 곳은 40%에 불과하다. 절반 이상이 초반에 쓰러지고, 이 가운데 상당수는 성찰 없이 또다시 창업을 반복한다. 즉 많은 자영업자가 기업가 문턱조차 밟지 못한 채 무너지고 있다.

폐업 후 재창업에 나서는 이들에게 필요한 것은 무엇일까. '이번에는 잘될 거야'라는 막연한 희망보다는 자기 성찰과 철저한 준비가 당연히 먼저다.

실패를 정면 응시하는 순간, 길이 열린다

경남 거창에서 음식점을 운영하던 사장님이 있었다. 20~30가지 안주 메뉴를 내걸고 장사를 했지만, 월 매출은 800만원에 그쳤다. 임대료와 인건비를 감당하기 어려워 결국 폐업을 선택했다.

그러나 무작정 새 가게를 열지 않았다. 기존 사업장을 정리한 뒤 스스로에게 질문을 던졌다.

"나는 왜 망했을까?"

답은 분명했다. 특색 없는 운영과 분산된 메뉴. 손님 입장에서는 이 집을 선택할 이유가 없었다. 사장님은 그 사실을 인정하고 같은 실수를 반복하지 않겠다고 결심했다. 자기 성찰. 성공적인 재창업의 출발점이다.

재창업을 결심한 뒤에는 다양한 안주 메뉴를 모두 포기하고 제철 횟감과 해산물에 집중했다. '가성비 좋은 제철 회를 먹으려면 이 집'이라는 명확한 이유를 고객에게 심어주는 전략이었다. 2024년 희망

리턴패키지 재창업 사업화 프로그램에도 참여했다. 이 제도를 통해 초기 사업자금 1000만원을 지원받으면서 재창업의 가장 큰 부담이었던 자금 압박을 크게 줄일 수 있었다.

지원금 일부는 마케팅과 홍보 비용으로 활용했다. 이는 과거에 간과했던 부분이다. 예전에는 메뉴만 늘려놓으면 손님이 알아서 찾아올 것이라 믿었다. 이번에는 SNS 홍보와 현수막, 전단지 광고 등 다양한 마케팅을 적극 병행하면서 "이 집은 꼭 가봐야 한다"는 입소문을 만들어냈다.

결과는 놀라웠다. 매출은 월 800만원에서 2300만원으로 세 배나 뛰었다. 직원을 2명 채용해 고용까지 창출했다. 단순한 생존이 아니라 성장의 길로 접어든 것이다.

그는 말한다. "망한 경험이 없었다면 이런 집중과 변화를 일으킬 수 없었을 겁니다. 실패를 인정했기에 다시 시작할 수 있었고 정부 지원 제도를 활용해 더 빨리 성장할 수 있었습니다."

거창 사장님처럼 재창업을 준비하고자 한다면, 복잡할 것 없이 다음 다섯 단계만 지키면 된다.

1. 정리하기

세금, 임대차 보증금, 카드 대금, 미지급금 같은 채무를 제대로 정산하지 않으면

새로운 출발이 불가능하다. 특히 신용 상태와 채무 구조를 파악하고 필요하다면 채무조정 제도를 검토해야 한다. 과거 짐을 털어내야만 새로운 길이 열린다. 정리 없이 새 출발은 없다.

2. 성찰하기

많은 이가 "이번에는 잘될 것"이라고 말한다. 하지만 왜 망했는지를 모른 채 다시 시작하는 것은 똑같은 함정에 또 빠지겠다는 선언과 같다. 폐업 원인은 경기 탓이나 손님 탓이 아니라 대부분 자금 관리 미숙, 경험 부족, 운영 능력 부족, 상품력 부재, 업종 선택 실패 중 하나다. 따라서 "나는 왜 망했는가?"를 한 줄로 요약할 수 있어야 한다. 감정이 아니라 숫자와 사실로 원인을 정리해야 한다. 성찰 없는 재창업은 재도전이 아니라 재실패일 뿐이다.

3. 준비하기

나의 강점과 약점을 다시 파악하고 실패했던 업종을 그대로 반복하지 않아야 한다. 원가율, 회전율, 인건비 구조를 꼼꼼히 점검해 내게 맞는 업종을 찾아야 한다. 중요한 것은 '내가 하고 싶은 업종'이 아니라 '시장과 내가 버틸 수 있는 업종'이다.

4. 계획하기

자금과 운영 시뮬레이션을 반드시 거쳐야 한다. 초기 투자는 최대한 줄이고 인테리어나 장비보다는 상품력과 마케팅에 자금을 써야 한다. 무엇보다 손님이 없어도 최소 6개월은 버틸 수 있는 운영자금을 확보해야 한다. 매출과 비용 구조는 단순할수록 관리하기 쉽다. 돈은 버티는 데 쓰는 것이지 보여주기 위해 쓰는 것이 아니다.

5. 활용하기

재창업자는 혼자 힘으로만 버티려 해서는 안 된다. 희망리턴패키지, 재도전성공패키지, 장애인 창업사업화 같은 제도를 반드시 검토하고 자신에게 맞는 것을 찾아야 한다.

혼자 힘으로만 일어서려 하지 말고 이미 마련된 지원 제도를 전략적으로 활용하자.

모르면 손해, 알면 기회 '정책자금'

-"대신 신청해준다"는 브로커 조심해야

재창업자가 정부와 지방자치단체 지원 제도를 활용하는 것은 필수다. 그런데 주의해야 할 점이 있다. "지원금 신청을 도와주겠다"며 접근해 고액의 수수료를 요구하는 정책자금 브로커다. 피해 사례가 적지 않다.

주요 재창업 지원 제도

제도명	대상	지원 내용	신청 방법/홈페이지
희망리턴 패키지	재창업사업화 : 폐업자·재창업 1년 미만, 업종 전환 소상공인 재창업교육:폐업 예정자, 폐업자	경영 진단·멘토링·교육 + 사업화 자금 최대 2000만원. 재창업교육 수료 시 사업화 가점(2년 이내 5점) 부여, 공단재도전특별자금·신보재도전특례보증, 새출발기금 원금 감면 우대	http://hope.sbiz.or.kr 소상공인시장진흥공단
재도전성공 패키지	폐업 이력이 있는 예비 창업자, 재창업 7년 이내 기업	평균 7000만원(최대 1억원) 사업화 자금 + 투자·판로 연계, 멘토링·교육	www.k-startup.go.kr 창업진흥원
장애인 창업 사업화	장애인 예비 창업자 및 업종 전환 희망자	창업비용 최대 2000만원 + 맞춤형 컨설팅, 보증·채무조정 연계	www.debc.or.kr (재)장애인기업종합지원센터

지원 제도는 원칙적으로 무료로 안내받고 신청해야 한다. 소상공인시장진흥공단, 창업진흥원, 장애인기업종합지원센터 등 공식 기관의 홈페이지와 센터를 통해 누구나 직접 신청할 수 있다.

만약 누군가가 "지원금 수령액의 일정 비율을 수수료로 내라"거나 "대신 신청해주겠다"는 식으로 접근한다면 반드시 의심해야 한다. 지원제도는 '내 권리'이지 돈을 주고 사야 할 서비스가 아니다. 도움을 받고 싶다면 지역신용보증재단, 소상공인시장진흥공단 지역센터, 지자체 창업 지원 부서를 직접 찾아가 상담하는 것이 가장 안전하다.

고용노동부 인건비 지원 제도도 있다. 인건비 부담을 크게 줄일 수 있으니 적극적으로 알아보고 신청하자.

예시)

월 급여 200만원인 직원 1명을 고용한다고 가정할 때 고용유지지원금을 활용하면 월 132만원(20일×6만6000원)을 정부가 지원한다. 6개월이면 총 약 792만원을 절감할 수 있다.

사람을 쓰려면, 지원 제도도 함께 활용하자.

재창업 성공하려면

-초기 투자 아끼고 업종 재점검해야

많은 사장님이 "돈만 있으면 다시 잘될 것"이라고 착각한다. 하지만 자금을 어디에 어떻게 쓰느냐가 더 중요하다. 인테리

소상공인 고용(인건비) 지원 제도

제도명	주요 내용	신청/문의
고용유지지원금	해고 대신 휴업·휴직·근로시간 단축 시 임금 일부 보전 (1일 최대 66,000원, 최대 180일)	
시간선택제 지원금	시간제 근로자 채용 시 인건비 최대 80% 지원	사업장 소재지 지역 고용센터 또는 고용24 홈페이지를 통해 신청
신중년 적합직무 고용지원금	50세 이상 실업자를 신중년 적합 직무에 정규직 또는 무기계약직으로 채용한 기업에 인건비를 지원하는 제도	
일자리안정자금	30인 미만 사업주를 대상으로 하며, 월 보수 230만원 미만 근로자를 1개월 이상 고용한 경우 지원	문의 및 상담 일자리 안정자금 홈페이지 근로복지공단 홈페이지 근로복지공단 1588-0075 (유료)
두루누리 사회보험료 지원	근로자 수가 10인 미만인 사업장에 고용된 월 평균보수 270만원 미만의 근로자와 그 사업주 중 지원신청일 직전 1년간 고용보험·국민연금 취득 이력이 없는 신규 가입자 사업주가 부담하는 고용보험과 국민연금 보험료의 80% 지원(최대 36개월)	고용노동부 1350 (유료)

어를 화려하게 꾸민다고 손님이 몰려오지 않는다.

실제로 가게를 버티게 해주는 힘은 '상품력'과 '마케팅'이다. 따라서 재창업자는 가급적 초기 투자를 최소화하는 것이 좋다. 장비와 인테리어보다 상품 개발과 홍보에 집중하는 것이 현명하다. 또한 예상치 못한 불황이나 매출 부진에도 버틸 수 있도록 최소 3개월 치 운영자금을 확보하는 것이 필수다. 고정비 역시 철저히 관리해야 한다. 임대료와 인건비는 매출의 30% 이내로 잡는 것이 좋다.

업종 선택 또한 냉정하게 해야 한다. 이전에 실패했던 업종을 아무런 분석 없이 반복하는 것은 가장 위험한 선택이다. 원가율이 30% 이내이며 회전율은 높고 인건비 부담은 낮은 업종을 선택하는 것이 유리하다. 동시에 나의 적성과 생활 리듬에 맞는 업종이어야 오래 버틸 수 있다.

다시 한번 강조하고 싶다. 재창업을 준비하는 사람이라면 반드시 스스로에게 물어야 하는 질문.

"나는 왜 망했는가?"

핑계가 아닌 본질적인 이유를 찾아내는 것, 이것이 성공적인 재창업의 출발점이다.

돈은 버틸 수 있도록 쓰고, 업종은 실패를 반복하지 않도록 고르자. 이 단순한 원칙이 지켜지지 않으면 재창업은 시작하기도 전에 다시 실패를 향해 가는 길이 될 수 있다.

재창업자가 가져야 할 10가지 다짐

1. 나는 왜 실패했는지를 끝까지 파헤친다.

2. 같은 실수를 두 번 반복하지 않는다.

3. 돈은 버티는 데 쓰고, 보여주기에 쓰지 않는다.

4. 현금흐름을 생명처럼 지킨다.

5. 원가·회전율·인건비를 숫자로 관리한다.

6. 내 적성과 생활 리듬에 맞는 업종을 고른다.

7. 정부와 지자체 지원 제도를 적극 활용한다.

8. 성찰에서 얻은 답을 매일 실천한다.

9. 나는 혼자가 아니라 함께 배운다.

10. 재창업은 마지막 도박이 아니라 준비된 재도전임을 잊지 않는다.

성공하는 재창업자들이 공통적으로 가지고 있는 마인드셋을 정리하면 다음과 같다.

적잖은 재창업자가 '또 실패하면 어쩌지'라는 두려움에 사로잡혀 있다. 미국 중소기업청 연구에 따르면 재창업자 성공률이 초기 창업자보다 약 20% 높다고 한다. 재창업자는 실전 경험을 통해 어떤 비용이 진짜 필요한지 정확히 알고, 고객의 진짜 니즈와 가짜 니즈를 구분할 수 있다. 또한 기존 네트워크와 이미 알고 있는 업계 정보도 강점이다. '이번이 마지막 기회'라는 절박함이 만드는 집중력도 갖추고 있다.

재창업은 단순한 '희망의 출발'이 아니다. 희망은 성찰 위에 세워져야 한다. 실패 원인을 직시하고, 자금을 현명하게 관리하며, 지원 제도를 권리로써 잘 활용할 때 비로소 성공의 길이 열린다. 부디 이 글을 읽는 이들이 '창업자'로 머무르지 않고, 7년을 넘어선 진짜 기업가로 성장하기를 기원한다.

당신의 감을 믿지 마세요
실패를 막는 '데이터의 힘'

이재창

장사준비연구소 대표

예비 창업자를 위한 교육·컨설팅 회사 '장사준비연구소' 대표이자 프랜차이즈 가맹점 2곳을 운영하고 있다.

프랜차이즈 본사 SV(슈퍼바이저), 누적 4개 브랜드 가맹점주, 그리고 창업 플랫폼 '마이프차' PO를 거치며 플랫폼·본사·점주까지 프랜차이즈 시장의 전 영역을 아우르는 실전 감각을 쌓았다.

현장 경험을 토대로 브랜드·상권·소비자 분석을 결합한 BMF(Brand Market Fit) 전략을 전파하며, 오픈 전 단계에서 성공을 결정짓는 교육과 컨설팅을 제공하고 있다.

많은 자영업자가 여전히 '감'과 '경험'을 믿고 창업에 나선다. 직장 생활에서 얻은 경험이나 소비자로서 취향을 근거로 아이템을 선택하는 경우가 많다. 하지만 2026년 자영업 시장에서 이런 방식은 너무도 위험하다. 시장 변화 속도는 빠르고, 소비자 선택 기준은 복잡하며, 경쟁자는 늘 새로운 무기를 가지고 등장하기 때문이다. 특히 퇴직 후 창업을 준비하는 경우 조급함이 더해져 '빨리 시작해야 한다'는 압박감이 형성되기 쉽다. 이런 조급함은 무리한 투자와 비합리적인 결정을 불러오고 결과적으로 실패 확률을 높인다. 실제로 수많은 폐업 사례가 보여주듯 감에만 의존한 창업은 실패로 이어지는 경우가 대부분이다.

PMF에서 BMF로: 실리콘밸리가 남긴 교훈

실리콘밸리 스타트업은 'PMF(Product-Market Fit)'를 생존의 핵심 개념으로 삼는다. PMF란 단순히 제품이 시장에 잘 맞는 상태만을 뜻하지 않는다. 제품이 시장에 적합한지 다양한 방식으로 검증하고 그 과정을 통해 시장과 가장 잘 맞는 Product(제품)를 찾아내는 여정이 바로 PMF다.

여기서 말하는 Product는 단순히 물리적 상품만을 의미하지 않는다. 소비자가 실제로 경험하는 모든 가치, 즉 기능과 디자인, 가격, 서비스, 사용성까지 포함하는 개념이다. 스타트업은 초기 단계에서 작은 실험과 피드백을 반복하며 어떤 제품 가치가 고객의 문제를 가장 잘 해결하는지 확인한다. 그리고 시장에서 확실한 수요가 검증되는 순간 비로소 본격적으로 자원과 비용을 투입해 확장한다.

자영업도 마찬가지다. 브랜드와 상권 궁합을 검증하지 않은 채 무작정 창업에 나서는 것은 위험하다. 데이터를 기반으로 소비자 반응을 확인하고 어떤 상권에서 어떤 아이템(브랜드)이 성과를 내는지를 분석해야 한다. 그렇게 브랜드와 시장이 맞아떨어지는 지점을 찾았을 때 창업에 자원을 투입하는 것이 바로 BMF(Brand-Market Fit) 전략이다.

F&B 시장서 BMF 방식 적용하는 방법

국내 외식업은 BMF 전략을 적용하기에 적합한 시장이다. 인구 밀도가 높아 소비자 반응이 빠르게 나타나고 상권 특성이 비교적 잘 정의돼 있기 때문이다.

여기서 중요한 점은 시장 검증을 반드시 내가 직접 할 필요는 없다는 것이다. 외식업에서 한 브랜드를 직접 운영해보며 데이터를 쌓으려면 많은 돈과 시간이 필요하다. 하지만 다행히도 이미 전국 각지에서 수많은 브랜드가 시장 검증을 대신해주고 있다. 우리는 그들의 데이터를 레퍼런스로 삼으면 된다.

예를 들어 '옥된장'이라는 브랜드를 보자. 된장을 베이스로 식사와 안주류를 취급하는 이 브랜드는 직영점과 가맹점이 전국에서 소비자 반응을 검증하고 있다. 창업자가 직접 모든 상권을 테스트할 필요가 없다. 프랜차이즈 공식 홈페이지나 '오픈업' 같은 상권 분석 서비스만 보더라도 지점별 추정 매출, 주요 소비자층, 요일·시간대별 매출 패턴까지 확인할 수 있다.

이런 데이터를 종합하면 옥된장이 잘되는 상권의 공통점을 추출할 수 있다.

예컨대,

- 소비 수준이 높은 메인 오피스 지역
- 평수가 넓은 매장
- 40·50대 직장인이 많이 분포된 지역

메가커피 수익 계산

매출	비용	수익금	투자금 회수 기한
10,000,000	10,750,000	-750,000	
15,000,000	14,125,000	875,000	137개월
20,000,000	17,500,000	2,500,000	48개월
25,000,000	20,375,000	4,625,000	26개월
30,000,000	23,600,000	6,400,000	19개월
35,000,000	26,925,000	8,075,000	14개월
40,000,000	30,600,000	9,400,000	11개월
45,000,000	32,825,000	12,175,000	9개월
50,000,000	36,400,000	13,600,000	8개월
55,000,000	39,425,000	15,575,000	7개월
60,000,000	43,000,000	17,000,000	6개월
65,000,000	46,025,000	18,975,000	6개월
70,000,000	49,500,000	20,500,000	5개월

자료 : 필자 제공

* 오전 8시~오후 10시 운영(14시간).
* 사장님이 주 5일 10시간씩 근무했을 때 기준.
* 배달 비중 10% 기준.
* 인건비는 매출이 높아질수록 효율이 높아지기 때문에 조금씩 감소함.
* 임대료 부가세 포함 330만원으로 책정.
* 3000만원 구간부터 1000만원 단위로 임대료 50만원 상향(3000만~3900만원 385만원 / 4000만~4900만원 440만원).
* 1억2000만원 투자 기준.
* 이자비용 및 세금에 대해서는 계산하지 않음.

이 조건이 맞으면 성과가 높고, 벗어나면 힘들어진다. 그렇다면 내가 옥된장을 창업하려고 할 때 이런 조건을 만족하는 지역을 찾아 입점하면 된다.

또한 중요한 점은 굳이 옥된장을 선택하지 않더라도 유사한 콘셉트 브랜드를 유사한 상권에 오픈하면 충분히 소비자 선호를 얻을 수 있다는 사실이다. 결국 프랜차이즈 본사와 점주들이 이미 진행하고 있는 것은 창업자 대신 전국에서 수행해주는 시장 검증 실험이다. 창업자는 이 데이터를 관찰하고 성공 패턴이 반복되는 상권을 찾아내기만 하면 된다.

시장 검증 안 된 아이템은 왜 위험한가

종종 시장 검증이 전혀 이뤄지지 않은 아이템으로 창업을 시도하는 이가 있다. 그러나 이는 매우 위험한 접근이다.

예를 들어 한 셰프 출신 지인은 오피스 상권에서 수제비 전문점을 창업하고 싶다고 말했다. 다양한 국물 베이스로 수제비를 새롭게 선보일 수 있다는 점과 본인이 조리 실력을 갖춘 전문가라는 점을 근거로 자신감을 보였다. 그러나 이 주장은 세 가지 치명적인 약점을 안고 있다.

첫째, 수제비가 실제로 오피스 상권에서 성공한 사례가 거의 없다.
둘째, 유사한 아이템인 칼국수가 이미 자리 잡고 있는 상황에서 소비자가 굳이 칼국수 대신 수제비를 선택해야 할 설득력 있는 이유도 부족하다.
셋째, 오피스 상권에서 가장 중요한 반복 구매의 조건을 충족하기 어렵다.

소비자는 완전히 새로운 음식을 갑자기 자주 소비하지 않는다. 외식 시장에서 반복 소비가 일어나는 아이템은 대부분 이미 익숙한 음식을 조금 새롭거나 더 높은 품질로 경험할 때다. 따라서 시장 검증이 부족한 아이템을 무리하게 확산시키려는 시도는 실패 확률이 높을 수밖에 없다.

데이터, 구조적 확률로 해석하라

자영업에서 흔히 다루는 데이터인 유동인구, 카드 매출, 배후 세대 등은 그 자체로는 추상적이고 해석하기 어렵다. BMF 전략은 이 데이터를 단순한 숫자가 아니라 '성공 매장의 상권 특성'을 패턴으로 정의해 해석한다.

예를 들어 특정 브랜드의 고매출 매장을 여러 곳 비교해보면 공통적인 상권 특성이 도출된다. '20대 밀집 지역, 배달 주문 비중 70% 이상, 원룸 밀집, 대학가 인접' 같은 조건이 반복된다면 그 브랜드가 잘되는 패턴이 바로 그것이다.

이렇게 성공 패턴을 데이터화하고 재현 가능한 모델로 삼는 것이 핵심이다. 숫자 그 자체를 해석하려 애쓰는 대신, 성공 매장이 공통적으로 가진 구조적 특성을 찾아내는 것이 BMF 전략의 진짜 힘이다.

자영업은 감이 아니라 확률의 싸움

자영업은 직관이나 열정만으로 성공할 수 없다. 브랜드와 상권의 궁합, 소비자 패턴 이해, 성공 매장의 반복적 패턴을 정확히 읽어낼 때 성공 확률이 올라간다. BMF 전략은 창업자를 '감에 의존한 도박'에서 벗어나게 한다. 이미 시장에서 검증된 데이터를 읽고 성공 패턴을 복제해 나갈 때 비로소 상위 20% 성공 집단에 들어갈 수 있다.

창업은 차선이 아니라 최선을 선택해야 한다. 자영업은 감이 아니라 구조와 확률의 싸움이다. 그리고 그 확률을 아는 사람이 결국 살아남는다.

PART 5

글로벌

미국 닮아가는 한국 자영업
자본·노하우·인맥 따라 '양극화'

노승욱
창톡 대표

53%.

미국 프랜차이즈 전문 매체 '프랜데이터(Frandata)'가 2025년 초 발표한 미국의 다점포율이다. 프랜차이즈 가맹점을 2개 이상 복수로 운영하는 다점포 점주(MUO · Multi-Unit Operatior) 23만4000명이 미국 전역에서 42만개 이상의 가맹점을 소유 또는 운영하고 있다는 얘기다. 다점포 점주들은 평균적으로 5.5개 가맹점을 보유하고 있다. 2010년 평균 4.9개에서 0.6개 증가했다. MUO 수는 2010년 3만4462명에서 2024년 4만2205명으로 14년 만에 7743명(22.5%) 늘었다. 갈수록 양극화되는 미국 프랜차이즈 산업의 현주소다.

미국 프랜차이즈 '규모의 양극화'
-전체 가맹점 53%를 MUO가 운영

특히 눈에 띄는 점은 가맹점을 50개 이상 운영하는 메가프랜차이지(Mega Franchisee)의 증가세다. 프랜데이터에 따르면 가맹점을 2~5개 운영하는 소규모 MUO는 2010년 2만8862명에서 2024년 3만4853명으로 20.8%(5991명) 증가했다. 반면 50개 이상 운영하는 기업형 메가프랜차이지는 같은 기간 162개에서

미국 다점포 운영자(Multi-Unit Operator) 분류 및 변화

단위 : 개, %

카테고리	2010년 MUO 수	2024년 MUO 수	MUO 증가	변화율
2~5개 점포	28,862	34,853	5,991	20.8
6~10개 점포	3,411	4,182	771	22.6
11~25개 점포	1,630	2,149	519	31.8
26~50개 점포	397	549	152	38.3
50개 이상	162	472	310	191.4
전체	34,462	42,205	7,743	22.5

자료:프랜데이타(Frandata)

472개로 191.4%(310명) 급증했다.

프랜데이터는 "(50개 이상) 대규모 운영자들은 자본 접근성 향상, 확장에 따른 프랜차이즈 본사 인센티브, 규모에 따른 운영 효율성을 통해 성장 혜택을 누리고 있다. 고급 관리 시스템을 도입하고 경험을 바탕으로 확장하고 있다. 일례로 시즐링 플래터(Sizzling Platter)는 2010년 105개에서 2015년 340개, 현재는 8개 브랜드 750개 점포를 보유하고 있다"고 진단했다.

분야별로 보면 차이는 더욱 두드러진다. 패스트푸드(QSR) 분야에서는 다점포율이 82%에 달한다. 뷰티 관련 프랜차이즈와 일반 외식(dining) 분야에서도 각각 71.5%와 72%의 높은 비중을 기록했다.

미국 양극화 배경은 세대교체
-'맘&팝스토어'에서 '화이트칼라 사장님'으로

프랜차이즈 산업 종주국인 미국도 처음부터 다점포 운영이 보편화된 것은 아니다. 이런 산업 구조가 형성되기까지는 약 반세기가 걸렸다.

미국 프랜차이즈 산업은 1961년 맥도날드가 레이크록에 인수되면서 본격화됐다. 1970년대까지만 해도 대부분은 소규모·생계형 점주였으며 현재 한국 자영업 시장과 유사한 구조였다. 일례로 미국에선 소규모 구멍가게를 '맘&팝스토어(mom&pop store)'라고 부른다. '평범한 엄마 아빠의 가게'를 뜻하는 이 말은 은퇴한 50·60대 중장년층이 생계형으로 자영업에 뛰어드는 우리나라처럼 미국도

미국 프랜차이즈 산업 발전사

단계	시기	특징
제1의 물결	1960년대 초반~	1개 가맹점만 운영하는 생계형 점주 중심
제2의 물결	1980~1990년대	동일 브랜드로 다점포 운영하는 투자형 점주 확산
제3의 물결	2000년대~	다브랜드로 다점포 운영하는 기업형 점주 확산

자료 : 필자 정리

그러했음을 보여준다.

그러나 1980년대 후반 들어 미국 자영업 시장에 다점포를 운영하는 MUO가 등장하며 판도가 달라지기 시작했다. 배경에는 경기 침체로 인해 젊은 화이트칼라 직장인이 정리 해고를 당하며 자영업에 진입하는 사건이 있었다. 이들은 기존 중장년층 자영업자와 달리 4년제 대학을 졸업하고 경영·회계를 전공한 전문가였다. 이들의 참여로 자영업 시장에도 본격적으로 경영이 도입됐고 단순 운영을 넘어 전략적인 포트폴리오 관리가 가능해졌다.

매년 라스베이거스에서 '다점포 점주 콘퍼런스(MUFC · Multi Unit Franchising Conference)'를 개최하는 테어리스 틸젠 MUFC 회장은 미국 프랜차이즈 산업 변천사에 대해 다음과 같이 설명한다.

"미국도 과거에는 평범한 맘앤드팝스토어가 대부분이었다. 이들은 보통 한 가게의 사장이 돼서 그 가게만 쭉 운영하는 전통적인 자영업자였다. 그러던 1990년께 미국에 경기 침체가 있었다. 이때 많은 사무직(white-collar) 직장인이 퇴사해 자영업을 시작했다. 이들은 (이전 세대와 달리) 교육 수준이 높고 경영, 마케팅, 재무 분야에서 근무한 경험이 있었다. 가게를 하나만 운영하는 것은 역량 있는(sophisticated) 점주의 성에 차지 않는다. 첫 가게를 성공시키면 그들은 해당 시장에 대한 충분한 이해를 바탕으로 다른 분야에서도 기존 가게와 상호보완적인 브랜드를 출점한다. 이것은 누가 시켜서 되는 것이 아니다. 자연스러운 성장(organic growth)이다. 프랜차이즈 본부의 지원이 있든 없든 그들은 새로운 고객을 찾아 나선다. 그렇게 다점포·다브랜드 출점이 증가하기 시작했다. MUFC는 그들의 이

미국 메가프랜차이지들이 1년에 한 번씩 모여 협의하는 '다점포 점주 콘퍼런스' MUFC 2025.

자료:MUFC 유튜브 캡처

런 니즈에 따라 20여 년 전 출범했다."

메가프랜차이지 장점
-M&A로 수천 명 고용 승계…지역 상권 유지

1980~1990년대 들어 미국 프랜차이즈 산업에서 성공적인 점주들이 기존과 동일한 브랜드로 추가 출점하는 다점포 경영이 확산되기 시작했다. 피자헛으로 고

매출을 달성한 점주가 피자헛 가맹점을 추가로 오픈하는 식이다. 2000년대에 들어서는 새로운 브랜드로 다점포를 운영하는 '다브랜드' 확장 전략을 활용했다. 피자헛 3개를 운영하던 점주가 써브웨이, 맥도날드 등의 가맹점을 출점하는 방식이다. 이는 상권에 맞는 브랜드를 찾아 수익을 극대화함과 동시에 '계란을 한 바

구니에 담는 리스크'를 줄이는 '포트폴리오' 전략이었다.

2010년대에는 자본 투자가 본격적으로 들어오기 시작했다. 다점포·다브랜드 점주들은 투자자와의 연결, 은행·사모펀드를 통해 자금을 확보하며 기존보다 훨씬 큰 규모로 가맹점을 확장했다. 인수·합병(M&A)도 활발히 이뤄졌다. 프랜차이즈 가맹점 10~20개를 성공적으로 운영하는 MUO가 경영난에 빠진 MUO의 매장 3~5개를 인수하는 식의 '스몰M&A'는 물론, 인수 금융을 활용해 수십~수백 개 가맹점을 한 번에 인수하는 '빅딜'도 성사됐다.

일례로 2020년 피자헛, 웬디스 등 약 1500개 가맹점을 운영하며 10여 년간 미국 최대 메가프랜차이지로 군림했던 NPC인터내셔널이 코로나19 팬데믹에 파산하자 플린레스토랑그룹(FRG)이 1131개 매장을 인수하며 단번에 2000개 이상 매장을 운영하는 1등 메가프랜차이지로 등극했다.

이런 MUO 대형화는 단순히 점주의 수익 확대뿐 아니라 고용 승계와 지역 상권 안정에도 기여했다. 만일 한국처럼 소규모 개인 점주들이 운영하던 매장 1000여 개가 폐업한다면 어떻게 될까. 그 매장과 연계된 직원과 납품업체 관계자까지 수

천 명 고용 감소가 일어날 것이다. 작금의 국내 자영업 현장에서 일어나고 있는 비극이다. 반면 미국은 대형 메가프랜차이지 간 M&A와 고용 승계를 통해 이런 문제를 피해 갈 수 있었다.

보상 체계와 지불 여력 갖춘 MUO
-최저임금 인상·구인난에 우수 인재 선점

최근 들어 다점포 점주와 생계형 점주의 희비를 가르는 또 다른 주요인은 '구인난'과 '최저임금 인상'이다.

코로나19 팬데믹을 전후로 전 세계는 공통적인 두 가지 경험을 하게 됐다. 바로 최저임금 인상과 Z세대 등장이다. 미국에선 블루칼라 임금 인상률이 30여 년 만에 처음으로 화이트칼라를 추월했다. 지불 여력이 부족한 영세 자영업자에겐 상당한 타격이 아닐 수 없다.

반면 기업형으로 운영되는 MUO는 '인재 경영(HRM)' 시스템으로 대응한다. 우수 인재가 들어오길 기다리는 대신, 알바생으로 시작해도 경영진까지 성장할 수 있도록 인재 육성 프로그램을 마련해 처음부터 성장 잠재력이 있는 인력풀을 확보한다.

일례로 NPC인터내셔널은 알바생이 일정 기간 근무하고 사내 교육 프로그램을 이수하면 매장 매니저, 점장, 구역 관리

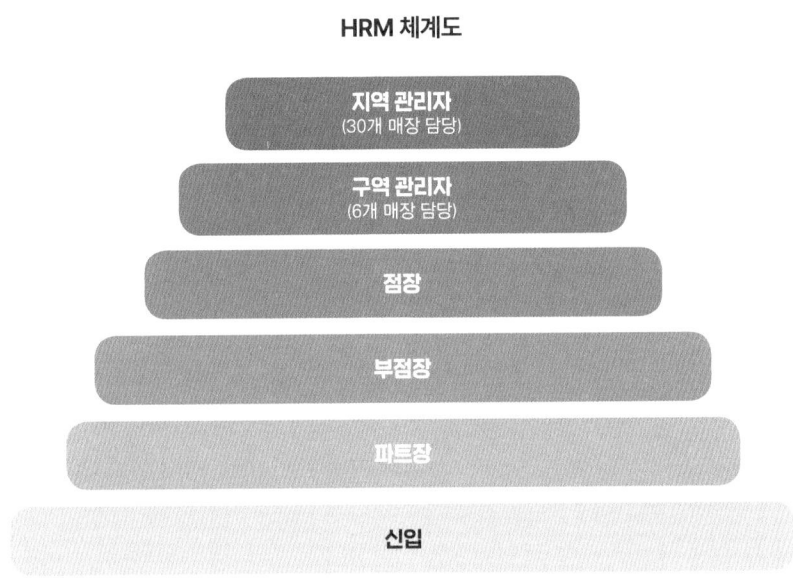

HRM 체계도

지역 관리자
(30개 매장 담당)

구역 관리자
(6개 매장 담당)

점장

부점장

파트장

신입

미국 메가프랜차이지 1위였던 NPC인터내셔널의 홈페이지에 수록돼 있던 HRM 체계도. 신입 직원도 근속 기간과 교육·훈련 프로그램에 따라 관리자까지 승진할 수 있는 커리어 패스가 제시돼 있다.

자료 : NPC인터내셔널

자, 지역 관리자를 거쳐 경영진까지 승진할 수 있다고 자사 홈페이지에 커리어 패스(Career Path)를 제시했다. 앤토니 마티네즈 전 한국맥도날드 최고경영자(CEO)는 이런 커리어 패스를 성공적으로 밟아 올라간 사례다. 2000년 호주 빅토리아주 맥도날드 레스토랑의 시간제 알바로 시작해 300여 개 매장을 관리하는 호주 남부지역 총괄디렉터를 거쳐 CEO까지 된 것. 3D 산업으로 분류되는

식음료(F&B) 업계에서 커리어를 쌓아 성장하려는 우수 인재라면 당연히 맘&팝스토어보다 MUO가 운영하는 매장에 취업하는 것을 선호할 수밖에 없다.

미국 닮아가는 한국 자영업 생태계
-BEP 상승·구인난·세대교체에 양극화 불가피

지금까지 미국 프랜차이즈 산업이 지난 반세기에 걸쳐 어떻게 양극화의 길을 걸어왔는지 살펴봤다. 은퇴한 중장년 창업

중심의 맘앤팝스토어에서 경영·회계를 전공한 화이트칼라 출신 사장님으로 세대교체, 이들의 '성공 복제'와 포트폴리오 경영을 위한 다점포·다브랜드 경영 확산, MUO의 성공 노하우 공유와 네트워크를 이어주는 전문 매체 및 MUFC의 출범, MUO 간 스몰 M&A와 투자를 촉진하는 금융 인프라스트럭처의 발달, 최저임금 인상과 구인난에 따른 우수 인재 선점 등의 변화가 누적되면서 오늘날 MUO가 프랜차이즈 산업의 절반 이상을 차지하는 결과로 이어졌다.

주목할 점은 최근 우리나라도 미국이 걸어온 길을 따라가고 있다는 것이다. 구체적인 현상은 다음과 같다.

① 최대 스펙 MZ 점주로 세대교체

먼저 MZ 점주로의 세대교체는 프랜차이즈 업계에서 수년 전부터 두드러지게 나타나는 현상이다. 본죽, 본도시락 등을 운영하는 본아이에프가 실시한 '2024 상반기 신규 점주 연령대 통계 조사' 결과 20·30대 점주 비중은 전년 대비 약 8% 상승한 33%로 나타났다. 2023년 10월에는 BBQ, bhc치킨, 교촌치킨 등 3대 치킨 프랜차이즈에서 신규 출점한 가맹점주 중 20·30대 비중이 처음으로 절반을 넘어섰다. 취업난과 퇴사 열풍에 이른 창업

을 선택하는 MZ세대 니즈와 배달앱 활용·SNS 마케팅 등에 능숙한 젊은 세대를 선호하는 프랜차이즈 본사 정책이 맞물린 결과로 풀이된다. 중장년층은 은퇴 후 노후 대비를 위한 생계형 창업이 대부분이라면, 청년층은 프랜차이즈 창업을 발판으로 자본과 노하우를 축적한 뒤 자신의 브랜드를 만들거나 다점포 확장을 노리는 '성장형(투자형) 창업' 비중이 더 높다. 일례로 창톡에 창업 컨설팅을 의뢰하는 20·30대 예비 창업자 중에는 첫 창업도 하기 전에 벌써 2~3호점 확장과 자신의 프랜차이즈 브랜드까지 염두에 두고 투자금 조달과 인적 네트워크 구축 전략을 문의하는 이가 적잖다. '단군 이래 최대 스펙' 세대의 자영업 시장 진입. 1990년대 미국 화이트칼라 출신 다점포 점주 세대의 부상을 연상케 하는 대목이다.

② 트렌드 먼저 읽고 수익 극대화 노리는 '다점포 경영' 확산

다점포 운영 비율도 꽤 높다. 매경이코노미는 2015년부터 10년째 주요 프랜차이즈 50개 이상의 다점포율을 조사해 오고 있다. 파파존스 57.9%, 매머드커피 40.1%, 유가네닭갈비 33.5%, 도미노피자 33.4%, 메가커피 30.4% 등 인기 브랜드의 다점포율은 30~50%대에 달한다. 필

자는 프랜차이즈 다점포율 조사 자료를 바탕으로 홍민기·오상봉 한국노동연구원 연구위원과 함께 국내 다점포 운영 현황을 분석한 '자영업 경영 상황의 동태적 변화 연구(Ⅲ)' 보고서를 공동 집필한 바 있다. 2014년부터 2019년까지 6년간 조사한 13개 업종, 62개 브랜드의 다점포율을 정보공개서와 비교 분석한 결과 다점포율과 정보공개서상의 점포당 평균 매출이 비례하는 것으로 확인됐다. 다점포율이 상승한 브랜드는 이듬해 점포당 매출이 상승하고, 다점포율이 하락한 브랜드는 이듬해 점포당 매출이 하락했다. 즉 다점포 점주들이 트렌드를 먼저 읽고 유망 브랜드 가맹점을 '치고 빠지기' 식으로 창업, 확장, 갈아타기한다는 해석이 가능하다. 보고서는 이를 이렇게 서술했다.

"다점포율은 점포당 매출액에 대한 동행지표와 선행지표로 모두 통계적으로 의미 있는 것으로 추정된다. 만약 점주 간 손바꾸기(양도양수)나 다점포 점주의 단기적 이익 추구로 인한 잦은 이동 등을 모두 고려한다면 더 나은 추정치를 얻을 수 있을 것이다. 특히 동행지표로 활용할 때는 1% 유의수준에서 유의했다. 다점포율이 1%포인트 높을 때 당해연도 매출액은 0.51% 높은 것으로 추정된다. 이는 다점포율이 예비 창업자에게 의미 있는 지표가 될 수 있음을 시사한다."

③ 다점포 경영 전문 매체와 K-MUFC 활성화

생태계 확장과 선순환을 위해선 전문 미디어와 교육 역할도 중요하다.

미국에서 1990년대 등장한 프랜데이터와 MUFC의 역할을 국내에선 매경이코노미와 창톡, 그리고 한국외식다점포협회가 담당하고 있다. 매년 프랜차이즈 다점포 운영 현황을 조사·보도하고 다점포 점주들을 대상으로 다점포·다브랜드 확장 노하우를 교육한다.

사실 국내에선 2010년대 초반까지만 해도 프랜차이즈의 다점포 운영 실태 조사 자료가 전무했다. 현황 파악이 안 되니 교육이나 투자는커녕 이들 간의 네트워킹조차 이뤄지기 힘들었다. 요즘은 달라졌다. 유튜브만 봐도 '창톡TV' '다점포왕TV' '장사만세' 등 한국의 MUO를 위한 전문 채널과 콘텐츠를 쉽게 접할 수 있다. 한국외식다점포협회를 운영하는 김규열 대표는 정기적으로 다점포협회 시그니엘 세미나를 개최해 '한국의 MUFC'가 뿌리내리게 했다.

④ BEP 상승과 구인난에
'규모의 경제' 효과 관건

무엇보다 한국 자영업 양극화가 가속될 것으로 예상되는 변화 요인은 손익분기점(BEP) 상승과 구인난이다.

그동안은 다소 열악한 입지에서 작은 규모로 소자본 창업을 해도 배달과 포장을 중심으로 장사를 하면 수익을 낼 수 있었다. 배달앱, SNS 마케팅을 통해 온라인에 가게를 노출시켜 입지 열세를 극복할 수 있었던 덕분이다. 그래서 코로나19 팬데믹 때까지만 해도 A급 상권의 B급 입지, 또는 B급 상권의 C급 입지에서 창업해 보증금, 권리금, 월세를 아끼고 그 돈으로 온라인 마케팅에 투자하는 것이 하나의 성공 방정식이었다.

요즘은 이런 전략이 거의 불가능해졌다. 일단 배달앱 수수료가 인상됐고 포장 수수료도 생겨났다. 이로 인해 배달·포장으로 수익을 남기기가 너무도 어려워졌다. 또한 마케팅 경쟁이 치열해지며 A급 상권 A급 입지 매장도 온라인 마케팅에 투자하는 바람에 입지 열세를 극복하기가 더욱 힘들어졌다('자영업 트렌드 2025'의 '마케팅 인플레이션' 참조). 상황이 이렇게 되자 이젠 A급 상권이든 B급 상권이든 A급 입지에 들어가는 것이 오프라인 창업의 성공 방정식이 됐다. 이를

위해선 당연히 많은 창업 자금이 필요해 자본력에 따른 양극화가 이뤄질 수밖에 없다.

최저임금 인상과 구인난도 영세 자영업자에게 더 불리한 변인이다. 최근 외식업계에선 경력이 전혀 없는 신입도 월급이 200만원대 후반에서 시작한다. 그래도 금세 그만두니 새로운 직원을 찾기 위한 구인 광고비가 적게는 수십만 원에서 많게는 수백만 원까지 매달 고정비로 나가고 있다. 일식당을 6개 운영하는 한 다점포 점주는 구인구직 플랫폼의 상위 노출 상품을 연간 계약해 50% 할인을 받는데도 비용이 1000만원을 훌쩍 넘는다. 여름에도 주방까지 시원한 에어컨 등 각종 복지와 HRM 프로그램이 잘 구비돼 있어 인력 쟁탈전에서 유리한 고지를 선점하고 있음에도 그렇다.

인건비가 인상된 데다 구인 광고 등을 집행할 여력이 없는 영세 자영업자는 갈수록 고용을 줄이는 분위기다. 통계청이 발표한 '2024년 연말 고용동향'에 따르면 국내 자영업자 563만명 중 고용원 없는 '나 홀로 자영업자'는 73.2%(412만명)로, 2020년 68%보다 5.2%포인트 증가했다. 오프라인 쇼핑과 외식에서 갈수록 '경험'이 중요한 요소로 대두되고 있는 가운데 직원이 없는 영세 상점은 서비스 경쟁력

이 약화될 것으로 우려된다.

'선택재'에서 '준사치재' 된 오프라인 쇼핑

-빈 점포 창업해 고용 창출할
'자영업 뉴제너레이션'

2026년 한국에서나 미국에서나 '생계형 맘&팝스토어'가 설 입지는 갈수록 줄어들 것이다. 이제 소비자는 쿠팡, 아마존, 편의점, 다이소, 올리브영 등 대형 유통기업이 운영하는 온·오프라인 서비스에 초연결돼 있다. 영세 자영업자가 담당해온 생산·유통 기능은 이제 클릭 몇 번으로, 몇 걸음만으로 대체 가능해졌다. 개인 자영업자 단위에서 제공할 수 있는 오프라인 쇼핑 경험은 더 이상 필수재 (necessities)도, 선택재(choice goods)도 아닌, 준사치재(affordable luxury)에 가깝다. 소비자가 일부러 선의로 작고, 멀고, 크게 저렴하지도 않은 가게에 가서 구매하는 '역선택'을 계속하지 않는 한 영세 자영업자 도태는 시간문제다. 아니, 이미 현재진행형이다. 취업자 수 대비 자영업자 비율 20% 붕괴, 공실 증가에 따른 상권 공동화 현상이 그 결과다.

서민 경제 보루의 연착륙을 위한 '소상공인 보호' 정책은 당연히 지상과제다. 그러나 한편으론 높아진 BEP와 구인난 역경을 뚫고 추가 출점을 통해 공실을 채우고 고용을 창출해 상권을 활성화할 수 있는 이들에 대한 정책·금융 인프라 마련도 시급하다.

정부는 이들을 '라이콘(Lifestyle and Local Unicon)' '기업가형 소상공인' '강한 소상공인' '성장형 소상공인' '로컬 크리에이터' 등 정책 용어로 부른다. 미국에선 '메가프랜차이지' '다점포 점주(MUO)' 등이라고 부른다. 필자는 통칭해 '자영업 뉴제너레이션(new generation)'이라고 명명하고 싶다. 2026년은 자영업 구세대와 신세대의 교차점이 더욱 넓어지는 한 해가 될 것이다.

2026년 한국에서 뜰 만한 일본 외식 아이템 TOP6

네모
일본인 미식 작가

도쿄에서 태어나 살고 있는 일본인 미식 작가. 서강대 어학당에서 한국어를 배웠다. 한일 양국 요리와 식문화에 정통하고, '알고 먹으면 더 맛있다'라는 철학으로 한국인에게 도쿄 맛집을 소개하고 있다. 한국에서 출판한 저서로 '진짜 도쿄 맛집을 알려줄게요' '텐동의 사연과 나폴리탄의 비밀' 등이 있다.

2010년대 중반쯤부터 한국에서 마제소바가 유행했다. 마제소바란 일본 나고야에 있는 중국집이 개발한 비빔면 일종이다. 비벼 먹는 방식이 한국의 감성과 잘 맞았는지 꽤나 인기를 끌었다.

필자는 그때 생각했다. '마제소바가 한국에서 대박이 났다면, 또 다른 비벼 먹는 라멘 '아부라소바'도 인기를 모으지 않을까.' 마제소바보다 약 10년 늦었지만, 필자 예상대로 최근에 아부라소바가 한국에서 뜨거운 주목을 받고 있다. 사실 마제소바는 2000년대, 아부라소바는 1950년대에 일본에서 생긴 음식이다. 새로운 음식도 아닌데 엉뚱한 계기로 한국에 알려지고, 유행이 시작된 것이다.

이렇게 일본에 원래 있던 음식이 갑자기 한국에서 주목받게 되는 일이 종종 있다. 이번 글에서는 일본인인 필자가 '앞으로 한국에서 대박이 날 수 있지 않을까' 하는 일식 아이템을 몇 개 골라서 소개하고자 한다. 어디까지나 개인 예상이라 한국에서 받아들일 수 있을지는 모르겠다. 다만 한일 양국의 식문화를 잘 아는 필자가 한국인 감성을 생각해 나름대로 엄선했음을 밝힌다. 한국에서 새로운 일식을 선보이려는 이에게 참고가 되길 바란다.

1. 앞으로 더 확산될 일본 아이템 6선

1) 치즈 규동(チーズ牛丼·소고기 덮밥)

일본은 돈부리(덮밥)의 나라라고 해도 과언이 아니다. 규동(소고기 덮밥), 부타동(돼지고기 덮밥), 덴동(덴푸라(튀김) 덮밥), 우나동(장어 덮밥), 가이센동(회 덮밥) 등 그 종류는 다양하지만, 현지에서 돈부리의 주인공 하면 뭐니 뭐니 해도 '규동'이다. 일본 최대 규동 체인점 요시노야의 캐치프레이즈는 "빠르다, 싸다, 맛있다"다. 말하자면 규동은 일본식 패스트푸드이며 학생부터 직장인까지 일본의 일상에서 빼놓을 수 없는 음식이다.

일본에선 규동에 날계란을 얹어 먹는 사람이 많다. 더 다양한 토핑을 해서 맛을 바꾸는 것도 재미다. 일본의 3대 규동 체인점 중 하나인 스키야(すき家)는 토핑으로 특히 인기를 모으고 있다. 현재 스키야의 토핑 규동 메뉴는 7가지다. 파 계란(네기타마), 김치, 무즙 감귤간장 소스(오니오로시 폰즈), 갓김치 명란젓 마요네즈(다카나 멘타이 마요), 고추냉이 간마(와사비 야마카케), 가다랑어포 오크라(가쓰오부시 오크라), 그리고 치즈 3종

치즈 규동
자료: 필자 제공

(도로리 3종 치즈)이다. 그중 치즈 3종 규동은 2000년대부터 절대적인 사랑을 받아온 히트 상품이다. 필자도 학생 시절에 거의 매주 먹었던 메뉴다.

치즈 규동에는 레드체더, 에그몬트(체더+하우다 믹스), 모차렐라 치즈가 얹어 나온다. 규동의 간장 맛과 치즈의 마일드한 맛이 잘 어울리고, 약간 느끼하지만 진한 맛이 특히 젊은 남성 입맛에 잘 맞는다. 치즈 규동을 주문하면 타바스코도 같이 준다. 필자는 타바스코를 적당히 뿌리며, 베니쇼가(홍생강 초절임)와 반숙계란을 얹어 먹는 것도 좋아한다. 이들 토핑의 조합은 비주얼도 인상적이어서 필자가 SNS에 올릴 때마다 한국인 반응이 아주 좋다. 한국에서도 치즈 규동에 타바스코 등 빨간 조미료 등을 뿌리는 메뉴를 제공해보면 어떨까.

야키토리동　　　　　　　　　　　　　자료:필자 제공

도리마부시　　　　　　　　　　　　　자료:필자 제공

2) 야키토리동(焼き鳥丼·닭꼬치 덮밥) &
3) 도리마부시
(鶏まぶし·하카타식 닭꼬치 덮밥)

일본의 돈부리(덮밥) 메뉴 중 하나인 야키토리동(닭꼬치 덮밥)은 주로 야키토리 집 식사 메뉴로 제공된다. 일본 현지에서는 규동, 카츠동, 덴동 등의 메이저 돈부리보다 판매하는 가게가 적지만, 한국인 관광객에게는 의외로 인기가 많은 것 같다. 이제는 흔한 메뉴가 된 것 같지만, 야키토리동의 일종인 '도리마부시(鶏まぶし)'를 제공해보는 것은 어떨까.

도리마부시란 쉽게 말해 '히쓰마부시'의 닭고기 버전이다. 다양한 닭고기 요리가 있는 후쿠오카현 하카타시에서 탄생한 향토 음식이다.

히쓰마부시는 일본 나고야식 장어 덮밥이고, 먹는 방법과 순서가 정해져 있는 게 특징이다. 우선 나온 그대로 먹다가, 중간에 고명(와사비, 자른 대파, 김 등)을 적당히 넣어 먹고, 마지막에 다시 육수를 밥에 부어 오차즈케처럼 따뜻하게 먹는다. 장어 대신 야키토리를 얹은 것이 도리마부시인 셈이다. 어떤 가게에서는 육수를 부어 먹기 전에 노른자를 얹어 날달걀밥처럼 먹는 단계도 있다. 노른자를 얹어 먹는 도리마부시는 마치 오야코동(닭고기 계란 덮밥)처럼 농후한 맛이다.

도리마부시에 사용하는 야키토리는 닭가슴살, 닭다리살, 닭껍질 등에 단짠단짠한 맛의 간장 타레(양념)를 발라 굽는다. 이 간장 다레는 장어 덮밥에 쓰는 것과 맛이 비슷하다. 야키토리는 이왕이면 좋은 숯으로 굽는 것이 좋다. 굽다가 중간에 숯불에 기름을 좀 부어 일부러 연기를 많이 내면, 야키토리에 숯향이 배어 풍미가 더해진다. 이런 야키토리동은 향까지 즐기는 것이 매력이다. 물론 야키토리는 꼬치

네바네바동   자료: 필자 제공

를 빼고 밥에 얹어야 한다.

4) 네바네바동(ネバネバ丼)·야마카케동 (山かけ丼·간 마 참치 덮밥)

낫토, 도로로(마를 갈아서 만든 것), 오크라, 메카부(미역귀), 나메코(나도팽나무버섯). 일본인이 즐겨 먹는 이들 식재료는 모두 끈적하고 미끈거리는 식감을 갖고 있다. 일본어로 이런 식감을 '네바네바(ネバネバ)'라고 한다. 이 끈적한 식감의 정체는 '뮤신'이라는 점액 성분인데 위점막을 보호하고 기력을 증진하는 효과가 있다. 그래서 일본에서는 입맛이 별로 없을 때 네바네바 음식을 자주 섭취한다.

개인적으로 추천하는 메뉴는 '네바네바동'이다. 밥 위에 낫토, 도로로, 오크라, 노른자 등 네바네바 식재료를 얹은 덮밥이다. 이런 식재료만으로는 '메인 식재료'가 부족할 것 같으면, 야마카케동(山かけ丼)을 제공해도 좋을 것이다. 야마카케동이란 참치 붉은살 덮밥에 도로로를 뿌린 것이다. 일본 동네 스시집이나 생선집에서 흔한 메뉴다.

일본에선 네바네바 음식을 찾기가 쉽다. 만약 벤치마킹하려면 일본 가정식 체인 오토야(大戸屋)의 '네바네바 고바치(ねばねば小鉢)'를 추천한다. 연두부에 네바네바 식재료를 얹은 사이드 메뉴다. 정식 메뉴에 추가해 먹기에 부담이 없고 영양 보충에도 좋다. 소바집에서 볼 수 있는 낫토 소바, 편의점 여름 메뉴로 꼭 볼 수 있는 도로로 소바도 먹을 만하다.

일본에서는 어릴 때부터 접해와서 그런지 네바네바 식재료를 거부감 없이 먹는 사람이 많다. 물론 한국인에게는 호불호가 갈릴 것이다. 청국장은 잘 먹지만 낫토는 먹기 어렵다는 한 한국인은 "맛이나 냄새 때문이 아니라 끈적한 식감이 징그럽게 느껴진다"고 한다. 또 다른 한국인은 "콧물을 먹는 것 같아서 싫다"고도 했다. 하지만 일본 우설 전문점에서 곁들여 나오는 도로로가 의외로 마음에 들었다는 평가도 적지 않다. 한국에선 마를 주로 미숫가루에 넣어 마시지만, 간장 양념과 함께 갈아낸 도로로는 마의 또 다른 매력을 선사할 것이다.

5) 스파이스카레(スパイスカレー)

스파이스카레는 1990년대에 오사카에서 시작된 일본 카레의 하나다. 현지 카레라서 원래는 일부 지역에서만 먹을 수 있었다. 그러나 2010년대 SNS 시대를 맞이해 독창적인 비주얼이 눈에 띄며 스파이스카레를 파는 매장이 폭발적으로 늘어났다. 이제는 일본 전역에서 스파이스카레 전문점을 볼 수 있고, 한국에서도 매장이 꽤 생긴 것 같다.

일본에는 스파이스카레를 좋아하는 팬이 많지만, 한국인 반응은 솔직히 별로인 경우가 많다. "줄 서서 길게 기다린 만큼 기대도 컸는데, 막상 먹어보니 생각보다 맵지 않고 내 취향에는 안 맞더라"라는 평가를 몇 번이나 들었다.

한국인 입맛에 안 맞는 이유는 두 가지로 생각된다. 하나는 '스파이스'라는 말에서 매운맛을 기대하는데, 실제 매운 스파이스카레는 많지 않아 갭이 생긴다는 점(후술하지만 일본에서 '스파이스'는 꼭 매운맛을 의미하진 않는다). 또 하나는 한국인 입맛에 익숙하지 않은 '스파이스(향신료)'를 사용하기 때문에 놀라거나 거부감을 느껴서이지 않을까 싶다.

스파이스카레는 스파이스, 즉 향신료를 자유롭게 배합해 만드는 카레다. 보통 인도 카레는 향신료의 기본 배합이 정해져

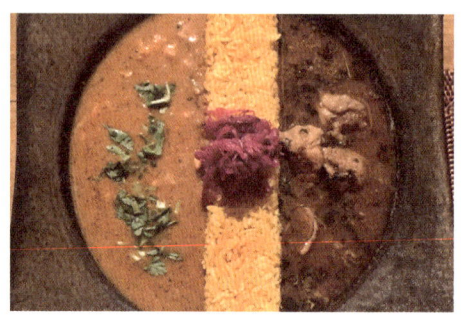

스파이스카레 　　　　　　　　　　자료: 필자 제공

있고 조리 과정도 규칙을 따라야 하지만, 일본 스파이스카레는 그런 틀을 깬 카레라고 생각하면 된다.

일본 카레 오타쿠들이 카레를 좋아한 나머지 도전적인 스파이스 재료의 배합이나 조리법을 연구해 이런 장르가 생겨났다. 일본인은 매운 음식을 잘 못 먹는 대신 세계 각국 향신료를 레시피에 활용하는 것에 적극적인 편이어서 한국에서 맛보기 힘든 카레가 생기는 것 같기도 하다.

덧붙여 스파이스카레 특징을 말하자면 두세 종의 색다른 카레를 한 접시에 예쁘게 담는 것이다. 두 종을 담는 것을 니슈모리(2種盛り) 또는 아이가케(あいがけ), 세 종을 담는 것을 산슈모리(3種盛り)라고 한다. 보통 기본 카레 맛에 주마다 바꾸는 카레, 월마다 바꾸는 카레를 조합해 주문할 수 있는 시스템이다. 스파이스카레를 만드는 사람들은 늘 새로운 카레를 개발하는 성향이 있어 신메뉴를 공개

멘센   자료: 필자 제공

하려는 의욕이 이 시스템과 잘 맞는다. 소비자 입장에서는 매주, 매월 재방문할 이유가 생기고 두세 종 카레를 비벼 먹는 재미가 있기도 하다. 카레 종류는 치킨, 비프, 포크를 기본 맛으로 하고 여기에 키마(다진 고기)나 머튼(양고기), 그리고 해산물이나 잘 알려지지 않은 것을 섞어서 도입하는 경우가 있다. 하지만 메뉴 전개가 가게마다 완전히 다른 것이 스파이스카레의 매력이기도 하다.

한국에서 스파이스카레를 판다면 너무 독특한 향신료는 피하고 어느 정도 맵게 만드는 게 좋을 것이다. 그러나 예쁜 카레를 만든다는 것이 아니라 위와 같은 배경과 시스템까지 이해해야 소비자가 즐겨 다니는 스파이스카레집을 차릴 수 있을 것이다.

6) 멘센(麵線·면 담음새)

최근 몇 년 한국에 갈 때마다 정말 맛있는 라멘 맛집이 늘어나고 있어서 놀란다. 예전에는 대부분이 돈코쓰 라멘집이었는데, 요즘은 이에케(요코하마식 돈코쓰+쇼유 라멘), 니보시(멸치), 곤부스이(다시마 육수) 쓰케멘, 아부라소바까지 그 장르도 꽤 다양해졌다. 2010년대 필자가 한국에 살 때와 상황이 많이 바뀌었다. 라멘을 사랑하는 일본인으로서 매우 뿌듯하다.

하지만 한 가지 아쉬운 점이 있다. 바로 '멘센(麵線)'이다.

마지막으로 언급하고 싶은 것은, 음식 아이템이 아니라 스타일이다. 멘센이란 면 담음새를 의미하는 일본 한자어다. 좋은 라멘 맛집은 마치 오선보처럼 예쁘게 면을 담는다. 예술적인 라멘은 수프 색깔, 토핑, 그릇 못지않게 면도 존재감이 있다. 예쁜 면 담음새는 라멘의 퀄리티를 좌우하는 중요한 요소로 인식된다. 최근에는 토핑으로 면을 덮지 않고 일부러 멘센이 잘 보이게 담는 가게가 많아지는 추세다.

솔직하게 말하면 SNS상에서 라멘 사진만 봤을 때 맛은 몰라도 이 면 담음새로 일본 맛집인지 한국 맛집인지 알 수 있는 경우가 많다. 이미 한국의 라멘 맛은 충분히 좋아졌으니 이제부터는 면 담음새에도 좀 더 신경을 쓸 단계에 이르렀다고 본다.

사장 아닌 '시스템'이 경영하게 하라
매뉴얼·직원 교육이 만드는 '장수가게'

서동국
경(慶)Company 대표

'멘야케이' 등 5개 직영 식당을 창업해 오토 운영 중이다. '경 마케팅 에이전시' 공동대표이기도 하다. 500만원 소자본으로 시작해 4평 식당에서 높은 매출과 마진을 달성했다. 이러한 초고효율 매장 운영 노하우를 유튜브 채널 '장사PT'와 아카데미를 통해 전하고 있다.

한국 자영업은 만성적인 과포화와 단명 문제에 시달리고 있다. 창업이 활발하지만 오래 생존하는 비율은 낮아서 5년 이상 살아남는 자영업자가 30%도 되지 않는다. 준비 부족이나 운영 미숙도 있지만 시장의 구조적 과잉 경쟁이 제1 요인으로 지목된다. 왜 한국에서는 이렇게 자영업자가 많고(전체 취업자의 약 23.5%) 또 쉽게 무너지는 걸까.

이런 고민을 해결하기 위해서는 이미 비슷한 도전을 겪은 외식 선진국 사례를 살펴볼 필요가 있다.

일본은 대표적인 외식 선진국으로 꼽힌다. 흥미로운 점은 일본의 자영업 환경이 한국과는 사뭇 다르다는 것이다. 한 예로 일본에서는 동네 작은 식당이 10년을 버티는 일이 그리 특별하지 않고, 30년 이상 된 노포도 흔하다. 현지 주민은 대를 이어 단골집을 찾고 그 가게는 지역 역사와 추억을 간직한 생활의 일부가 된다. 동네 라면집 하나가 사라져도 큰 화제가 될 정도로 작은 가게들이 꾸준히 생존하고 있으며 이는 한국 현실과 대조적이다. 물론 일본 역시 저성장과 인건비 상승, 인구 고령화 등 어려움을 겪어왔다. 그럼에도 일본 외식업계는 체계적인 시스템과 지역과의 조화를 통해 지속가능성을 높여왔다. 왜 한국은 같은 기간에 이토록 다르게 된 걸까. 일본 사례를 주목하면 우리 자영업이 빠진 구조적 함정을 되짚어보고 지속가능한 생존 전략을 모색하는 데 실마리를 얻을 수 있지 않을까.

요시노야 매장 전경.   자료: 필자 제공

마쓰야에서 본 '지속가능한 자영업'
-철저한 직영과 시스템…빡센 직원 교육

일본 외식업을 논할 때 마쓰야(松屋)를 빼놓을 수 없다. 마쓰야는 일본 3대 규동(소고기덮밥) 체인 중 하나. 1960년대 작은 중화요리 식당에서 시작해 반세기 넘게 성장해온 직영 시스템의 상징적 사례다. 1968년 도쿄 네리마구에 첫 점포를 연 이후 현재 일본 전역에 1000개 이상 매장을 운영하며 연 매출 900억엔(약 8500억원)에 이르는 거대 기업으로 발돋움했다. 놀라운 것은 지금까지도 창업 당시 1호점이 같은 자리에서 영업을 지속하고 있다는 사실이다.

스타벅스가 식음료 브랜드 중 시스템화의 상징적인 사례라면, 식당업에서는 마쓰야가 그에 가장 가까운 모델이라고 볼

수 있다. 이는 직원 개인 역량이 아닌 본사 시스템이 매장을 운영하고, 브랜드 철학과 품질 기준이 일관되게 유지된다는 점에서 공통점을 갖는다.

마쓰야의 '오래가는 힘'은 어디에서 나오는 걸까.

마쓰야는 프랜차이즈에 의존하지 않는 '직영'을 통해 모든 매장의 품질과 운영을 일관되게 유지한다. 각 점포 점주는 따로 없고 본사 관리 아래 직원들이 운영하는 구조다. 이 직영 시스템 덕분에 메뉴 개발, 서비스, 위생 등에서 표준화된 매뉴얼이 철저하게 적용된다.

실제로 한 한국인이 마쓰야에서 일하며 느낀 바로는, 돈을 주고받는 방식부터 매장 운영 절차까지 세세하게 프로그램화돼 있었고 단순 아르바이트생에게도 이

틀간의 체계적인 교육을 진행하는 모습이 인상적이었다고 한다. 사전에 철저히 준비된 매뉴얼 덕분에 초보 외국인조차 얼마 지나지 않아 똑같은 서비스를 제공할 수 있게 됐고 이런 일관된 서비스와 품질이 체인 사업의 탄탄한 기반이 됐다는 얘기다.

마쓰야 본사에서는 신규 직원 교육에만 50시간 이상을 투자해 조리부터 고객 응대까지 표준을 숙지시킨다고 한다. 이런 노력으로 어느 매장을 가든 맛과 서비스 편차가 거의 없는 안정적인 운영이 가능해졌다.

또 마쓰야는 혁신적인 시스템 설계로 지속가능성을 높였다. 그 대표적인 예가 자동 주문 시스템 도입이다. 마쓰야는 일본 규동 3대 체인 중 유일하게 매장에 식권 자판기(키오스크)를 일찌감치 설치했다. 고객은 입구에서 메뉴 버튼을 누르고 식권을 뽑아 직원에게 건네는 방식으로 주문하고 결제까지 마친다. 이 시스템은 주문 과정의 인건비를 절감하고, 주문 실수를 크게 줄였으며, 말이 서투른 손님도 편하게 메뉴를 선택할 수 있게 만들었다. 그 덕분에 직원 한 사람이 동시에 많은 손님을 상대할 수 있는 여건이 마련됐다. 실제로 마쓰야 한 심야 매장에서 근무했던 이는 "햄버거가 아닌 한 끼 식사를 이

렇게 빠른 속도로 내면서도 혼자서 10명 넘는 손님을 거뜬히 상대할 수 있는 매장 구조에 깊은 인상을 받았다"고 회고한다. 매장 설비와 동선, 자동화 도구를 최적화해 적은 인력으로도 원활한 운영이 가능하도록 한 덕분이다. 직원 한 명이 조리에 집중하는 동안 주문과 계산은 기계가 도와주니 효율과 고객 회전율이 모두 높아진다. 이런 구조적 혁신은 인력난과 인건비 상승 시대에 경쟁력을 확보하는 열쇠가 됐다.

마쓰야의 지속가능한 설계는 메뉴와 고객층 관리에서도 드러난다. 창업자 가와라부키 도시오는 첫 점포를 대학가 인근에 내면서부터 하나의 메뉴에만 몰두하지 않고 규동 외에 카레와 정식 메뉴까지 삼각 편대로 개발했다. 낮에는 저렴한 규동으로 학생을 끌어모으고, 저녁에는 값은 조금 더 나가도 든든한 정식과 카레로 귀갓길 직장인을 공략했다.

이처럼 지역 상권 수요에 맞춘 메뉴 구성은 시간이 지나도 폭넓은 고객층을 확보해주는 역할을 했다. 결국 '다각화된 메뉴 전략' '자동화 기술 도입' '표준화된 직원 교육'이 삼위일체가 되어 마쓰야를 지탱하는 구조적 기둥이 된 셈이다. 이런 설계 덕분에 마쓰야는 경기 불황이나 트렌드 변화에도 크게 흔들리지 않고 오랫동안

사랑받는 외식 브랜드로 자리매김했다.

사장이 아닌 '시스템'이 운영
- '알바 점장'이라는 상징성

마쓰야 사례에서 특히 주목할 만한 부분은 인력 운용 방식이다.

일본 외식업에서는 '알바 점장'이라는 말이 나올 정도로, 시스템만 잘 갖춰져 있다면 매장을 지탱하는 역할을 정규직 점장 대신 숙련된 알바가 수행하기도 한다. 마쓰야는 매니저(점장) 한 명이 여러 매장을 관리하도록 조직을 짰기 때문에 개별 매장에 상주하는 점장이 없는 것이 보통이다.

매장 운영은 시간대별로 투입된 파트타이머들이 주도하고, 필요할 때만 지역 담당 점장이 둘러보는 식이다. 다시 말해 매장의 일상적인 운영은 시스템화된 절차와 숙련된 직원이 담당해 매니저 한 사람이 일일이 지휘하지 않아도 가게가 돌아가도록 구조를 만든 것이다. 이는 한국 자영업자들에게 시사하는 바가 크다. 과연 우리 동네 작은 가게에서 사장 없이 알바생만으로 영업을 꾸려가는 게 가능할까. 선뜻 상상하기 어려울 것이다. 그러나 마쓰야에서는 이것이 현실이고 오히려 매장에 점장이 상주하지 않는 덕분에 현장 직원들이 자율적으로 협력하며

유연하게 일하는 문화가 형성됐다.

바쁘게 돌아가는 와중에 실수가 있어도 바로 관리자에게 혼나지 않고 "다음엔 조심하자" 정도로 넘어가는 온건한 분위기가 자리 잡았다는 후기도 있다. 강압적 통제 대신 시스템에 의한 자기 규율이 작동하는 현장인 셈이다.

이런 알바 점장 시스템이 가능하려면 몇 가지 전제 조건이 필요하다.

첫째, 매뉴얼과 교육이 탄탄해야 한다. 앞서 본 대로 마쓰야는 신입 알바에게도 수십 시간의 체계적인 훈련을 제공하고 조리부터 위생, 고객 응대까지 표준화된 지침을 숙지시킨다.

둘째, 업무 프로세스가 단순하고 명확해야 한다. 메뉴를 단순화하고 재료 손질이나 조리 과정 일부를 공장화하거나 도구로 대체해 숙련도 낮은 직원도 일정 수준의 품질을 낼 수 있게 하는 게 중요하다. 마쓰야 식권 자판기처럼 기술로 복잡성을 줄이는 장치도 중요한 역할을 한다.

셋째, 신뢰 문화와 인센티브 구조가 뒷받침돼야 한다. 알바라 해도 자신의 역할에 책임과 보람을 느낄 수 있어야 주인의식을 갖고 일하게 된다. 일본은 오래전부터 학생, 주부 할 것 없이 아르바이트 경험이 광범위하고 이를 직업의 연장선으로 인정하는 문화가 형성돼 있다. 그만큼 현

마쓰야 매장 전경.

장에서 알바생에 대한 신뢰가 높고 우수 인력이 파트타임에서 정규직으로 승진하거나 트레이너로서 추가 수당을 받는 등 동기 부여 장치도 마련돼 있다.

결국 시스템이 뒷받침되면 사람이 바뀌어도 가게는 돌아간다는 것을 일본 사례는 보여준다. 주방 설비, 레시피, 주문 처리, 회계 정산까지 일사불란하게 굴러가는 시스템 속에서 개인 숙련도 편차나 사장 부재 같은 변수는 치명타가 되지 않는다. 이것이 자영업을 오래 버티게 만드는 숨은 동력이다.

한국의 자영업 현실에서는 사장 혼자 새벽부터 밤까지 분투하거나 가족 경영에 의존하는 경우가 많다. 가게를 비우면 곧장 매출 감소로 이어지니 휴가 한번 제대로 못 가는 사장님 이야기도 흔하다. 하지만 혼자 모든 걸 떠안는 구조로는 장기전에서 지칠 수밖에 없다.

마쓰야 알바 점장 모델은 인건비를 아끼려고 직원에 의존하지 않는 한국식 생존법과 정반대에 있다. 과감하게 시스템에 투자하고 사람을 키워 함께 가는 방식이다. 이 방식이 초기에는 비용과 시간이 들지 몰라도, 장기적으로는 사장 본인도 한숨 돌리며 사업을 확장하거나 개선에 집중할 여력이 생긴다. 나아가 일이 잘 굴러가는 매장 구조 자체가 경쟁력이 돼 직원은 일하기 편하고 손님은 어디서나 일정한 서비스를 받아 신뢰하게 된다. 지속가능한 자영업을 위해 우리는 과연 어떤 인력 운영 방식을 선택해야 할지 자문해볼 대목이다.

한국형 지속가능 자영업 구조는
-매뉴얼화 필수⋯직원의 주인의식

이제 일본 사례에서 얻은 통찰을 바탕으로 한국형 지속가능 구조를 그려볼 차례다. 지금까지 우리의 자영업 운영은 개인기와 근성에 기대온 면이 크다. 한 가게의 흥망성쇠가 오로지 사장 능력과 희생에 달린 구조라면 그것은 사람이 지칠 때 함께 무너질 위험한 탑과 같다. 앞으로는 가게 운영을 하나의 시스템 사업으로 보는 관점 전환이 필요하다. 규모는 작아도 작은 프랜차이즈 본사처럼 사고하는 것이다.

그렇다면 구체적으로 어떤 구조를 설계해야 오래 살아남을 수 있을까.

첫째, 표준화와 매뉴얼화가 기본 뼈대가 돼야 한다. 가게의 조리 비법, 서비스 방법, 심지어 청소나 재고 관리 방식까지 문서화하고 시각화해보자. 이는 비단 대형 체인만의 전유물이 아니다. 작은 가게일수록 노하우가 사람 머릿속에만 있지 않도록 체계화해야 일손을 남에게도 맡길 수 있다.

예를 들어 레시피를 계량화하고 조리 단계마다 체크리스트를 두면 설령 주방을 다른 이가 맡더라도 일정 수준 품질을 유지하기 쉽다. 일본의 전통 있는 작은 식당들도 사실 오랜 세월에 걸쳐 자신만의 매뉴얼을 자연스럽게 체득해온 경우가 많다. 이를 글과 그림으로 명문화해 공유하는 것이 현대적 경영 방법이다.

둘째, 기술과 도구를 적극 도입해보자. 이미 한국에서도 무인 주문기나 서빙 로봇을 도입하는 식당이 늘고 있다. 문제는 영세한 자영업자일수록 그런 투자에 부담을 느낀다는 점이지만, 선진 사례는 초기 투자 이상의 효용을 보여준다. 마쓰야 식권 자판기처럼 주문 및 결제를 자동화하면 직원 한 명을 추가 고용한 효과를 낸다.

또한 포스 시스템과 재고 관리 앱을 활용하면 일일이 수기 계산에 소모되는 시간을 아끼고 데이터를 근거로 발주와 프로모션을 결정할 수 있다. 소규모 자영업일수록 사장 본인이 기획자이자 관리자, 노동자 역할까지 다 해야 하는 현실에서 이런 자동화 도구들은 '분신' 역할을 해줄 수 있다. 기술이 뒷받침하는 구조는 사람 실수나 공백을 메워주어 운영의 연속성을 보장해준다.

셋째, 인력 운영 구조 개편을 고민해야 한다. 직원은 비용이 아니라 함께 성장할 자산이라는 인식 전환이 중요하다. 예컨대 장기 근속할 의지가 있는 직원에게는 매니저급 역할과 처우를 부여해볼 수 있다. 작은 식당이라고 직책이 없는 것은 아니다. 알바 점장 개념을 차용해 신뢰할 만한 직원에게 매장 관리 권한과 인센티브를 주면 사장 혼자서는 미처 못 챙기는 부분까지 관리가 가능해진다. 영업 시작부터 마감 정산까지 매장의 하루를 돌아가면서 책임지는 교대 책임자를 두는 것도 방법이다. 이를 위해서는 평소 직원들이 가게 운영의 큰 그림을 이해하도록 교육하고, 중요한 의사결정에도 일정 부분 참여시키는 것이 좋다. 그렇게 하면 직원은 단순 시급 노동을 넘어 자신이 가게를 돌린다는 주인의식을 느끼게 된다. 사장 입장에서도 일을 맡길 수 있는 파트너가 생겨 숨통이 트인다. 사장 혼자 3인분 업무를 해내는 구조에서 셋이 3인분을 나눠 하는 구조로 바뀌는 셈이다. 인건비 지출이 다소 늘 수는 있지만 그 대가로 안정적인 운영과 자신의 시간 확보라는 소중한 반대급부를 얻는다. 이것이 장기적으로 볼 때 더 값진 투자임은 일본 사례가 입증한다.

넷째, 상권과 아이템 선정 구조도 재고해야 한다. 지금까지 한국 자영업은 유행 업종에 무작정 뛰어드는 패턴이 반복돼 왔다. 어느 골목이 뜨면 우후죽순 비슷한 가게가 들어서고 금세 모두 힘들어지는 일이 다반사였다. 지속가능한 구조는 유행에 덜 휘둘리고 자신만의 전문성과 차별화를 구축하는 데서 시작된다. 일본 노포들은 각자 지역 특색을 담은 메뉴와 분위기로 승부하기에 서로가 서로의 영역을 침범하기보다 공존하며 각자 팬을 확보하는 경향이 강하다.

우리도 새로운 가게를 설계할 때 '10년 후에도 이 골목에서 사랑받을 아이템인가?' 자문해볼 필요가 있다. 남들이 돈 번다고 뛰어들기보다 내가 오래 붙들고 갈 수 있는 아이템, 지역에 어울리는 아이템을 택해야 한다. 그리고 그 분야에서만큼은 일정 수준 이상 퀄리티를 유지하겠다는 장인정신이 구조의 핵심이 돼야 한다. 이것이 없다면 매뉴얼도, 기술도, 사람도 방향을 잃고 만다.

장수 가게를 향한 변화의 시작
-가게가 아닌 '회사'라는 마인드셋

'소나기는 피하고 보자'는 식으로 눈앞 생존에 급급했던 한국 자영업은 이제 전환점에 서 있다. 오래 살아남는 가게가 드문 현실 속에서 과연 무엇을 먼저 바꿔야 할까.

우선 '마인드셋' 변화가 시급하다. 자영업을 마지막 선택지나 한탕주의로 여기는 인식에서 벗어나야 한다. 일본에선 웬만한 사람은 젊은 시절 한 번쯤 외식업 아르바이트를 경험하고 음식점 창업을 쉽게 보지 않는 문화가 형성돼 있다. 반면 한국은 업계 경험이 전무한 상태에서 퇴직금이나 자본금만 믿고 덜컥 가게부터 여는 경우가 많다. 준비 없이 차린 가게는 시작부터 구조적 약점을 안고 갈 수밖에 없다. 오래가려면 처음부터 배우면서 시작해야 한다. 가능하다면 남의 가게에서 충분히 일하며 터득하고 업의 본질을 이해한 뒤 창업하는 것이 바람직하다. 요식업을 얕보지 않는 태도, 이것이 오래가는 가게의 출발점이다.

둘째, '시스템 경영'으로의 전환이다. 작

은 가게라도 작은 회사처럼 운영해야 한다. 하루하루 벌어서 버티는 식이 아니라 1년, 5년, 10년 후를 내다보는 운영 계획을 세우자. 매출, 비용, 고객 데이터를 꾸준히 기록·분석하고 문제가 드러나면 프로세스를 개선하는 노력이 필요하다. 또한 앞서 강조했듯 표준 매뉴얼과 직원 교육에 시간과 자원을 투입해야 한다. 오늘 바빠서 넘어간 일들이 쌓이면 내일 더 큰 비용을 치르게 된다. 차라리 초기부터 가게 운영 방식을 정교화해두면 갈수록 효율이 오르고 일이 쉬워진다.

'사장 노하우에 의존하는 가게'를 '시스템에 의해 굴러가는 가게'로 바꾸는 것이 핵심이다. 정부나 지방자치단체 차원에서도 소상공인 대상 경영 컨설팅, 표준 매뉴얼 보급, 직무 교육 지원 등을 강화할 필요가 있다. 영세 자영업자가 혼자 깨우치기 어려운 시스템 경영 방법론을 사회가 도와주는 것이다. 자영업 생태계의 질적 전환은 개인 노력과 공공 지원이 맞물려야 가능하다.

셋째, '상생의 생태계' 구축을 들 수 있다. 한국 자영업은 그동안 각자도생 경쟁 속에서 모두가 지쳐왔다. 이제는 협력과 상생 구조를 만들어야 오래간다.

가령 동종 업종 자영업자끼리 정보를 교류하고 공동구매나 프로모션을 펼치는 소규모 협동조합 모델을 생각해볼 수 있다. 지역 상인회가 형식에 그치지 않고 실질적 협력의 틀이 된다면, 무작정 가격 경쟁을 하기보다 서로 분야를 나눠 전문화하고 지역 상권 전체의 파이를 키우는 전략도 가능하다. 일본의 오래된 가게들이 지역과 함께 살아남을 수 있었던 데는 지역 주민의 애정과 지지가 큰 힘이 됐다.

우리도 지역사회와 호흡하는 자영업을 지향해야 한다. 단골손님 한 명 한 명을 소중한 협력자로 대하고 가게가 동네의 작은 문화거점이 될 수 있도록 노력한다면 가격 할인 몇 번보다 더 깊은 고객 충성도와 지속적인 매출로 돌아올 것이다. 오래 살아남는 자영업 구조를 만든다는 것은 단순히 한 사람의 생계 문제를 넘어 지역사회와 산업 전반의 건강성을 높이는 길이다. 자영업자가 쉽게 쓰러지지 않을 때 그 골목은 시간의 켜를 입은 풍경을 간직하게 되고, 소비자는 안정된 서비스를 누리며, 나아가 청년도 경험을 바탕으로 안심하고 창업에 도전할 수 있는 선순환이 이뤄진다.

외식 선진국 일본의 현재는 우리에게 분명 이렇게 말하고 있다.

"지속가능한 자영업은 저절로 얻어지지 않는다. 그것은 한 사람, 한 가게의 작은 구조 혁신들이 모여 이뤄지는 성과다."

자영업트렌드 2026

초판 1쇄   2025년 10월 24일

지은이   매경 이코노미 · 창톡 장사고수
펴낸이   허연
펴낸곳   매경출판㈜
등록   2003년 4월 24일(No. 2-3759)
주소   (04557) 서울시 중구 충무로 2(필동1가) 매일경제 별관 2층 매경출판㈜
인쇄 · 제본   ㈜M-print   031)8071-0961

ISBN   979-11-6484-823-2(03320)